濤石文化

濤石文化

敘事心理與研究

自我、創傷與意義的建構

INTRODUCING
NARRATIVE PSYCHOLOGY

self, trauma and the construction of meaning

Michele L. Crossley

原著

朱儀羚、康萃婷、柯禧慧
蔡欣志、吳芝儀 譯

吳芝儀/校閱

 濤石文化事業有限公司
WaterStone Publishers

作者簡介

　　Crossley博士目前任教於英國曼徹斯特大學的牙醫學院。其最新著作有<<健康心理學的省思（Rethinking Health Psychology)>>、<<敘事心理學概論(Introducing Narrative Psychology) >>（皆於2000年由Open University Press出版）。Crossley博士對於健康心理學的諸多面向皆有所涉獵與著作，其中以運用敘事心理學的概念來了解人們對於健康與疾病的態度為最。目前正進行「對健康、以及促進健康的阻礙(resistance)」此議題的研究。以此主題為基，並致力於編纂健康教育期刊，此期刊於2002年六月出版。

　　作者聯絡信箱：michele.crossley@man.ac.uk

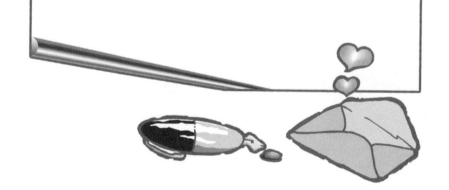

校閱者&譯者簡介

吳芝儀

英國雷汀大學社區研究博士
國立台灣師範大學教育心理與輔導研究所碩士
國立中正大學犯罪防治研究所副教授
國立嘉義大學輔導學系副教授
現職:國立嘉義大學輔導學系主任兼任所長
任務:負責本書總校閱、第八章翻譯

朱儀羚

國立中正大學犯罪防治研究所碩士
現職:花蓮地方法院觀保人
任務:負責本書第一、四、五章翻譯

康萃婷

國立中正大學教育研究所碩士
現職:國立中正大學教育研究所博士班
任務:負責本書第二、六章翻譯

柯禧慧

國立中正大學教育研究所碩士

國立中正大學教育研究所博士班候選人

現職:台南市安慶國小輔導主任

任務:負責本書第三章翻譯

蔡欣志

加拿大麥基爾大學心理學博士

現職:中山醫學大學心理系助理教授

任務:負責本書第七章翻譯

序　言

　　本書旨在介紹心理學中敘事取向的原理、方法及應用。
因此本書主要分爲三個部份：
　　　1. 自我與認同的原理
　　　2. 應用敘事的方法來發現自我
　　　3. 應用在研究心靈創傷情況下的自我

　　本書的主要架構是先介紹其原理，接著全盤介紹它的方
法，鼓勵讀者把這些原理原則應用到自己的自傳上。本書的
第三部份則進一步使用各種心理或情緒創傷的個案研究來闡
釋其原理（例如，孩提時代被虐待的個案或愛滋病毒感染者
）。

　　從這些議題都可以看出創傷事件會大大破壞個人在時間
上的連貫性及協調性，因而他們非常需要藉由講述故事或對
話來重建認同的感覺及意義。

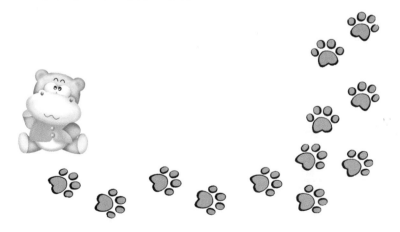

關於建議閱讀

‧‧‧‧‧‧‧‧‧‧‧‧‧‧‧‧‧‧

　　在每一章節的最後都會提供延伸閱讀的清單。對敘事心理學有興趣繼續鑽研的讀者或學生可以閱讀清單中的章節及特定相關的文章，尤其是標有星號(★)的文章，如果課堂上提到類似觀念，更可作為研討之用。大部份的文章對有趣的議題及觀念都作了很好的討論及應用。

譯者序

就我個人而言，質性研究一直是門迷人的藝術，在此殿堂中眾聲喧嘩，力求從各個不同的層面來探討看似固定，實則多變的「人」。從最基本的現象學，到詮釋學、俗民誌、批判理論、建構論等等不同的派典，都有其信徒，亦有其不可忽視的貢獻。其中敘事研究隨著建論取向的盛行，近來亦已嶄露頭角，國內人文科學的研究領域也越來越多人採用敘事研究的觀點和方法，更不用說國外談論敘事研究的書籍與論文更是如汗牛充棟了。我之所以一頭鑽進敘事的懷抱係因其看待人的角度與想法，和我的見解相近。因此敘事研究對我來說不是一種理論，不是一種技術，而是我對人所秉持的見解的實際操作。不過在撰寫論文的過程中，我也曾苦惱到底該從何下手，因為質性研究的殿堂其優點就是論點彈性多變，但其缺點則是研究方法無一定之格式與步驟可遵循，甚至各人彈各調，對於理論之發展演進雖有助益，但對一個初入質性研究殿堂，妄想做個質性研究的我來說，難免手足無措。

後來在指導教授吳芝儀博士的書櫃中發現了Crossley所著之「Introducing narrative psychology」一書，如遇明燈。雖然和其他談敘事的書籍比起來，其內容並不豐厚，但是對於如何從事敘事心理學的研究，作者則是不遺餘力地將自己過去的研究過程、研究結果統整成明確、有系統的研究架構。從和「自我」有關的理論談起，到如何從事敘事研究來研究自我，再到從研究結果看特定研究參與者之自我，整本書皆提綱挈領地引導敘事心理學的初學者認識敘事心理學與自我的關係，以及從事敘事研究的可行步驟。作者在書中

X

亦整理了許多學者的觀點，並加以比較分析，以避免流於主觀。雖然後來在撰寫論文的過程中，我對作者提出之研究分析步驟，根據我的研究目的略作修正，但大體上作者的見解與建議對於我對犯行青少年之研究仍具舉足輕重的地位，因其從文獻整理到確定研究分析目標和步驟、到強調研究者本身的省思和收穫，對於學習敘事研究，尤其是想研究「自我」議題的研究者而言，真的是個相當實用的好書，故不自量力與起翻譯此書的念頭。

　　直到動筆翻譯方知自己的狂妄，如何用優美的中文來表達高雅的英文成了翻譯的一大阻礙，橫亙在理解敘事理論的艱難之前，一度令我想放棄，後來在許多朋友、老師的支持下，再度組成翻譯團隊。找來對質性研究、敘事研究皆有鑽研的同學，共同完成這項艱鉅的任務。但字句推敲上的困難仍令團隊成員大傷腦筋，進度也因而拖延得相當嚴重。所幸我們還是翻譯完畢了。在此真的要感謝萃婷、禧慧學姊、欣志你們的大力相助，這本書沒有你們真的是翻譯不完。尤其要感謝欣志的體貼，他特別一一檢視作者在每一章節之後提供的「建議閱讀」清單，對於格式錯誤或出處不明者皆加以校對，務求使用此書的讀者能夠找到這些文獻，對敘事研究有更深入的了解。當然，最重要的還是要謝謝吳芝儀老師在百忙之中撥冗校稿修潤，因為有老師的加油打氣，翻譯團隊才在能挫敗中振作起來再接再厲。

　　這是我們翻譯團隊的處女作，雖盡心翻譯，但疏漏謬誤仍在所難免，祈不吝指教。

譯者 朱儀羚 敬上
2003年9月

XI

★ 目 錄 ★

Chapter 2 表意式方法與自我的研究

Chapter 3 敘事:時間中的生活和存在

Chapter 4　進行敘事分析

Chapter 5　分析與撰寫研究報告

Chapter 6　童年性侵害經驗的敘事分析

Chapter 7　絕症：與愛滋病長期抗戰

Chapter 8　當今架構意義的方式

第一篇

理論與研究方法

Chapter 1

自我與認定的理論

朱儀羚 譯

傳統心理學對自我的研究

　　讓我們先從一個歷史久遠，存在已久的問題開始──什麼是自我？我又是誰？C. S. Lewis曾經說過：「有樣東西，而且也是世上惟一一樣，我們知道得比我們看到的還多，那就是我們的自我。我們因為擁有自我內在的資訊而得以了解自我(Lewis 1952:25)。」但真是如此嗎？我們真的了解自己嗎？許多的人終其一生大部分時間都是處在混亂困惑的狀態，被矛盾的想法、感覺、與情感耍得團團轉。即使有時我們清楚地知道「現在我覺得(如何)」，但不保證一定明白「為什麼我會這麼覺得。」因此，「我們了解自己」這個說法也許並不是那麼正確。如果說我們其實對自己是很陌生的，我們的一生像個謎團，這樣的說法會不會比較正確一點？我們笨拙地像個二流偵探，努力拼湊片段，卻始終無法拼出自我的全貌。自我(I)如此難以捉摸，「就像是頭頂的陰影，看不到也摸不透」(like the shadow of one's own head, will not wait to be jumped upon.) (Ryle 1973：178)。

　　為了解開有關自我(self)與認定(identity)的複雜問題，顯然我們必須向心理學求助。畢竟，許多人投身於心理學研究中，就是因為他們深深著迷於「人何以成為人」這個問題──是什麼讓我們成為人、讓我們擁有愛、有慾望、有熱情、也有仇恨。我們想要洞悉他人，也許更多是為了理解自己。但是，就像Freeman(1993)所說的，初入心理學領域的你

會發現你很少接觸這些問題。相反地，反被統計、學習法
則、認知、抽象理論與理論模式給團團絆住，學些跟你原來
感興趣的議題沒有多大相關的東西。說來有些諷刺，理應投
入人類研究的心理學，目前卻普遍成為毫無生氣的學科。

　　如果我們想解決自我與認定的疑問，該從心理學的哪方
面著手呢？以下四個基本取向可能得以提供答案：1.實驗社
會心理學(experimental social psychology)、2.人本心理
學(humanistic psychology)、3.心理分析/心理動力心理學
(psychoanalytic/psychodynamic psychology)，以及4.社
會建構取向(social constructivist approaches)。這些取
向對於自我與認定的研究都具有潛在的重要性，但是社會建
構取向特別和敘事心理學的視角有關。因為社會建構取向有
某些理論假設涵蓋了自我、認定與社會結構(social struc-
tures)（尤其是語言）之間的關係，和另外三個比較傳統的
觀點大相逕庭。這將在後續章節詳細討論。接下來則將簡要
說明由此四個不同取向所衍生，針對自我、認定所進行的研
究類型。

實驗社會心理學

　　首先是實驗社會心理學。這個取向假設你必須先知覺到
你是一個「求知者」(knower)，自我意識方得以發展。而我
(I)是一個獨特的資訊處理機制，專門處理身邊的訊息。這項

工作可不簡單，從動物實驗結果便可略知一二(Povinelli 1993
)。要知道動物是否具有基本的自我意識，有個方法就是將牠
們放在一面鏡子或是玻璃門前面，然後觀察牠們對自己倒影
的反應。我曾經拿我鄰居的貓鮑得明作實驗，好和Gallup（
1977)所設計的一連串有趣的研究相比對。結果鮑得明不斷地
追蹤自己，顯示出牠無法將自己視爲一個獨立個體--和其他
同品種的貓不同的自我個體。Gallup(1977)發現幾乎所有動
物都是如此，除了黑猩猩以外。黑猩猩長期以來就會利用鏡
子打扮及玩樂（如作鬼臉、吐泡泡）。可見黑猩猩不像其他的
動物，牠具有自我的意識，而且知道鏡子裡的影像其實就是
牠自己。

　　爲了進一步檢驗假設，Gallup將黑猩猩麻醉，然後在牠
們的一邊眉毛、一隻耳朵上畫上無味的紅色染料。當牠們醒
來看到鏡子時，馬上就伸手去摸自己的紅眉毛與紅耳朵。這
便證實了牠們知道鏡中影像是牠們自己，並不是其他的黑猩
猩。而且牠們知道自己臉上被畫上紅色染料，看起來和以前
不一樣。以人類嬰兒進行的實驗也很有趣，研究主要聚焦於
自我意識何時浮現。初生嬰兒並不具有認出鏡中自我的能
力，是以也無法區辨自己和他人的不同。人類嬰兒的實驗設
計和Gallup所使用的紅色染料測驗相似。研究者在嬰兒的鼻
子上用口紅畫個小點，然後將嬰兒放在一面鏡子前，接著紀
錄他/她的反應。21-25個月大的嬰兒約有百分之75會伸手去
摸他/她們的紅鼻子；相較之下，9-12個月大的嬰兒只有百分
之25會這麼做。普遍而言，研究證實兒童的自我意識大概到
兩歲左右才會出現(Bertenthal 與Fisher 1978；Crossley
1996a，第三章)。

　　有些研究則是詢問不同年紀的受訪者相同的問題—我是誰，以便了解從兒童到成人其自我概念(self-concepts)如何轉變(Montemayor與Eisen 1977)。研究發現我們的自我概念一開始是非常具體的：例如，一個九歲大的受訪者其典型反應可能是：「我有一頭金髮，我的眼睛是藍色的，我是個女孩，我有個姑媽，我都叫她多特姑姑...。」然而，當我們越來越大，就漸漸減少對於身體特徵的強調，而多關注於我們的想法、感受、有關道德與正義的概念：例如，我認為自己是個親切的人，我覺得忠誠是非常重要的，我認為應該要努力工作等等。

　　實驗心理學取向的另一個研究分支則是在談「我們實際上是用什麼方法來了解自己」這個問題。其主要運用以下兩種方式：1.內省法(introspection)、2.觀察自身行為(observation of our own behavior)。通常，秉持此觀點的研究者認為我們很少使用第一種方法—內省法（探視自己內在的想法、感受與動機，請參閱Aronson等人，1994）。Csikszentmihalyi與Figurski(1982)根據上述主張所策劃的研究就是個好例子。他們試著調查人們有多常「想到自己」(thought about themselves)。他們請107位在五間不同公司上班的職員（年紀介於19-63歲）一整個禮拜身上都帶著傳呼機。這些傳呼機每天從早上七點半到晚上十點半之間，會隨機響個七至九次。每當傳呼機響起，研究參與者就得回答一連串有關其目前的想法、行動與情緒的問題。研究者將這些職員的回答加以分類，並宣稱其研究結果顯示個人並不常想到自己的事情，因為只有百分之八的想法被歸類在「與自我有關」這個類別。他們比較常想到工作、時間、與芝麻蒜皮

的瑣事。甚至「沒有任何想法」所佔的比例還高過「有關自己的想法」。這些結果被用來證明我們並不常內省。

　　根據實驗社會心理學派典，第二種我們獲得自我知識的主要方式是觀察自己的行為舉止。Daryl Bem是此觀點的強力擁護者之一，並提出自我知覺理論(self-perception theory，Bem, 1972)。根據該理論，要發現自己是個什麼樣的人、具有什麼樣的態度，我們所運用的方法就和別人要認識我們所使用的方法是一樣的─觀察我的行為。Bem的基本主張是我們會知道自己的態度、情緒、以及其他的內在狀況如何，部份來自於觀察自己行為舉止之後所做的推論。當內在的線索曖昧不明或無法解讀時，我們就會採取外在觀察者的立場，扮演內在情緒狀態的觀察者，而且仰賴外在線索（由自己的外顯行為與環境所提供），以推斷心理的內在狀態。

　　Strack等人(1988)的研究正好說明這類符應自我知覺理論的經驗。他們要求研究參與者用牙齒或是嘴唇咬住一隻筆。受試者臉部的肌肉，尤其是嘴巴的部份，就會因為咬筆方法的不同而有不同的感受。然後，研究者讓研究參與者觀看一系列有趣的卡通影片，請他們就影片的有趣程度做評比。結果以牙齒咬住筆的研究參與者比以嘴唇咬住筆的人更覺得這些卡通影片有趣。為什麼呢？根據自我知覺理論，我們會根據自己的行為來推論內在感受，本例中的行為就是我們的臉部表情。以牙齒咬住筆的研究參與者運用了比較多的笑肌，而以嘴唇咬住筆的研究參與者並沒有用到笑肌。因此我們可以說，擺張笑臉的確可以讓你覺得自己是快樂的。

　　雖然有些研究結果的確是滿有趣的，但是你可能已經開始質疑：怎麼好像有些關於自我和認定的東西都沒提到？放

心，你並不是惟一一個這麼想的人。首先，從黑猩猩、人類嬰兒所展露的初淺自我狀態，到成人複雜難懂的自我特徵經驗，這中間存有相當大的距離。是什麼因素使得自我愈趨複雜呢？這正是本書所欲揭櫫的目標。有一件事是可以確定的，那就是我們感到疑慮，因為透過實驗社會心理學派典粗淺描繪出來的自我與認定，某些很關鍵的東西被遺漏了。事實上，因為此派典立基於行為主義，所以也就不難理解，為何此觀點無法確切捕捉人類運用何種方式來體驗自我和認定（請參閱Pancer 1997）。

實驗社會心理學可說是社會心理學學科中的主流（尤其是在美國，但在歐洲則漸漸式微）。其以行為主義學派的理想為假設前提，希望能建立一個具體確切，有嚴謹科學定義的學科。其理論與假設都可以在實驗室中透過嚴謹控制諸多條件而獲得驗證。此行為主義派典（根源於J．B．Watson於1920年代的成果）的訴求和運用內省法來研究心理學的主張，正是處於對立的立場。所有試圖以內省法來反映個人內在心理與意識狀態的方式，都被視為是主觀的、非科學的。Watson甚至主張心理學家應該去研究眾人的某些可觀察、可測量的行為──也就是說，心理學家只要研究行為就可以了，其他諸如個人獨特的層面、心理歷程在心理學領域中並沒有立足之地。因為承繼行為主義學派的哲思，故當代實驗社會心理學取向所刻劃出來的自我，和行為主義學派間存有邏輯上的關聯：空洞、沒有生命力的自我、毫無個人意識、情感或人性。本書的前提是想發展出一套適當的方法，來探究何種因素形成人類的自我與認定，是以我們需要不同的理論與方法架構。

人本與心理動力取向

　　那麼第二個取向—人本取向又是如何？它真能協助我們
更確切地將人類自我與認定的複雜面反映出來嗎？答案是肯
定的。雖然從敘事心理學的觀點來看，人本取向有其限圍，
不似表面上那麼合宜，不過答案仍是無庸置疑的。與實驗社
會心理學不同的是，人本取向的宗旨和敘事心理學的精神相
符，其焦點皆關注於視個人為獨立個體，注重每個人的生活
、事件，與其體驗到、感受到的獨一無二的意義。此取向的
主要目的在於獲知每個獨特個體所體驗到的、錯綜複雜的主
觀自我與世界。此目的也反映在人本心理學者所使用的研究
方法上，與實驗社會心理學所慣用的量化研究方法相較，人
本取向研究概以質性研究為尊，例如個人傳記形式的個案研
究法(autobiographical and individual case-study methods)
(諮商與心理治療亦主要應用此法)。

　　Abraham Maslow(1970；1972)，Carl Rogers(1961)與
Geoge Kelly(1955)都是人本取向的主要代表人物。例如Maslow
經典的「需求層級理論」(hierarchy of needs)即認為個人
具有「自我實現」需求(need for self-actualization)—
成為他有能力成為的人，來重新定義個人及其人性本質，並
與其他生物有所區隔。就Maslow的觀點：「我們和其他生物
一樣都有覓食的需求，(也許)和高等靈長類一樣有愛的需
求，但沒有任何物種如人一般具有自我實現的需求(Maslow,

1970)。」Rogers與Maslow都是心理治療師，篤信每個個體都有自我成長的獨特潛能；他們的理論與治療方法皆力求鼓勵與促進個人的自我實現。

心理學領域中的人本取向與敘事取向，皆植基於現象學與存在主義兩大哲學派別（將於第三章中詳述）。這兩派哲學觀都關注獨特個體的特質。尤其強調人類經驗與體驗過程(experience and experiencing)、獨特性(uniqueness)、意義(meaning)、自由(freedom)和選擇(choice)（請參閱Cooper 1990; Hammond等人，1991）。在本書後半部將可以看到個人在面臨危機時刻，例如罹患絕症或是遭遇創傷事件時，上述人本取向特有的主題如何被突顯出來。人本取向不但強調每個人都是獨特的個體，也深信個人是行動的主體(personal agency)，得以採取有效的行動來因應外在環境。人本理論聚焦於個人得以選擇與具有行動力，這是令人讚賞之處，但有些人也認為太過關心這些焦點，對於自我與認定議題的刻劃反而造成限制。

例如，秉持第三主要取向－心理分析/心理動力理論觀點的學者即認為，人本論者強調有意識的選擇與個人具有行動力，根本就不恰當。因為此派學者乃是採用一套強調人類心靈的模式（有時也被稱為深層心理學depth psychology），大力主張我們的行動與行為都是受到潛意識動機所左右。心理動力(psychodynamic)這個概念即意味著個人人格中無法覺知的感受、衝突、與驅力，視之為行為的內在肇因。目前有許多文獻探討當代心理學領域中，分歧眾雜的心理分析取向與心理動力取向，在此我們不多做贅述，只是單純點出心理分析/心理動力取向與敘事心理學之間的關聯。如

同人本取向，心理分析/心理動力取向也和敘事心理學一樣
關注個人「深層的」意義和獨特性。當然，心理分析/心理
動力取向的支持者也同樣採用質性研究方法，根據訪談、臨
床上的數據與文字資料（包含小說與傳記），進行大量的個
案研究。

敘事心理學與社會建構論對自我的研究：語言及意義的主要角色

　　然而，敘事取向的自我與認定研究在本質上和人本取向
、心理分析/心理動力取向有所不同。因為敘事取向非常強調
「自我」與「社會結構」之間錯綜複雜的關係，尤其是「自我
」與「語言」之間的關聯。由此也點出自我與認定的第四個
取向—社會建構論派典。敘事取向即屬於此派典，其他如論
述分析(discourse analysis，請參閱Potter與Wetherell
1987; Parker 1991; Edwards 與Potter 1992)、後結構主義
(post-structuralist)、後現代主義取向（請參閱Kvale 1992
）、以及修辭取向(rhetorical approaches，請參閱Billig
1991)也都是社會建構取向的一部份。社會建構論亦可稱為
「語言本位取向」(language-based approaches)，在過去十
多年來不斷成長茁壯，挑戰與質疑前開三大取向所隱含的某
些假設。

其中，Potter與Wetherell(1987)認為這些研究取向以實在論(realist)的假定為基礎而開展，但從自我研究的觀點來看，實在論的假定是有問題的。前述之傳統取向都是以下列的假定為前提：自我是實體存在的(the self exists as an entity)，就如同自然或物質世界中的任一物體一樣，我們也可以用相同的方式來發現、描述之。當然，現在你已經知道了，對於此一實體自我的真實性質為何，每個派典均有其非常不同的理論。例如，實驗社會心理學派典已被批評其對自我概念的特徵描述，不但膚淺且不適切。同樣地，人本取向派典的自我概念過度歸因於個人行動力，自然也難逃被批評的命運。然而，拋開這些差異，某些社會建構論學者認為，他們（實驗社會心理學、人本心理學、心理分析/動力取向）仍然主張自我存在於某個地方，可能是外顯的行為型態（如實驗社會心理學所言），也可能以內在自我的型態呈現（如人本、心理分析/心理動力派典所主張）。心理學領域最具影響力的社會建構論者Potter與Wetherell(1987)則認為實在論的假定有問題。社會建構論提出另一種說法，認為自我的存在完全取決於我們日常用於理解自己和他人的語言(the language)和語言表達(linguistic practices)。此一新興的「批判」社會建構論運動的主要目標，即為「不要視自我如一實體(self-as-entity)，而是聚焦於建構自我的方法(methods of constructing the self)。也就是說，問題的重點不再是自我的真正本質為何，而是自我怎麼被敘說？如何在論述中被理論化？」(Potter與Wetherell 1987：102)。在第二章中，我們將再詳細討論有關自我、語言和真實三者間關係的議題。

人類的意義系統

　　在此必須強調一點，敘事心理學和社會建構論一樣，都致力於找出語言在形成自我與認定的建構過程中所扮演的核心建構角色。敘事心理學假設人類的經驗與行為都是有意義的，因此如果要了解自我與他人，我們就必須要找出構成我們心理與世界的「意義體系」(meaning systems)與「意義的結構」(structures of meaning)(Polkinghorne 1988:1)。行為主義心理學家企圖運用其理論與研究方法，希望像研究自然物質一樣來理解自我。敘事心理學則不同，生而為人，我們本質上就是運用詮釋的生物。這表示我們是持續不斷地在反思內在及周遭所發生的種種事物。人類因為有省察的能力(reflective capacity)，使得心理學研究者所要探究的客體，與自然科學研究者所面對的客體大不相同 。

　　想要理解人類意識層次中獨特的「意義組織」(order of meaning)之特質，就必須從理解語言開始，因為語言就是使生活經驗具有意義的工具之一。敘事心理學的基本信念，即為透過語言、敘說與書寫的方式，使個人得以了解自己。個人也透過使用語言的過程，而不斷地投入於創造自我的歷程(the process of creating themselves)。其中「意義」與「詮釋」(interpretation)就是最重要的核心焦點，這些焦點不但將敘事心理學與其他傳統取向區隔開來，也同時突顯出以自然科學量化研究的方式來研究自我和認定並不恰當。

時間與認定

　　當我們仔細考量人類意識層次中「意義系統」的主要特性時，就會發現上述的不恰當是相當顯而易見的。其中關於「時間」(time)的經驗（將於後續第三章、第七章詳述）就是很好的佐證。意義所形成的疆界與自然科學所研究的範圍並不同，因為「意義」並不是一個東西或一項物質，而是一個活動(activity)(Polkinghorne 1988:4)。個人所經驗到的每一樣事物，都會從活動的二大主要層面—時間(time)和序列(sequence)，來加以理解、賦予意義，並作詮釋。為了說明與解釋某特定時刻到底發生了什麼事，事件的序列就顯得很重要。因此要有效地描寫人類的自我與行為，則事先就必須理解時間與認定之間錯綜糾結的關係。量化研究之所以無法勝任探索人類心理的角色，根本原因即在於未考量時間這個向度。雖致力於透過量化與統計步驟，將經驗化為數字的形式來歸類，但反而未注意到這最具決定性的向度，當然也就無法注意到人類存在與認定的核心本質。

連結與關係

　　「意義組織」的另一個特點就是關係(relationships)與連結(connections) (Polkinghorne 1988:4)。就和貓狗這些生物一樣，我們也能透過感覺機制與大腦結構的運作，獲得週遭的事物活動與自己之間的基本經驗，這就是所謂的「知覺開放性(perceptual openness)」。但是在意義的國度中有個特色，那就是我們跳脫了感官經驗的原始層面，改以關係和連結的角度來詮釋週遭的事物。當我們自問：這代表什麼？我們就是在問自己（或是別人）某樣事物與其他事物或人物之間「如何」形成連結。事件之間的連結與關係脈絡，即形成此事件的意義。此外，這份意義並非只是個人獨斷主觀的賦予，而是透過社會所慣用的文化意義系統，例如語言與敘事(narratives)而產生的。語言與敘事會反映出世代傳承下來的有關連結、關係的知識。例如，透過神話、童話、歷史與故事，文化中有關意義、關係的基本知識就這麼傳遞給兒童了(請參閱Bettelheim 1976；Polkingorne 1988；Howard 1991)。我們從小就一直聽家人敘說故事與諄諄教誨，我們也透過這些故事和敘事來找出事件、人物、與世界之間的連結(Langellier與Peterson 1993；McAdams 1993)。這將在第四章、第五章中詳細討論。

　　想要了解「意義組織」的複雜性，就需要具備情境脈絡的敏感度(context-sensitivity)，且能涵蓋人類經驗各個

面向之間關係的方法與工具。語言和敘事即具有前述的特性
。量化研究企圖利用將抽象的變項抽取出來並加以推斷的方
式,來呈現人類多變的經驗,而敘事心理學的研究則旨在尋
求能敏銳地區辨出意義細微差異的研究方法。這也就是為什
麼詮釋技術會比統計方法更適當。

自我即互動歷程

　　社會心理學家George Herbert Mead的主張可用來協助我
們更進一步地了解語言、時間與關係在人類意義系統中所扮
演的角色,尤其是涉及自我與認定的意義系統(Crossley 1996a
)。對Mead來說,我們的自我意識就是和他人建立關係與連結
的歷程。Mead引用Cooley(1902)「鏡中自我」(the looking
glass self)的觀點來強調我們仰賴他人的回饋和評價來定義
自我的程度。Mead提出主我(I)與客我(me)的概念來區分自我
歷程(the self process)中的面向 (請參閱Crossley 1996a
:55)。主我是自我的一部份,會去感覺、去行動、會說話、
也有感受,但是主我並沒有辦法知覺到自己和自己的世界,
「因為主我從未曾好好地察覺自我是什麼。我們因為自己的行
動而對自己感到驚奇,當我們有所行動時方能覺察到自己的
存在。」(Mead, 引自Crossley 1996a: 55)。為了能覺察到
自我,能反映出自我的意識、並進而進入意義系統,主我必
須從過去的角度,也就是從客我的角度來看自己、體驗自己

。客我也是自我，但是客我是之前的主我(the I at an earlier time)，如果你對主我如何現身於經驗中感到疑惑，那麼答案是，主我會以歷史的角色，也就是客我的型態出現（Crossley 1996a:55）。

　　Crossley(1996a)認為客我是主我的客體化(objectification)、或對自己的回憶(recollection)和印象(image)。當主我從另一個人的角度，也就是以局外人的角度來看自己時，客我就出現了。這也就是Mead所說的：「採取他人的態度」(taking the attitude of the other)。透過Mead的說法，就能清楚知道自我覺察的歷程與自我意識係存乎於與他人的關係之中。

　　Mead也非常強調客我在時間向度上的特性。主我並不需要想太多，只要主動投入於情境中的自我就是主我，但當我們去回顧過去的想法與行為時，此一回溯歷程之行動即成為客我。不過客我也不只是屬於過去，在個人計劃、期待、想像、省思未來時，客我也扮演了相當吃重的角色。當我們想像未來的自己時，出現在想像中的形象也是客我，也許應該說是我的「客我們」。透過這些客我，主我方能將希望、恐懼、夢想與抱負等投入於未來事件中(Crossley 1996a：56)。

　　如果我們再去思考主我與客我之間的關係，則自我與社會關係之間的連結也會被進一步的突顯出來。在任一個時間點上，主我和客我可以連續存在（當然也可以不連續），同時並存。所以我可以一下子說我接下來要做什麼，也可以說我過去是個什麼樣的人，將來又是想變成什麼樣子。假設我的主我想要開創事業，我的其中一個客我是已婚婦女，是有家累的人，這時候這個客我就會跳出來，甚至也許會

阻止主我採取行動。不過這也得看客我投入的程度多少。就我而言，在道德上與情緒上，我通常都是居於客我的角度。例如我會覺得我的客我，有個形象是我是個對先生與家庭都非常關愛與忠誠的人，這個形象遠比我能從事業中獲得立即的滿足還來得重要。另一方面，我會覺得我有權利去爭取我的自由與自我滿足，這個形象也會比我應該和他人有緊密連結的形象來得重要。又或者，有人對我有好感，這個形象也會令我感到高興，甚至過於沈溺此嶄新的、令人興奮的客我而無法抗拒誘惑。我都和這些完全迴異的自我形象對話。我常在腦海中想像為特定他人（通常是重要他人），如丈夫、父母公婆、我哥哥、我未來的情人等等，做某些事可能帶來的回應與結果。這些想像中的反應，不管好或壞，都會幫我決定這個行為是不是真的能讓我成為我想成為的自己。

另外，Mead也強調一點，這些想像中的反應通常是根據「一般大眾」(generalized others)的態度，比較少針對特定他人的態度來作推測。也就是說我們會採取整體的觀點。例如，我可能深受我所屬的群體影響，因而具有某些道德觀，例如通姦是不道德、錯誤的事。另一方面，我也可能會將「婚姻不過是中產階級家庭過時的制度，沒什麼不得了的」這樣的觀點加以內化。不管我所屬的群體秉持什麼樣的觀點，這些觀點都提供了一個討論廣場，在此廣場，我的客我就會以眾人所持的觀點呈顯出來。

自我意識的發展

　　總而言之，自我的建構(the construction of self)永遠都是包含時間歷程(a temporal process)，在此歷程中，我們和來自過去與未來的不同自我形象對話，並且融入特定他人或是普羅大眾的預期反應。當代的發展心理學所提供的證據也證實了自我歷程具有時間性(temporality)與社會性(sociality)(Case 1991; Fein 1991)。主我與客我之間充滿了對話與省察的自我意識(the dialogical and reflective self-consciousness)，並非與生俱有，而是要到比較後期的發展階段才會形成。達成此一省察性自我意識的關鍵歷程，可見諸於嬰兒進入充滿語言、社會符號(social symbols)的世界(Crossley 1996a:58)。Jean Piaget與George Herbert Mead兩人都非常看重語言兒童發展出對自我和他人之意識的重要性。因為語言中的代名詞，例如你、我、他、它這些字眼，皆提供了非常有用的標籤來幫助兒童區辨自己、他人與事物(請參閱Harré與Gillet 1994)。很特別的是，自閉症兒童與盲童常常無法正確地使用這些代名詞，例如他們會用「我」來指稱別人，用「你」來代表自己。也許這是因為這些兒童和他人的互動經驗與互動關係，和一般兒童並不一樣的緣故。

　　有些學者，例如Cooley(1902)認為兒童的自我意識、自我省察能力的發展，相當仰賴他們與他人所建立的關係，

尤其是與家人或是其他重要他人（例如玩伴）之間的關係。
Cooley稱這些人為「初級團體」（primary groups）。兒童在
成長過程中，因為和初級團體建立關係，所以他會覺得自己
是團體的一份子，體驗到患難與共（togetherness），或是我
們一同(we-ness)的感受。這就代表他/她已經開始視自己是
社會單位（如家庭）中的一員了。兒童與團體成員的互動接
觸，對於培養兒童的道德意識具有不可忽視的影響力。當兒
童和別人相處時，他就會知道自己的需求、興趣或是慾望不
可能永遠都被擺在第一位。融入初級團體有助於兒童發展出
他自己的道德信念，例如應該對團體忠誠、必須遵守規範與
法律等等。因為我們在思考自己和他人時難免會提到某些社
會團體，所以Cooley才會說：「自我與社會根本就是雙胞
胎。」(請參閱Berger與Luckman 1967)

性別差異與自我

根據Mead與Piaget的看法，兒童主要是透過角色扮演
(play)與遊戲(games)來發展自我省察能力。遊戲是兒童心理
與社會發展的良好溫床，因為在遊戲中，兒童會扮演他人，
從他人的角度來看自己。透過遊戲，兒童也學會遵守規則，
也了解規則如何訂定與修正。有些研究發現男生和女生玩的
遊戲類型有性別差異存在，這個發現令人注目，因為這也暗
示著男性與女性在自我與認定的發展上可能會有所不同（請

參閱Gilligan 1982)。例如Gilligan(1982)曾引用一份研究，指出10至11歲大的兒童玩遊戲時，男生和女生所選擇的遊戲類型並不相同。男生和女生相較之下，多半喜歡往外跑，通常團體中成員的年紀不一，他們常玩一些具有競賽性的遊戲。男生們的遊戲通常可以玩很久，因為如果在遊戲過程中吵架了，男生會比女生更能有效地排解衝突。相較之下，女生並不會特地設立規則來解決紛爭，比起遊戲能否繼續，女生比較在意友誼能否維繫下去。Lever將這些研究發現與Piaget的論點加以結合，認為男生會漸漸對建立法律規則、發展公平制度產生興趣。而女生，據Lever所言，對規則比較傾向秉持務實的態度，她們滿能接受例外情形，也很樂意視情形改變規則。Piaget認為「法律意識(legal sense)」是道德發展的核心，因此Lever認為女生法律意識的發展程度比男生落後得多。

　　Lever也發現女生們傾向於在比較隱密的地方，和死黨之類的親密小團體一塊遊戲。他認為女生們在遊戲時，就會將初級人際關係，例如小嬰兒與照顧者此類的社會模式複製到遊戲內容中。所以女生們的團體比較需要合作，而較少競爭。Gilligan(1982)採用Mead的觀點，認為這類的遊戲比較有助於兒童去扮演特定的他人，但較少促使兒童扮演「一般大眾」的角色，從全體公眾的角度來思考。如果真是如此，則按照男生、女生不同的性別社會化經驗，我們可以預期男性與女性在自我、與他人的關係、道德等方面的觀念亦將有所不同。這也是Gilligan(1982)在其著作中所要陳述的關鍵宗旨。例如Gilligan曾研究成功的專業女性，結果發現她們基本上還是會從「與他人的關係」這個觀點來描述或是規劃

自己。她們會根據自己與別人所建立的親密關係來闡述自己的身份認定。例如自己是個妻子、是個媽媽諸如此類的角色。相反地，擁有相似專業地位的男性，其描述自我認定的方式就完全不同。男性在談自己時，較少提到自己和他人建立關係的層面，反而比較常提到自己與他人的分離。雖然男性所陳述的自我有時也會包含其他人以及較深厚的依附關係，但是在自我陳述的過程中，並沒有提到任何的特定關係。因此，Gilligan得到一個結論：女性的主我大部份是從與他人的連結、關係這個角度來定義，而男性則是從分離、獨立等主題來論定自我（主我）（亦可參閱Gergen與Gergen 1993:87）。等到第八章，我們討論目前文化中意義理解的不同類型時會再詳細討論這個議題。

自我、社會與道德

如果我們去檢視多元文化中所蘊育出來的自我，那麼自我、語言、社會三者之間剪不斷理還亂的關聯就會更明顯(請參閱Geertz 1973; Lienhardt 1985; Cousins 1989; Kondo 1990; Markus與Kitayama 1991; Triandis等人1993)。在此，我們將根據Charles Taylor(1989)所撰寫的《自我的來源：現代認定的形成》(Sources of the Self: The Making of Modern Identity)這本書，來談自我概念發展所包含的歷史觀。Taylor認爲自我的概念和道德(morality)—他所謂

的「良善」(the good)—事實上是糾結不清的。自我只存在
於和我們有關的議題裡面。要談我的認定是什麼，換言之，
我認為我是個什麼樣的人，基本上要看這時候我認為什麼事
物對我來說是具有重要性的。如果只是要我從眾多的自我詮
釋中挑選幾點出來講，說實在的，那沒什麼意義(Taylor
1989: 34)。而且，我的自我詮釋(self-interpretation)一
定會和別人有所關聯。自我不是只有我自己一個人，自我是
和特定的人對話，這些人對於我用於自我瞭解的語言，是相
當重要的。依此而言，透過某重要社群中的對話網絡(webs of
interlocution)，自我於焉而生(Taylor 1989:39)。依照
Taylor的說法，自我意識和道德意識之間的關聯，代表著我
們有個基本的渴求，就是需要能夠感覺到我們與「良善」之
間、與我們自己或社群視為重要事物之間有所連結。我們本
身有一些基本的價值觀促使我們產生疑問，例如什麼樣的生
命才是有價值的？如果我們不要虛無、毫無意義的生命，則
是豐富又充滿意義的生命又從何而來？(頁42)

　　藉由某些形式的傳達，人們就會知道什麼是文化中所謂
的好與良善的一面。尤其是透過風俗(custom)與儀式
(ritual)此類語言與符號系統的運用(Taylor 1989:91)，讓
我們更加親近文化中的良善的道德來源，並賦予其更大的權
力與統轄力量。存在於風俗與儀式中的故事具有強大的力
量，因為故事當中蘊涵了人們生活中的意義與主旨，巧妙地
引領人們趨向特定的良善道德(頁97)。每每攤開家庭相簿，
「這是你二歲的時候，在布頓海邊，還牽著你爸爸的手呢...」
、「這是你和你哥哥嘛，這是你小時候住的地方」、「這是
1976那年的聖誕節，『我們』的全家福，你還記得嗎？」、

Introducing Narrative Psychology

「『我們』的婚禮」、「『我們』與『我們的』第一個寶寶」⋯這些話都是在表達與重申我們對於道德良善的信奉，在此例中是指成為「我們」、家庭一份子、愛、忠誠與關係等的重要性。

Taylor主張的基本前提是認定與道德定向之間的基本連結。透過判斷自己的道德立場，我們也會獲得「自己是誰」的觀念。這個前提暗示著一個人如果對「什麼是符合道德的」有不一樣的看法，那麼對「自我是什麼」的概念也會跟著不同。個人對道德的想法、對自我的了解、我們用以理解生活的故事與敘事、對社會的概念，這些想法結合在一起逐步開展出一套鬆散的概念架構(Taylor 1989 :105)。根據這個論點我們可以推斷，具有不同歷史文化的社會，其對自我、道德的看法也會迥然不同。的確，Taylor主要是想表達，從歷史的觀點而言，由於對「良善」的觀念已因社會網絡相互連結而有了嶄新的發展，嶄新的敘說形式、再加上對社會鍵結與關係有了新的見解，因此現代對於自我的概念已迥然不同於過去文明時代對自我的概念了。

當代的自我概念：內觀趨向

生存在當代西方社會的人們，對於價值觀、意義等議題開始產生疑惑：我的生命到底是什麼？它有重量或是實質嗎？會不會到頭來是一場空？這些問題顯露出人們渴望追求更

高層次的存在感與道德感(sense of being and morality)，希望能在道德良善中覓得一適切的立足點；同時，當代社會的人們也表達了與過去大相徑庭的自我意識。例如Taylor認為這些令人困擾的問題其實都是在詢問「生命的意義何在？」、「我的意義何在？」、「我們將歸往何處？」、「我們現在又是在做什麼？」。現今生活中的「存在危機(existential predicaments)」，與對可怖的虛無、失落、迷惘的恐懼感正主導著我們的世代。這些危機和恐懼感和過去人們的經驗根本就是天壤之別。

Taylor認為這些目前當紅的問題在過去之所以不受重視，是因為過去的人們活在不容挑戰的意義脈絡中，要求他們絕對服從。雖然過去的人們也曾面臨「什麼才是好的」衝突，但是所謂「好的」標準多早已定於一尊，被視為理所當然，很少會有問題的。所以如果我是活在十七世紀的新英格蘭婦女，一旦犯了通姦罪，我就得面對清教徒的審判，在胸前烙上紅字「A」，就像Nigel Hawthorne的小說「紅字」裡頭，Hester Prynne所扮演的角色一樣。我可能很少會質疑自己到底做錯了什麼，只是對於接受上帝怒火灼燒的極刑感到恐懼。這個例子就是Taylor所說的關於理性和道德的實質定義，我們對於道德良善的意識是遵循著上帝所示之規範。然而，在今日世俗的社會中，我就無須如此擔驚受怕。我也許也會捫心自問：我這樣做對嗎？在道德與自我實現兩相衝突的慾望中掙扎。Taylor所要表達的就是，在今日的社會裡，每個人所秉持的意義系統都不同於其他人，甚至可以說此(唯一的)意義系統根本蕩然無存，天理公道自在人心。

造成如此的現象肇因於宗教與傳統制度的勢微，與資本主義經濟制度的興盛（亦可參閱Holifield 1983; Lasch 1984; Bellah等人 1985; Cushman 1990，1995; Giddens 1991; McLeod 1997:1-27）。雖然少了傳統枷鎖的束縛令人感到自由，但是同時也帶來了令人敬畏的責任，這是因為我們的生命是「等待被探索的對象」（the object of a quest）（請參閱MacIntyre 1981），我們必須在詭譎多變的道路上不斷摸索前行，才能創造出生命的意義。與充滿著「實質」理性和道德秩序的過去時代相較，我們的一舉一動是根據我們以及所屬社群所建構出來的秩序來檢視，此秩序是被我們所建構出來的，而不是等著我們去發現而已，因此宜被視為是「程序性」模式（procedural model）（Taylor 1989:156）。

將現代對自我概念的歷史發展回溯到柏拉圖時代，Taylor認為現代對自我的想法源自於內觀意識（sense of inwardness）（Taylor 1989:111）。在當代用以理解自我的語詞中，內部（inside）與外部（outside）的對立扮演著重要角色。我們會認為觀念、想法與感受是存在於我們的內在（internally），而世界上的物體則是存在於外在（externally）。我們將自己看作是隱秘未現的心靈所製造出來的產物（頁111）。不過，自我對我們來說是這麼地自然，所以要想像其他的事物是以另一種方式存在，對我們來說實在有點困難。事實上，此類對自我的看法是現代西方世界所獨有。Geertz曾言：

在西方，人被視為是一個有界限的、獨特的、結合了動機與認知的小宇宙，是覺察、情緒、判斷與行動的動力核心，組成一個獨特的整體，不同於其他的這類整體，且因社會背景

和自然背景而異。人可說是世界文化脈絡中非常獨特的一種
概念。

(Geertz 1979:229)

　　的確，就像Taylor所說的，所有文化中的個人都有一些
自我的意識，也會在內部(inside)與外部(outside)、內在
(internal)與外在(external)之間有所區辨。不過現代西方
社會對於自我的概念仍有其獨特性(Taylor 1989:113)，這
在我們的文化中就可以找到證據。在我們的文化中，我們會
傾向於認為個人的自我在某種程度上還是有其客觀的一面，
這客觀的一面使得個人能長時間維持一定程度的穩定和一
致。雖然每個人一生的經歷大不相同，甚至生命中的事件
還會大大影響與改變這個人，但我們還是認為本質上每個
人都會維持著一個核心的自我。當我們提到自我時，常使
用定冠詞「the」，或是不定冠詞「a」，Taylor認為這樣的
語言使用習慣就反映出某些獨特與重要的認定概念(Taylor
1989:113)。西方對自我的獨特見解，對於人們內在化的
良善意識和道德規範有著深遠的影響，這代表說我們會做
出符應道德的行為，並不是為了遵守上帝早已制定的規範，
我們會這麼做只是因為在我們內心有著詮釋與省察的內在歷
程。

　　因此，現代對自我的看法越來越受到「內心」（inner）
這個概念的型塑。但是「外在」是怎麼轉變為「內在」的呢
？此一「內觀趨向」(turn inwards)的風潮中，最重要的人

物之一就是哲學家St Augustine，他曾經撰寫了一本著名的
自傳「懺悔」。Augustine相信人們如果想獲得更高層次的存
在感和道德感，想要為良善找到適切位置，就必須內觀自
省，看看自己的內心。他曾說過一句名言：「不假外求，反
躬自省。真理自在其中。」(引自Taylor 1989:129)Taylor認
為，Augustine的做法，使以前探求客體之外在世界的焦點，
轉向此一內觀「求知的活動」(activity of knowing)。如果
我們想要知道哪裡才能讓我們有更高度的存在感，我們就必
須回歸自我，審視自己的內心。我們必須站在Taylor所謂的
「根本反思」(radically reflexive)的立場，從 「第一人稱」
的立足點來思考(頁130)。將焦點放在我們自身，視自己為經
驗的主導者(an agent of experience)，這樣的轉變對於現
代西方文化內觀趨向的思潮具有推波助瀾的巨大力量。
Augustine將「根本反思之內觀自省」(inwardness of
radical reflexivity)傳遞給現代西方文化((Taylor 1989:
131)。從Augustine身上，我們看到了人類存在意義的新方
向，找到了探尋自我之世界的新方法，觸發了我們對於「個
人生命中的秘密花園」之新的好奇。

　　不過，還是要提醒你一點，Augustine所說的自我，並不
完全等同於現代對於自我的概念。兩者之間還是有一些根本
上的差異，因為在Augustine的自傳中，只有上帝能讓一個人
存在，並決定他該以什麼獨特的型態存在。事實上，這意謂
著Augustine還是對真實(reality)抱持著實質性的概念，假
定了一個由上帝所創造的先存的理性秩序(pre-existent
rational order)。這種觀點有時被稱為「實體宇宙法則
(ontic logos)」，基本上就是一種宇宙的秩序法則，意指良

善都是先前存在的（在此，是由上帝決定的）。直到另一位
有名的哲學家Rene Descartes出現，假設理性秩序先前存在
的實體宇宙法則才被捨棄，對自我的想法也越來越接近我們
自己的內心。

現代的自我及反思

　　根據Taylor的看法，現代自我的內在化特質相當強調兩
類「反思」（reflexivity）（內觀自省），其一為「自我控制
」（self-control），另一為「自我探索」（self-exploration）。
這和我們之前剖析的哲思並無二致。我們可以控制自己，例
如自己的身體、自己的想法、自己的感覺，這樣的概念在今
日已被視為理所當然。甚至如有必要的話，為了追求更高境
界的良善(higher-good)，我們還能超脫慾望，戒斷情慾。「
超脫」(disengagement)的概念對於西方啟蒙時期的哲學家-
例如Locke有著莫大的影響力；人被認為有能力透過一些方
法和原理原則來造就自我、革新自我。從邏輯性和工具性的
立場來看待個人的欲望、性格與傾向，諸如此類的理論非常
受到歡迎(Taylor 1979：171)。哲學家同時也是歷史學家的
Michel Fucault在名著《規訓與懲罰》(Discipline and Punish
，1979)〉中即曾闡述自啟蒙時代以來，自我規訓(self-
discipline)意象，如何一點一滴地滲透入軍隊、學校、醫院
、以及濟貧院等公共制度的骨子裡。Taylor認為「超脫」的

概念可以看作是一種「精確自我的意象」（an image of the punctual self），即個人有能力對自己的想法和行為進行根本的自我控制。我們也認為個人作為一個「有責任的行動者（responsible agency）」，能對自己的想法和行為負責任，因此能夠徹底地控制自己。這些想法都源自於現代流行文化和法律規範對於自我的意象以及對於人的概念。

第二種反思的形式，就是「自我探索」（Taylor 1979: 177）。我們對這類型的反思特別感興趣，因為本書的主要目標就是希望能引領我們進入所謂「現代心理學」的領域中。就某方面來說，涉及到自我探索的反思和前述的超脫概念是背道而馳的，超脫的概念希望我們能站在自己的身體、想法、感覺及慾望的背後，將這些東西都加以「客體化」，最終的目的是為了能達到「自我控制」；相反地，從「自我探索」的立場來看，我們探索自己的身體、想法、感覺及慾望，目的是為了要塑造自己的認定，強調的是我們必須「追尋自我」（search for ourselves）。就像Taylor說的，追尋自我已經成為現代文化的基本主題了，目前許多蔚為風行的治療與諮商方法也都非常強調要協助當事人追尋自我。這部份留待後面第六至八章再詳談。與現代對自我與認定的了解有關的另一項重要主題就是：記憶(memory)的重要性（請參閱 Freeman 1993）。我們需要促進自我瞭解，則不可避免地，我們必然要回顧過去，並儲存這些過去的記憶。這使我們必須進一步強調當代對於內在化自我概念的假定：在時間的洪流中，自我是連貫且一致的整體。

就歷史觀之，啟蒙時期的思想家們大力鼓吹個人的自我控制、理性與自律的面向，但是浪漫時期(the Romantic

period)則以自我探索蔚爲風潮。一部份原因就是爲了要反動
啓蒙時期所推崇的過度單一面向且誇大的自我形象。就像小
孩長大會有叛逆期一樣，浪漫時期的思想家們承襲盧梭
(Rousseau)的哲思，致力於找出「存在於我們內心」的眞理
，重視想像、感受、內在聲音等的重要性。對盧梭來說，「
心是開啓世界和生命的鑰匙」(引自Taylor 1979:371)，傾聽
內心的聲音對於浪漫時期的人們所經驗之道德良善是非常重
要的。誠如Taylor所言，人們開始憑藉自身對這世界、對其
日常生活的「感覺」，來定義什麼是合乎道德或「良善」
(the good)。在過去，所謂「良善的生活」取決於個人採取
什麼行動與行爲；現在，情緒感受已取代了行動與行爲的地
位。所以對於事件或行動是否合乎道德良善的論斷，已不再
完全仰賴客觀或外顯的結果如何，而是看你內心對這件事有
什麼感覺。這使得「內觀自省」的內在趨向達到高峰。也因
此，道德責任應該是從個人內心由衷喚起，並非由外界所規
定。「我們應該要發揮我們的原有本質」(頁374)，這是相當
個人化的立場，源起於浪漫時期，是當代強調反思性自我探
索的基礎。

　　有些研究者，例如Cushman(1990)就從當代西方社會對自
我所普遍抱持的看法，來討論Taylor的主張。Cushman認爲現
代人的自我根本就是「空虛的自我」(empty self)。就和
Taylor的想法一樣，二次大戰後因爲經濟、政治以及道德環
境的鉅變，使得人們內心的空虛感油然而生。失去社群、失
去社會所共享的傳統意義，代表著我們將面臨到難以言喻的
失落感。當個人失去了信念與價值，他就會感到空虛。目前
的社會耽溺於追求食物、物質生活、和聲望，在這種環境

下，我們就更加無法忽視內心的需求—希望能感到充實、擺脫空虛與失落。

隨著空虛的自我被提出來討論，Cushman認為有兩種因應而生的專業最是有利可圖，一為廣告業(advertising)，另一則為心理治療(psychotherapy)。這兩種專業都希冀能撫慰治癒空虛的自我，但常採用一些使問題更加惡化的方法，因為他們只是讓當事人以另一種「充實滿足感」來取代前一種，沒有考慮到當代文化中造成這些心理症候的歷史因素。和Cushman相較之下，其他的研究者對於當代自我演變的詮釋則是採取比較樂觀的角度，這部份將於後續闡明（請參閱Baumeister 1991；Gergen 1991；Giddens 1991）。

結論

到目前為止，我們已經討論了自我和語言、敘事、他人、時間及道德之間的關聯。從Taylor的看法，我們也了解到目前對自我的看法是比較趨向內在的，而且他也假定個人具有客觀且單一的自我狀態。至此我們已經比較知道什麼是敘事心理學了，其企圖研究形成自我的語言、故事、以及敘事，也想了解個人與社會如何去應用、更新這些敘事。惟有透過特定的語言學、歷史與社會架構，自我的經驗方能彰顯其意義。

　　有一點必須要強調，在自我之敘事建構歷程(the process
of the narrative construction of self)中，必定也包含
了權力和控制(power and control)的議題。選擇某一特定的
敘事，而捨棄其他，將影響到有關自我形象、責任及道德的
建構。本書希望能夠說明與討論，選擇特定敘事會如何呈現
出特定的自我觀，以及其在心理學、社會方面的應用。雖然
在了解自我的路途上，我們無法跳脫權力與控制的主導性敘
事架構，然而本書所欲傳達的主要訊息就是要去找到自由與
轉換的可能性。在自我了解的過程中，一旦我們覺察到、理
解到特定敘事所扮演的角色，也許就能夠引領我們冷靜思
索，以更具批判與反思的態度，來檢視自己是個什麼樣的
人，未來又希望能成為什麼樣的人。

摘要

迄此，你應該已經了解下列的議題與概念了：

★在心理學領域中有許多不同的取向在研究自我，其包
　括：

(1)實驗社會心理學(experimental social psychology)

(2)人本取向(humanistic)

(3)心理動力/心理分析取向(psychodynamic/psychoan-
　alytic)

(4)社會建構論(social constructivist)

★敘事心理學與社會建構論取向之間的關聯。

★個人獨特的意義組織，強調個人的認定與下列因素之
　間的相互關連性：語言、時間、與他人的關係、道
　德。

★自我意識如何透過兒童期與他人之間的互動而發展。

★存在於自我與認定經驗中的性別差異。

★當代的自我經驗，例如內觀趨向、反思、及相關的道
　德意涵。

討論與省思

★研究自我與認定的社會建構論取向，和其他比較傳統
的社會心理學取向相較之下有哪些不同？

★女孩與女性所經驗的自我，如何受到其與重要他人互
動的影響？討論一下此一影響在實務上和道德上的意
涵。

★目前西方社會對於自我的看法可能和過去的時代有所
不同了，列出這些差異。想一想這些差異會帶來什麼
樣的結果。

▷ 延 ● 伸 ● 閱 ● 讀 ◁

※ Cushman, P. (1990) Why the self is empty: toward a historically situated psychology, American Psychologist, 45 (5): 599-611.

Freeman, M.(1993) Rewriting the Self: History, Memory, Narrative (Chapters 1 and 2). London: Routledge.

Gilligan, C. (1982) In a different voice: Psychological Theory and Woman ' s development (Chapters 1 and 6). Harvard: Harvard University Press.

McLeod, J. (1997) Narrative and Psychotherapy (Chapter 1). London: Sage

Polkinghorne, D.P. (1988) Narrative Knowing and the Human Sciences (Chapter 1). Albany, NY: SUNY press.

Taylor, C. (1989) Sources of the Self: The Making of Modern Identity (Chapters 1-4 and Chapter 25). Cambridge: Cambridge University Press.

延伸閱讀註記

　　Freeman, Polkinghorne 及 McLeod 的著作很清楚地交代當代敘事心理學的發展狀況。至於自我概念的發展與演進在 Taylor 的書中有非常詳細的探討。而 Gilligan 的經典著作則是在探討男性與女性不同的自我認定概念。

　　Cushman的文章提到許多目前西方社會經常面臨的問題，尤其是跟空虛的自我，以及對於意義的無止境追尋。

Chapter 2

表意式方法與自我的研究

康萃婷 譯

前言

　　在前一個章節中，我們引用了「社會建構理論」的說法來解釋許多關於自我（self）與認定（identity）等新進的研究取向間有何區別：例如認識了自我及語言之間有著不可割裂的關係、或者從一些較爲傳統的研究取向中，意識到在許多神秘且「內在」的領域或是「外在」行爲中，自我是獨立於語言而存在等觀念。在本章裡，我們將會聚焦於常和「社會建構理論」相提並論的一些研究方法－有時，這些方法也被稱爲是「表意式」（discursive）或是「語言本位」（language-based）的研究方法。特別的是，我們將會著墨於在自我與認定的研究中，敘事研究與其他表意式方法之間的關係，包括了後現代主義（postmodernism）、論述分析（discourse analysis）、修辭分析（rhetorical analysis）、詮釋現象學分析（interpretive phenomenological analysis）及批判女性主義心理學分析（critical feminist psychological analysis）。爲使陳述愈顯清晰，許多在新、舊派典爭論中的矛盾與對立將會被提出。此外，從哲學的層次來說，本書所發展的「敘事心理學取向」（narrative psychological approach）將會涉及傳統社會心理學取向中的一些「實在論」的假設與觀念。另一方面，由於這些取向普遍因爲它們過於依賴量化的實驗方法而受到限制，因此爲了要增加研究的深度，則必須適時地加入質性研究的方法與

分析。

後現代主義取向

　　在正式說明後現代主義理論與自我及認定的研究有何關係之前，我們首先要澄清的是「後現代」的意義。首先，我們必須先加以了解的是，「現代」（modernity）與「後現代」要如何區別呢（請參閱Featherstone, 1988；Best and Kellner, 1991）？就時間的觀點而言，所謂的「現代」通常始自中世紀後馬克思主義（Marxist）興起以來的那段歷史時間，也有學者認為現代是相對於「傳統」或是低度發展社會的歷史時間（Best and Kellner, 1991: 2）。而就內涵來看，現代所意謂的是經濟、政治、社會與文化等層面的變遷，也就是發生在工業化及資本主義發展等「現代化」（modernization）過程中的改變－例如工業化、世俗化（secularization, 宗教影響力的消褪）、商品化（commodification）、都市化（urbanization）、科層化（bureaucratization）及理性化（rationalization）等共同構成現代世界的過程。

　　後現代，顧名思義，所指涉的是現代之後的歷史階段（有時也會被稱為「高度現代」（high modernity）的階段）。後現代社會中最大的特徵莫過於諸如電腦、媒體、網路等高科技的擴散，這些日新月異的科技改變，不但創造了溝通及知識型式、內容上的新面貌，更形成了社會與經濟結構的必

然變化。受到後現代社會及文化脈胳改變的影響，自然而然地，人們對於時間與空間有了新的覺知，其經驗及對於文化的體悟也不同於以往（請參閱Giddens, 1991）。

近來在學術界裡，後結構主義（post-structuralist）成為社會科學領域中十分盛行的理論（有時也被稱為「解構主義」（deconstructionism）），包括 Michel Foucault、Jacques Derrida、Jean Francois Lyotard與Jacques Lacan等學者皆被視為其中代表。這些學者主張個人與自我是涵蓋在語言之中的，並且是在規訓形式及權力的社會與歷史關係中構成；因此，後現代主義的任務就是去「解構」語言結構及社會－歷史敘事，如此一來我們才能真正了解知識的基礎是什麼。

後現代主義的一個中心主題就是：知識並不是由邏輯與理性所決定（這應該是現代主義學者所主張），相反的，語言的交纏與轉變才是知識的決定因素－雖然我們可能相信自己才是語言的主宰，但是語言掌控了我們的說法更為人所接受（Lovlie, 1992: 119）。語言，通常被描述成「符號的結構」（structure of signs），其意義非但不是存在於「符號」與「指涉對象」（referent）之間的一致性，相反的，是存在於不同符號之間的關係。也就是說，符號本身並不具有任何意義，端看它們在語言網絡中與其他符號之間的關係。

上述這種對於意義的看法，在我們瞭解自我與認定的概念時有很重要的影響，此點很清楚地呈現在著名的後現代主張－「主體已死」（death of the subject）－之中（Lovlie, 1992: 120），反映出後現代主義學者對於同時代個人了解他們自身「內在性」（inwardness）之批判性說法。就如同我們

所了解的，這種的說法包含了一些假設：其中之一是我們「擁有」自我，且除非我們經歷了對立以及對於我們生活的挑戰經驗，否則我們自我的核心便無法維持一定的堅定性與整體性；同時，此亦假設了生命是一種線性的、連續的進程，就如同「孩童朝著那成熟的終點去開展它既有的能力與潛能」（Lovlie, 1992: 120）。然而，在後現代主義者的觀點之中，上述的說法不過是種對於文化的錯覺或是企圖將它們取代現有的分裂及不連續，此種後現代主義者對於個人的觀點也可被視為是對發展、秩序及進步的挑戰，也是在這樣的看法之中，「主體」被視為是已死的－「我是」（I am）不再被當成是人格特質中的核心或本質；取而代之的是，對意義的認知被語言符號、敘事及權力所改變。

Kenneth Gergen（1991），是在心理學界中倡議後現代主義並且造成深遠影響的學者之一，其主張所謂的後現代是一個「飽和的自我」（saturated self）的時代，不同於諸如Cushman等學者認為自我是空虛（empty）的，Gergen對於自我的看法可算是十分樂觀且有發展潛力的。其認為由於社會的日益複雜以及在溝通與旅遊方面的科技不斷精進，致使自我被「人類的聲音」（voices of humankind）所滲透：「報紙、電視與錄影機、音響、簡單的長距離旅行、電腦通訊設施、廣告信函、甚至是答錄機，在在都導致了人們被過多的影像與資訊所吞沒」（Stevens and Wetherell, 1996:346）。他相信近二十年來大量資訊曝露的結果，的確對於現代生活意識產生了深遠的影響。

依據Gergen的論點，社會飽和（social saturation）之所以會改變人們的意識，是由於它導致了自我概念與關係的

斷裂。他認為說（Gergen, 1991: 16）：

……社會滲透伴隨著我們對於真實及可知自我等假設的一
種普遍性失落。當我們不停地吸收外在的許多聲音時，卻也
發現了在我們的意識中有許多共存且相對的「真理」（truth）
，因此，我們覺知到每一個關於我們自我的真實都是當時刻
的建構，也就是它的真實性只存在於某些特定的時刻與特定
的關係裡。

　　至此我們不難發現Gergen的論點與後現代論述中「作者
已死」（death of the author）或「主體已死」等說法有多
麼的契合。不同於連貫性及清楚定義的「內在」自我，一個
更為「開放的內容出現了，在其中，人們可能會形容、刪去
或重寫他們的自我為變動不羈、不停擴張以及關係網絡的不
一致」（Gergen, 1991: 228）。對於Gergen而言，後現代社會
所宣揚的自我充滿了冒險的成份，也就是他所稱的「個人的
自由表現」（free play of being）；當然，這也是個鼓勵「
實驗、……冒險與荒謬」、接受「多元可能性」（multiplicity
of possibilities）的世界——一個從過去束縛與限制中解放
的世界（第248-249頁；請同時參閱Turkle, 1996）。

論述分析：Parker的取向

　　透過法國後結構主義作家Foucault及Derrida等人的作品

，我們可以發現在心理學領域中，後現代主義的影響同樣地呈現在Ian Parker（1990，1991）「論述分析」(discourse analysis)的觀點之中，旨在將擴散於社會之中影響我們去型塑自我與世界的不同論述加以定位與描述。舉例來說，在同時代的西方社會中就存在了許多影響我們去形塑自我生活的主宰論述，一如我們將在本書中接觸到的「治療的」(therapeutic) 或「療癒的」(healing) 論述，在我們面對許多創傷性事件及其後果等經驗中，便益發受到大家的注目。此外，不同的女性主義論述，在現代社會也同時對男性與女性是如何經驗他們自己產生了影響。

　　Parker將所謂的論述定義為「意義的連貫性系統」(coherent systems of meaning)，也由於不同的論述是彼此競爭的，經由權力與影響力再製的主流機構與政治結構，它們在諸如自我、世界與道德觀等不同領域的觀點，得以被接受與結合。在此觀點之中，Parker認為由於論述一旦被創造之後將會在社會之中擴散，因此可以算是擁有物質與幾近「自然的」展現。我們也可以藉由回憶歷史學家Michel Foucault於1979年發表的著作《規訓與懲罰》（*Discipline and Punish*）之第一章中簡短討論窺得一絲端倪。Foucault指出了出現在啟蒙時代的「自我規訓」是如何滲透進入了諸如軍隊、學校、醫院及工廠等大眾機構之中；此外，在現代流行文化與法治意識對於自我和人們的概念裡，一個負責任的個人形象，也與自我規訓的論述相結合了。可以說，Parker有關論述的觀點提供了一個政治的邊框，以合法化及支撐現存的機構，再製了社會中的權力關係與不平等，並造成了意識型態上的影響（Parker，1990）。因此，Parker表示：「論述分

析應該成爲行動研究(action research)的一個分支，且其論述的內在系統和它與他者的關係是可以被挑戰的，不但改變也因此得以允許謀略（manoeuvre）及反抗（resistance）有其不同的存在空間」（Parker, 1990: 201）。

論述分析：Potter與Wetherell 的取向

　　或許嚴格來說，在社會心理學領域中最受到眾人矚目的論述分析型式，應該算是由《論述與社會心理學：超越態度與行爲》（*Discourse and Social Psychology : Beyond Attitudes and Behaviour*）的作者Potter與Wetherell在1987年所提出來的，如同其他後現代主義觀點一般，這種激進的表意式取向被視爲是與傳統社會心理學方法相對的，並挑戰了傳統認識論有關於自我、態度、情緒等的觀點。基本上，這代表了Potter與Wetherell對於如何形成自我等概念的知識，有不同於以往的理論觀點。舉例來說，他們所提出與傳統自我概念有關的一個中心論點，是結合了「認知論」（cognitivist）與「精神論」（mentalistic）的假設—也就是他們假設了諸如「自我」般的東西可以在一個內在的、精神的世界中給予定義及定位（請同時參閱Coulter, 1979、1983）。就如同其他的後現代主義者，Potter及Wetherell認爲像「認知論」般的假設

是必須加以質疑的，也因此他們提出了對此假設的疑惑，並將關注的焦點轉移到：在這樣的論述之中，人們必須怎麼去描述自我及其中的功能性活動。

Potter與Wetherell的中心觀點，是認為人們利用語言去「做一些事情」以及達成既定的目的。就此觀點來看，文字並不只是一種用以描述事情的工具而已；更甚者，它們會被使用來建構自我、世界，以及讓事情得以發生。因此，人們會使用語言來辯解、斥責、證明其為公正、說服他人，或以某些方式來表達自己的想法；換句話說，語言是功能性的。由於兩位作者關心的焦點在於人們是如何去使用語言來了解及解釋每天的生活，所以，在針對自我及認定的研究裡，作者認為我們必須要「......將注意力從自我即實體(self-as-entity)的論述中轉移，並聚焦於如何建構自我的方法上。也就是說，探究的問題不再是自我的真實本質為何，而是自我如何被談論，以及在此論述中自我是如何被理論化的」(Potter and Wetherell, 1987: 102)。

在Potter及Wetherell的作品中有一個明顯易見的主題：那就是人們談話的變異性，以及互動與社會脈絡的重要性。例如人們要如何去談論「自我」取決於發言時的特殊脈絡與它會產生何種的功能；當然，這與傳統社會心理學企圖從人們行為及自我概念中尋求連貫性及穩定性的取向是截然不同的。一直以來「實在論」均視語言是描述性的，是對於相對穩定且先前既存的「自我」與「世界」的反映而已；但建構論對語言的觀點，乃關心從日常語言的實際使用之中，許多的關聯性與秩序是如何被產製出來的。

　　雖然Potter及Wetherell兩人對於論述分析的看法與Parker有些許的相似，他們還是批判後者的觀點過於抽象（Potter等，1990）。Parker認為所謂的「論述」是存在於實際的物質整體之中，與使用它們的人並不相關；但相對的，Potter與Wetherell卻將論述的使用限定在個人的談話之中，其所指的論述分析是侷限於個人的特定實際之中，而他們也認為這提供了一個更趨向於社會心理學的觀點。

Shotter的「修辭－反應」取向

　　在心理學中另外一個具有影響力的社會建構論方法是由John Shotter所提出的「修辭－反應」（rhetorical-responsive)取向（Shotter，1993，1997）。參照哲學家Wittgenstein（1953、1980）、文學理論者Bakhtin（1984）以及社會心理學家Billing（1987）等人所提出的觀點，Shotter認為這個方法聚焦於我們所謂的「內在」生活(inner lives)及自我(the self)之上（Shotter，1997）。Shotter表示：「在我們研究之中具有重要性的每一件事都應該被視為是正在發生的」，而且是發生「在人們對話的交換過程中短暫且相關的交會」（第9頁）。也就是在「人與人之間短暫互動的片刻；或者說，聽者與說者彼此間必須持續不斷地有自主性及實際上的互動，主動的、有反應的了解」。綜言之，我們的談話並不僅僅只是在世界上的活動之一，更甚者，它們為我們所進

行的每一件事物提供了生動的基礎（Shotter，1997：9）。

　　依據Shotter的說法，這種聚焦於人們之間對話的、相關的活動，對於了解個人「內在的、精神生活是很重要的—包括他們的感覺或經驗、他們的想法與思慮，或是那些他們用來讓自己生活顯得更有意義的內在時刻」（第11頁）。這是因為「可能會發現我們『內在』生活的一些事物並非存乎個人之中，相反的，是存活在我們周遭環境之中，自己與他者互動的時空裡」（第12頁）。實際上，所謂的「心靈」（psyche）「並不算是一個實體，而是一個策略或是一組策略　，一組對於周遭他者有所反應的方法。它的本質只會展現在我們實際的活動中、在我們與他人的接觸點、也在我們和其他人的彼此互動之中」（第20頁）。很顯然的，Shotter這種不去探討究竟是什麼先存於個人之中（或語言之中–即「符號」　）、卻去關心出現於互動脈胳或與該脈胳有關的事物為何的觀點，十分類似於後現代主義及論述分析的方法。

　　於是乎，「一個人的心靈（如果這樣的實體可以被視為是存在的話）」是否存在「必須視社會情境而定」；而它也可被解釋為「一個具有不斷爭論的與變動界限的實體，是一些可以在某一天用某一種方法或其他方法被回憶起的事物」（Shotter，1997：20）。在此，我們再度看見了企圖去挑戰傳統認為自我與認定是維持著特定連貫性與統一性的觀點；就如同後現代主義與論述分析的方法一般，修辭的方法對於有著被建構特性的自我本質寄予高度的關切，也因此它那不穩定的、變化的及斷裂的本質被當作是在事件發生的「特定的、短暫的（對話）片刻」（請參閱Katz and Shotter，1996）。

　　Shotter認爲去發展關於我們自我與認定對話的、修辭
－反應的事物，並不僅僅是一項理論性的工作，它更具有實
際層面的含意。他表示：「爲了要讓我們能夠維持與他人之
間的一種新關係型式，我們應該要發展新的實踐、新的觀
點、新的說話與爲人方法」（Shotter, 1997: 22），此外，
他也提出了「社會詩論」（social poetics）來當作達成此研
究的方法。Katz與Shotter（1996）曾提出了一個有趣的例子
來說明何謂「社會詩論」：那是一個有關於醫生－患者之間
互動的研究，在該問診的情境之中還存在了一個居於「文化
居間」（cultural go-between）位置的人。在此，文化居間
者的任務是調適自己的心態成爲開放的、易被吸引的，或
者說是會「爲了病人所做、所說的事件而受到感動」的人
（Katz and Shotter, 1996: 919），而比過程的目的就是要
去「意識到（患者）有關於疼痛與痛苦的內在世界本質」
（第919頁）。

社會建構論取向的問題 －「失去主體」

　　就如同Parker等研究者所質疑的，同樣出現在後現代理
論與論述分析方法的問題是，它們一再重複詢問：「當人們
使用論述時，究竟他們的『內在』發生了什麼？」（Parker,

1991: 83)。Parker認為進行反思的能力(the capacity to be reflexive)（對於自我的思考、內在省察）是人類主體與理解力的核心。反思的能力讓我們得以去思索「什麼才是個人與社會之間連結的關鍵點」(Parker, 1991: 105)；只不過很遺憾的是，不論是後現代主義或是論述分析方法都傾向於將這項能力自人類的主體性中排除。

正如先前我們所介紹的，後現代主義、論述與修辭分析方法都致力將自我的主幹從語言結構與自我概念不可分割的連結中加以「解構」(deconstructing)，這導致了將「自我」理解為是一種具有詮釋性、變異性、相對性、流動性與差異性等特質的現象。由此觀點出發，因為「自我」將會因不同的歷史、文化或實際脈絡而有所不同，當然就無法對人類的自我本質做出一個普全的宣稱；也緣於這種缺乏整體性與連貫性的認知，讓後現代主義者鄭重地宣示「主體已死」。倘若自我的本質之中真的沒有「某物」(one)是可以描述的，那麼「一個自我」(a self)、「具有」(having)、或是「擁有」(possessing) 自我等的說法都應該被揚棄；而論述或修辭分析在認為自我的本質是變動的與功能性的前提之下，同樣地否定了傳統假設中有關「一個」(a) 主要且整體的自我概念。當這種關於變異性及忽略整體性的宣稱被嚴肅地看待時，我們即能夠去觀照從後現代主義及論述分析中所顯現的自我及「主體」(subject)之型式。

請思索一下底下這一段由小說家Jean François Bory所撰寫的簡短散文式敘事，作者試圖透過它將後現代主義對自我的概念描繪成「語言符號的表演」(play of linguistic signs)：

在一個主詞、動詞之後，跟隨的是隨著主詞性別與數量而決
定的形容詞。相同的主詞，一個副詞的代詞、一個附加的動
詞、一篇文章、一個名詞、一個謂語的客體、一個模糊的代
詞以及一個原形的動詞。

（引自Nash，1990：199）

　　現在，讓我們再來看看一個例子，是Potter與Wetherell
在他們書中用以說明論述分析如何進行有關自我的研究：他
們所描述的，在某些程度上是頗為模糊的，是研究者「在進
行與一群紐西蘭人的訪談，這些人十分關心結合紐西蘭與南
非的運動問題，特別是1981年紐西蘭羚羊盃橄欖球巡迴賽」
（Potter and Wetherell, 1987: 111），因為這次的巡迴賽在
紐西蘭引起了熱烈的爭論，除了不受到廣大群眾的支持外，
許多的內部團體還出現過衝突。在訪談中，受訪者被要求盡
可能清晰地描述或解釋比賽時的衝突與暴力，並且清楚地表
明自己的立場。而當受訪者這麼做時，很明顯的，「不同的
自我建構都在此過程中參與了演出」。Potter與Wetherell認
為這種情形是普遍的，「......知覺中會有一個第三者的形
象存在，而不僅僅是一個個人的自我在被描述。但是從我們
論述的觀點來說，若是提供相同的分析原則，那麼他人的自
我論述會與個人自我的論述一樣有趣」（Potter and Wetherell
, 1987: 111）。

　　從這兩個典型的例子來看後現代理論與論述分析取向所
提出的「自我」或「主體」等概念是重要的。在上述後現代
小說家Jean François Bory的作品中，即使作者明白地重覆

指涉一個「主體」，但在每一個句子裡，它卻成了文學文法中的「主詞」；也就是說，在此例子中，「主體」僅僅被化約成文法上的支架，不具有任何的意義、意向與資訊，只是單純地在不同的語言符號中產生交互作用罷了。很顯然的，我們也無從得知此「主體」下的「個人」是什麼樣子的了。從Potter與Wetherell在其作品中，寧可以第三者他人所描述的「自我」去取代以第一人的敘述，我們可以清楚地看到另外一個在主體上的化約主義（reductionism）與去個人化（depersonalization）的例證。當然，以論述分析原則來看，談論個人的「自我」與他者的「自我」有著很大的相似性；然而，當我們聚焦於人們如何去談論自我，以及嘗試對他們的個人自我有更多的了解時，我們也不禁會想起這種選取自不同內在團體衝突下的「社會」實例，使得Potter與Wetherell可以避開一些嚴酷的現實問題。

此外，Augustinous 與Walker（1995：276）則對用以理解人類心理與社會生活的表意式取向提出了批判。他們認為，這些有意否認人類擁有任何內在自我感的說法，缺乏了「個人為一有目的的行動主體」（individual purposive-agent）；換句話說，對自我的研究僅依據個人在不同社會活動中所展現的表意式行動，如呈現特定的自我形象、假藉理由、斥責他人等等。這使得對自我的概念成為「主觀經驗……是脈絡依存的、是流動與彈性的，彷彿個人的心理是時時刻刻變動不羈的經驗」（Augustinous and Walker, 1995：276）。在此觀點之下，語言與脈絡受到相當重視，而自我則是「深陷其中（engulfed），即使沒有被完全淹沒（annihilated）」（Dunne, 1995：140 ）。無獨有偶的，類似

的質疑也出現在Smith（1994）對於後現代主義理論對人們自我與生活的經驗實際之深思裡。舉例來說，Smith問到：飽和、空虛或斷裂的自我概念，與「成長自城市貧困地區及破碎家庭的孩童」或是「這個世界上因感染HIV而面臨AIDS威脅的群眾」之間，有什麼關聯呢（第406頁）？

　　受此觀點的影響，後現代主義與論述分析取向被視為是「在核心問題的探究中敗下陣來」（Abraham and Hampson, 1996：226），這也是為什麼當我指涉到後現代主義與論述分析時，傾向以「失去主體」（lost the subject）來當作我的次子題。我們需要去尋找一些方向，好讓我們在以語言及表意式結構進行人類心理研究時，能不致於失去了個人經驗與主體中那些潛在的個人性、關聯性且真實的本質。

重獲主體－詮釋現象學分析？

　　近來在社會建構論取向之中，詮釋現象學分析（Interpretive Phenomenological Analysis，簡稱IPA）因為讓我們得以在心理學領域中探究自我的經驗性真實(experiential reality of the self)而受到矚目。它主要的提倡者為Jonathan Smith（請參閱Smith, 1996；Smith等, 1997）。Smith在有關於健康與疾病的相關研究領域—在本書稍後的章節中可以見到—使用這種分析方法，且經常徹底地改變了個人對於自我、他者及世界的概念。

　　依據Smith等人（1997）的觀點，區分IPA與由Potter及Wetherell等學者提出的論述分析是十分重要的事情，這是因為即使IPA與論述分析共享了語言及質性研究之重要觀點，但兩者對於自我與個人的經驗與認知卻是大相逕庭的。正如前所述，論述分析對於去組織那些用以強調人們主觀經驗的談話，是抱持著懷疑的態度；論述分析偏好將人們的口語說法當作是其行為表現，且依據其在特殊情況中所展現的功能和活動來加以分析。相反的，IPA所關心的是認知與經驗，也就是希望能掌握人們是如何去思考、與感覺那些發生在他們身上的事物；其假定是在人們說話（口語反應）、思考及感覺他們的自我、身體、他人以及世界（認知與經驗）之間存在著「關係連鎖」（chain of connection）。也因此，我們可以說詮釋現象學分析是奠基於諸如社會認知等的傳統社會心理學假定（Smith等，1997）；換句話說，它是以「實在論」的認識論（realist epistemology）在運作；亦即透過特定的研究方法，我們可以發現在人類經驗與知覺中存有一塊可知的事實領域（Augustinous and Walker, 1995: 262）。如同先前所介紹的，這種認識論的觀點、這種對語言與經驗性「自我」之間關係連鎖的假定，在論述分析懸置了對自我真實的假定，且鮮少提供我們去了解個人對現象的主觀想法和感覺等情況下，是受到相當質疑的（請同時參閱Abraham and Hampson, 1996 ；Smith, 1996）。

　　相反的，Smith等學者主張，IPA是一種「企圖探索參與者對自身經驗進行自我省思之自然傾向的方法」（Smith等，1997: 68）。這種方法的中心前提是「依據研究主題，使參與者得以他們自己的語言，來訴說他們自己的故事」（第68頁），其

主要目的是「盡可能地採用『局內人視角』（insider's perspective）去探索參與者對世界的觀點」（Conrad, 1987：69）。根據Smith等人的觀點，由於IPA「關照的是人們對於客體或事件的個人覺知或說法，而非試圖去創造一個客觀的陳述」（第69頁），因此此一取向可以被看成是現象學的。

　　Smith主張，雖然他所倡議的IPA與相關的質性研究方法直到近期才開始在心理學界建立粗略的規模，但是它們在社會科學研究的範疇中卻有著很長一段歷史了，特別是在醫學社會學中，現象學與質性研究方法在研究健康與疾病等相關議題時顯得格外重要（Smith等, 1997：72）。例如有許多的醫學社會學者便透過質性研究以探求更進一步地了解患者對於慢性疾病的解釋與認知（相關資料請參閱Anderson and Bury, 1988； Social Science and Medicine, 1990）。Smith等學者認為此類研究的目的不在於考驗先前預設的理論構念，而「係從與患者進行的深度、半結構訪談的逐字稿中，萃取出個別性的主題」（Smith等, 1997：73）。話雖如此，到目前為止除了Shelly Taylor針對癌症患者的質性研究、Steven Scn-wartzberg從事與HIV/AIDS患者相關的研究工作，以及我自己的嘗試外，在心理學領域中有關人們患病經驗之質性研究並不多見（請參閱Taylor, 1983； Schwartzberg, 1993； Crossley , 1997a、1997b、1998a、1998b、1998c、1999a、付梓中；Davies, 1997）。一如Smith等學者所說：「頗為諷刺的是，為了去探究疾病的現象，人們所從事的竟然是社會學研究，而不是心理學研究」（第73頁）。

現象學取向的潛在問題
─失去「論述」

　　然而，有一個潛藏的問題是，這個現象學取向由於企圖洞察人的觀點，可能會導致「將了解到的現象未加批判地呈現出來」（Yardley, 1997: 30）。對於疾病的「局內人」觀點，在質性醫學社會學的論辯中也是一個備受爭論的問題。「局內人」的觀點傾向於去頌揚個人在管理自身之疾病或健康危機時的權威，同時，它也挑戰了來自於醫生或是與健康有關的「局外」（outside）專業人士之權威。伴隨著「局內人」觀點而來的基本問題是，它在頌揚個人經驗的過程中，常被賦予十分浪漫的意涵，而且易於忽略了一些結構上的因素，以致於在主導者和從屬者之間產生了不平等的、且未被覺察到的增強關係（請參閱Crossley, 1998b）。從社會建構的視角來看，由於它無法充分地考量到個人及個人經驗的社會結構層面，所以它是有問題的。

　　底下的這一個例子將有助於了解此一觀點。Smith等學者（1997）曾提出一個有關IPA如何在性健康心理學上有所貢獻的例證。更特別的是，他們的報告係擷取自一個旨在了解男同性戀者對於性、性行為以及性決定態度的研究，作為減低男同性戀社群受到HIV感染的方法。Smith等人（1997）批判多數在健康心理學、流行病學及健康促進專業領域中所進行的研究，是依據有限的醫學模型來提出假設（第82頁），此一

模型由於侷限在身體面向上（如性器官與繁殖），以致於過度簡單化了性形象。從性健康心理學的觀點來看，這是有問題的，因為它所呈現的是一個「對於性決定的不完整陳述」，以及「對於性行為的單一理解」（第82頁）。例如，健康心理學大多無法考慮到肛交這種性活動的事實面（從HIV傳染的角度來看，它是最危險的活動之一），在不同的人際脈絡中其實是具有不同意義的。Smith等學者引述一位男同性戀者—Richard—的談話，以描述同一種生理行為（男同性戀者的肛交）所具有的兩種不同意義：

如果只是隨便和一個人做，那麼性就只是性，不是嗎？但是當你和一個人在做「愛」時，就是會有感情的成分在內。這不只是你把自己的老二放進別人的身體裡而已。你知道的，和沒有感情的人一起做、然後達到高潮，那麼高潮就只是純粹的高潮而已，不是嗎？但是如果和愛人一起做，高潮就不單純只是生理上的高潮，在高潮中還有某些情愫在你們之間流轉傳遞著。這兩種情況是完全不同的。

（引自Smith等，1997：83）

　　在Smith等學者的觀點裡，許多健康處遇方案由於無法將截然不同的意義納入考慮，且無法瞭解到這些行為對個人的不同意義，以致於他們對於男同性戀者的性行為所知有限。
　　當我們看到一些新近的研究發現，「關係地位」（relationship status）與不安全的性(unsafe sex)的關連性大過於其他變項時，上述的觀點就顯得格外重要了，因為其突顯

出：愈是親密的關係，就愈有可能會發生不安全的性（de
Wit, 1994；Lowy and Ross, 1994）。Smith等學者認為他們
的質性研究可以更為釐清上述的研究結果，並且透過一個男
同性戀者Daniel對於「使用保險套與親密性之間令人質疑的
相關性」這個議題的討論來加以說明。Daniel的說法強調了
他將沒有保護的性交行為當作是再「自然」不過的，並提到
這行為「具有象徵性和歷史上的正當性，性的結合即表示伴
侶的結合」（第85頁）。他認為使用保險套的動作根本就是達
到這種滿足境界的障礙；也因此，對一些男同性戀者而言，
沒有保護措施的性是「愛與承諾的表現」，就如同「Philip」
向他的夥伴示愛所說的話一般：「我說：『我是如此地愛
你，以致於我不願意戴著保險套來與你做愛』。是的，就是
如此，我說：『我希望當我進入你體內的時候，是沒有使用
保險套的；當然，我希望你對我也是如此』。」（引自Smith
等, 1997: 85）。而在底下的評論中，我們可以看到「Daniel」
以這樣的思考模式做出了「合乎邏輯的結論」：

我是不曾有那樣的經歷。但如果你是真的很愛某人、也確定
那就是你想要做的，即使你知道他感染了HIV，我認為結果還
是一樣的。你知道的，如果你真的很想要與某個人一起死，
或是說如果你像我說的那麼深刻地愛著某個人，也會很想要
他的病毒進入你的身體內。你知道的，他受到感染，而你也
想要，就是這樣了。

（Smith等, 1997: 85）

　　Smith等學者解釋說，在此種情形之下受到病毒感染可以被視為是「兩人親密關係的最後宣告」，且是「自我凌駕肉體」與「愛侶超越個人」的優先選擇；當然，這也可以被當作是「愛的終極表現」（第85頁）。

　　由這個例子我們不難看出，從個人的觀點來了解特定行為的意義及其所具有的重要性，是多麼重要的一件事。話雖如此，不可諱言的，現象學取向仍有其潛在的問題。舉例而言，因為採納疾病的「局內人」觀點是如此的容易，以致於忽略了對個人觀點進行了解（例如，將受到HIV感染視為是「愛的終極表現」），或是毫無批判性地主張將個人的主觀意見當作是了解一個情境的最佳方法。[註1]為了避免諸如此類的問題，我們不能只看到個人論說的表面價值，更重要的，是應該要將這些論說置於較大的「論述與權力結構」(structure of discourse and power)中加以檢視。如此一來，其所具有的涵義與支微末節部份即能夠被充份地了解。讓我們來看個例子：在我與HIV－陽性反應者的訪談中，我發現到類似的「浪漫」論述，特別是一些異性戀的情侶，女性往往會希望藉由懷孕來向感染了HIV的男性伴侶表達愛意，絲毫不顧雙方所會面臨到的危機或是對於小孩所會造成的傷害。包括Hollway（1984）與Ingham、Kirkland（1997）等學者都曾表示：諸如此類因為「性」而產生的浪漫論述剛好使得性關係中的不平等得以合理化及持續存在，特別是存在於男性與女性之中（同時參見Joffe，1997）。

　　此外，尤其是與HIV/AIDS有關的範疇，一向有人主張我們應該要超越那些患病的「局內人」所提供的觀點。由於此一取向係著眼於一普遍的「增權益能論述」(discourse of empowerment），經常鼓勵大眾個別化地思考個人自身、其人際關係或家庭單位的「權利」與「需求」，而不去顧慮較廣大社會主體的「義務」觀念（這一點我們將在第八章有更深入的討論）。就如同最近出現在美國與英國的批判性評論所言，由於個別的市民自主普遍凌駕了社會需求，使得AIDS危機發生的初期，不但對世界衛生產生了相當的衝擊，而且未能即時加以因應（請參閱Fumento, 1990；Scheper-Hughes, 1994；Hodgkinson, 1996）。例如，Scheper-Hughes提出了這樣的一個疑問：如果「以純粹民主的方式來控制諸如AIDS此類的流行病......（以及如果不是這樣）由此而產生的死亡，在倫理上站得住腳嗎？」（Scheper-Hughes, 1994: 101）就一個純粹實務的觀點來看（也就是，從防禦HIV傳染的角度來談），需要更符合社會倫理的關懷和責任嗎？類似Scheper-Hughes對於更符合「社會倫理」（social ethic)的關懷及責任之要求，也受到相當大的質疑，因為他們對於此一立場所隱含的政治性，及其可能限制了HIV陽性反應者在性、生育或是其他方面的權利感到不滿。雖然明白這樣的可能性，但強調一般大眾對性的說法（包括他人的經驗、行為等）所包涵的論述將是重要的；藉此，我們能特別注意到如果天真地支持此類觀點是很危險的。正如同那些提倡患病的「局內人」觀點者可能導致的危險一般。

Introducing Narrative Psychology

批判女性主義心理學取向

　　另外一個與自我概念的重構有關，討論經驗和表意式結構間關係，並曾經引起廣大論辯的重要取向，則是批判女性主義心理學(critical feminist psychology)。Henriques等學者（1998）所發表的《改變主體：心理學、社會規範與主體性》（*Changing the Subject: Psychology, Social Regulation and Subjectivity*）被視為是這個取向基礎的經典著作。如同後現代主義與論述分析取向所主張，這本書的主要目的之一，是去挑戰存在於心理學的核心信念--「統一的、理性的主體」(unitary, rational subject)；因此，作者們揭櫫本書的目的在於：

......呈現那些認知論的限制，看它如何影響那些企圖揚棄心理學研究派典之重要趨勢的學者，以再製對主體的理性主義觀點......通常也被稱為是「理性中心主義」(logocentric)。我們認為在這種取向的運作下，會將研究限制在一些心理學感興趣的問題上：包括了錯綜複雜的心智狀態、情感生活的秘密，或是有關我們如何思考、說話，感覺、活動等歷程的問題。因此，《改變主體》的意圖，即是去認知到文化和心靈之間的關係，及其如何生產出主體性與認定。

（Henriques等，序言，1998，第五版）

　　這種強調認知論之限制的企圖，必然地導致對（女性）主體性與經驗的「解構」（deconstruction）。在女性主義者的圈子中，有一個心理學的核心問題隨即成爲大家關心的焦點，那就是心理學傾向於從個人自身的問題經驗中指出「原因」（causes）與「療法」（cures）。這樣的趨勢致使「對社會脈絡的忽略與貶抑」，而這也被視爲是心理學「模糊了壓迫機制」的最主要原因（Wilkinson, 1997：253）。我們就從女性的「精神疾病」裡來找一個例子好了：Russell（1995）認爲，醫學、精神病學以及心理學等專業之運作，均是將個人經驗建構爲諸如生物（基因或荷爾蒙）因素的產物。在討論到諸如「經前症候群／經前緊張」（premenstrual syndrome/ premenstrual tension，簡稱PMS/ PMT）以及「產後憂鬱症」（post-natal depression，簡稱PND）等症狀時，有一些理論即主張這些症狀的發生是由於荷爾蒙分泌的改變，Russell對此種說法抱持著反對的態度，並且表示這些理論只不過是那些「厭惡女人」（misogynistic）的文化與社會思慮以及父權主義意識型態的擴張！若是從更適宜的角度來解釋產後憂鬱症的話，那麼它可以被視爲是婦女在擁有孩子以後，因自我的失去與生活的改變等社會與心理因素所引發的憂鬱情形。

　　Allen（1986）則清楚地解釋，包括Russell在內的研究取向並非沒有任何問題存在。以這種方法來解構婦女經驗的問題是，在強調這種分析的女性主義政治議題中，一種窄化心智（narrow-minded）的辯論會經常地被提起，而這些辯論又大多盲目地拒絕承認那些在精神疾病中生理因素所扮演的角色；同時，這些不惜任何代價所希望維持的社會型態解釋

（social-type explanations）導致對女性經驗極端的選擇性了解。或許可以這樣說，在某些特定的論述分析取向中，女性主義心理學裡部份頑固的、政治限制的議題，有時候會致使任何意圖更深度開展女性主體性及個人經驗的嘗試，遭到失敗的命運。我們先前有關語言與背景脈絡的評論中曾經強調，自我是「深陷其中，即使沒有被完全淹沒」（Dunne，1995：140），此一論點在此也應該是適用的。在第六章中，我們將會更深入地討論此一觀點如何應用於我自己所進行的有關孩童性虐待的女性主義表意式研究之中。

女性主義心理學中有另外一個支派試圖從心理學的「男性聲音」（male voice）中獲取「女性的聲音」（women's voice），此為「女性心理學與女孩發展」（Women's Psychology and Girls' Development）的「哈佛計畫」（Harvard Project）（由Carol Gilligan所主持）。這個取向的主要目的之一是去傾聽那些以「不同聲音」來說話及擁有「不同思考方法」的婦女與女孩們想要表達的是什麼（請參閱Gilligan, 1982）。從完全不同的觀點出發，包括Irigiray（1985）與Kristeva（1986）在內的一些「新法蘭西女性主義者」（New French Feminists），藉由宣揚女性與男性「本質上的差異」（essential difference）來回應那些對於女性角色的父權式貶抑。

這種有關性別差異的關注與新近一些對於「身體」（the body）及其在主體性與認定的表達中所佔位置的興趣，也有所關連（請參閱Crossley, 1995a、1995b、1996a、1996b；Benson, 1997；Shilling, 1997）。重新聚焦於身體的經驗（bodily experiences），構成了後現代主義對於「理性的」、「統一的」主體之重要批判，視「個人」是超越「社會」之

上、而「心智」則凌駕「身體」之上（Henriques等，1998：
xv）。相反地，傳統模式的批判則「優先重視主體性要素，
如情緒生活和情緒表現等，強調個人特殊經驗的重要性」
（Henriques等，1998：xv）。例如，如Irigiray等的女性主義
取向，會更爲強調母親身份的經驗、身體與自然。當然，這
也構成了對於主流價值中男性沙文主義-例如一再強調理性、
工作（一個「公眾」世界）、客觀及文化等重要性--的挑
戰。與主流價值觀所不同的是，Irigiray頌揚的是非理性
（irrationality）、家庭（一個「私有」世界）、主觀與自
然等的「女性」價值。就如同激進的女性主義者Daly（1979：
44）所說：「我們是萬物的基礎，宛如地球物質中的動物、
樹木、風與海！我們的起源是來自於天地萬物之中」；而
Irigiray（1985）也表示：「女性無論何處都擁有性的感
官，她也幾乎在任何地方都能經驗到愉悅感」。

　　不論是Gilligan從「聲音」切入，抑或者是Irigiray與
Kristeva對於「身體」的著重，諸如此類企圖獲得女性經驗
之研究取向有著一個相同的問題：那就是他們很容易落入浪
漫主義的圈套之中。這與先前我們藉由對於健康與疾病等研
究所檢視的現象學取向問題如出一轍，主要的關鍵在於當經
驗是以此種方式再製的時候，發生此類經驗的社會與政治因
素就無法獲得充分的探索（請參閱Soper，1990；Ussher，
1991；Segall，1997；Woodward，1997）。此外，相關的批
判也指出，此類取向「在不同年齡、種族、（失）能力、階
級和其他社會區分中所出現的多元的女性聲音之中，強加了
一種錯誤的同質性，一如傳統心理學取向的錯誤一般」（請
參閱Davis，1994）。

　　總而言之，女性主義取向，例如IPA，都致力於以一種「實在論」的方法來呈現個人（女性）的經驗，也就是同時強調她們個人特有的個殊性本質，以及她們語言與表意式結構。維持個人性、動力及自主性等基本要素之需求，以及不致於「淪落」為後現代主義所呈現的斷裂及無序狀態等，從女性主義觀點來看是格外重要的。這是因為女性主義希望能夠促使女性從自我的經驗中「發現」其獨立性和自主性，而後現代主義關心的是自我經驗的解構。如同許多女性根本就不曾在經驗之中感受到所謂的自我，就不可能如後現代主義信徒般願意放棄對自我的經驗，就像Waugh（1992）所說的，女性主義無法負荷一個後現代的、斷裂的自我，它「需要的是連貫一致的主體」（coherent subjects）。

敘事心理學如何切入這些取向

　　迄今我們已經介紹過許多在當代心理學中十分盛行的社會建構主義取向：包括後現代主義、論述分析、修辭分析、詮釋現象學分析與批判女性主義分析等。我們曾經討論到，雖然後現代主義與論述分析在其推斷力與強調關於自我的語言、社會及實際本質等方面，是非常重要的；但是並無法充分地呈現人類經驗的個人與經驗性面向。為了能夠達成這個目標，一如先前所提，結合了傳統社會心理學的「實在論」認識論與Smith所提出的IPA取向，應該是較適當的選擇。話

雖如此，我們在前面的篇章也提到了受現象學所啓發的取向（以及一些激進的女性主義取向），持續其對自我和經驗的「浪漫」形象，但也可能導致未加批判地接受了權力與統治的關係。因此，我們的另一個問題是：敘事心理學要如何切入這些不同的取向呢？

就如同我們在第一章中的發現，敘事心理學取向顯然與後現代主義、論述分析、修辭分析等共享了一些關注，視語言爲建構眞實的工具，特別是經驗性自我的眞實，以及自我概念不可避免地與語言、敘事、他者、時間及道德等有所聯繫。的確，就像我們在那一章裡的討論，只有透過特殊的語言、歷史與社會結構，自我的經驗才是有意義的。也因此，敘事心理學的主要目的，就是去研究那些構成自我的語言（language）、故事（stories）和敘事（narratives），以及此類敘事對於個人和社會的啓示及影響。在此觀點之下，敘事心理學取向與諸如後現代主義、論述、修辭及批判女性主義分析等社會建構論取向是完全一致的。

即便如此，敘事心理學的發展。還是與諸如創傷心理學（psychology of trauma）、及企圖去了解人們如何接受與回應末期疾病等創傷事件之經驗（一如我們將在第三章所探討的，精神疾病的經驗）的方法有關。這一點也指出了它與後現代理論、修辭及論述分析的主要差異：敘事心理學基本上有著「主題性」（topical）及「實質性」（substantive）的導向。我所指涉的是，敘事心理學取向基本上是企圖對個人所經歷之特殊經驗進行瞭解，這不同於後現代取向慣常以較爲抽象、理論的形式去表達，也不同於論述與修辭分析取向較爲有其方法論之關注焦點。先前我們也曾提到，這些取向較

容易「失去」主體的經驗。相反的是，敘事心理學，就像IPA及女性主義心理學取向一樣，是希望能藉由聚焦於個人的生活經驗來獲取其主體性；且如同IPA及女性主義心理學取向一般，敘事心理學意識到以實在認識論來運作，較能夠對特殊個人的經驗賦予足夠的尊重。

舉例而言，實在論對於後現代主義、論述及修辭分析的批判顯示，儘管在不同的互動與社會脈絡中，論述多是片段的、矛盾的、且可變的；然而，它還是能夠從人們所言及其如何經驗自我之中，去分辨出一定程度的「連貫性」或是「關係連鎖」（Augustinous and Walker, 1995: 174；Abraham and Hampson, 1996: 229）。這本書的中心假設是，當我們真正開始檢視所有關於人們生活或掙扎的自我經驗、知識與了解時，我們將會發現到其中的確存在著一種連貫性、連續性及整體性的覺知，而不是如後現代主義及論述分析所呈現出在理論上及方法學上所強調的斷裂、不連貫及空無的議題。這本書同時論證了在經驗中，存在於自我（整體）與無自我（non-self）（非整體、斷裂）的覺知之間的掙扎與抗爭，保留了人類存在的核心特徵。在創傷案例中表現得最是清楚了。舉例而言，讓我們思索底下這段來自於Simon的談話，他描述了在被診斷出呈現HIV陽性反應的初期所經歷的「認定危機」（identity crisis）：

......正是每一件事情，你生活中的每一件事情彷彿就這麼瓦解了，灰飛煙滅，你知道的，你是全然的赤裸、徹底地被遺棄了。你根本不知道要做什麼？也不知道你從哪裡來、將要去哪裡、或是在這個時刻，你要在哪裡？有些事是筆墨所無法形容的，也沒有任何人可以幫助你。你只能靠自己再站

Introducing Narrative Psychology

起來，或者說，那是一個完全艱難且無助的情況。那真是悲
慘極了。

(Davies, 1997：565)

　　Simon的評論說明了在自我或主體的觀點中，敘事心理學
與後現代主義／論述分析所存在的基本差異；同時，Simon也
描繪出了「舊式」或「實在論」敘事的最佳寫照：

......敘事之中有一個「主體」。「主體」在字面上有兩個重
要的涵意：一件需要被「談論」、被「證明」的「主要事件」
；敘事，則是與某些事情有關－某些穩定的、清楚的、容易被
證明的事件。而在敘事之中或之後存在著一個「主體性」－－
一個人，一個經驗了他或她需要去證明的真實的「主體」；
一個存有（being），一個在某些必要方面是穩定、清楚、容
易被證明的心靈。

(Nash, 1990：200)

　　這種形式的「主體」與文法上去個人化的「客體」是恰
恰相反的，而後者在一般來說又是後現代主義與論述分析取
向的焦點。後現代主義對於斷裂的、無名的、已死的自我之
觀點，顯然與人們如何經驗及對自我的感覺抗爭是截然不同
的。有一個很明顯的事實是，這些我們所經歷的經驗需要一
種如前所述的「舊式」敘事，也就是我們經常發現我們必須
去了解什麼事情正在發生，對於什麼及為什麼是這個或那個

會發生；我們需要去創造一個穩定的、連貫的觀點；而為了做到這一點，我們應該要意識到自己是一個連貫的、整體的個人。讓我們再一次引用與女性主義有關、Waugh（1992）的談話，當自我是在危機之中或是在被建構的過程中，「我們需要連貫一致的主體」。

　　但是，當我們致力於採用實在論的認識論，且體認到我們需要同理地描述他人生活中的足跡與苦難、快樂與悲傷時，我們仍然必須清楚地意識到千萬別掉入了「浪漫主義」的陷阱中，也就是將事件的出現單純視為是個殊性（個別或個人）經驗的表達而已。讓我們引用另一位呈現HIV陽性反應者－Sean－的談話，同樣的，他也是在向Simon陳述他「個人的」或「認定的」危機：

我想，在HIV的陰影之下，如果你要對你自己誠實、也承認它的存在的話，生活中最難以言喻的一件事情那就是在生活中有太多的不確定了。突然間，你會發現以往你所相信的事物都不能再被視為是理所當然的，這不僅僅是與健康有關的議題，或是人際關係、工作、或是你的經濟地位。就在那一瞬間，所有的事情都變得不確定了，這也是最近一次，我感受到那些對其他人來說是真實的規則，對我而言卻不再是如此了......。

(Davies, 1997: 565)

　　從Sean的談話中我們可以看到，那些屬於他自己的「個人」危機與他所處的「社會」及其主導性敘事、以及文化中所揭示的目標和道德規範，有著密不可分的關連。因此，如同我們在第一章中所談到Charles Taylor的研究一般，為了要回答一個最個人的問題：「我是誰」？基本上我必須要了解我與「良善」之間的關係為何。為了要回答我是誰，我必須要知道我在道德空間中意向為何，在這個空間中，對於好與壞、有價值與沒有價值的質疑，對我來說都是有意義的（Taylor, 1989：29）。換言之，我們對於整體、連貫與連續的一般觀點，以及與認定危機有關的擺盪，都與我們和他者及道德的連結有關。因此，我們需要表明自己與「良善」的關係為何，而這也是我們能夠知道自己是誰的唯一方法。

結論

　　在這章裡我們可以很明顯地看到，用以研究自我的各類社會建構論取向或多或少都有一些缺點存在；特別是當我們體認到「個人」經驗和意義之「社會」型式（如論述、敘事）之間有著密不可分的關連時，發展一個研究取向以便處理經驗的「領域」中「真實」的程度就益顯重要了。一些作者曾經建議或許可以達成這個目的的不同方法，例如Parker認為我們可以轉向Lacan及Habermas等人的觀點中尋求靈感，他們

特別關注語言在於人類意識與反思中的角色（Parker, 1991
: 105）；Augustinous與Walker（1995: 285）則是對Vygotsky
的研究（Vygotsky, 1978、1986； Wertsch, 1991）產生興
趣，使我們了解到認知的社會與文化本質。然而，本書中，
我們所揭示的敘事心理學取向和這些觀點有著相同關注、也
從心理學中獲得些許成果。下一章中，我們將更詳盡說明與
敘事心理學有關的一些核心主題，並且討論當代西方社會
中，敘事結構是人類經驗結構的本質。

摘要

在本章結束之前,你應該要了解底下的議題與概念:
★不同的社會建構論取向如何進行自我的研究。這些取
  向包括有:

  後現代主義取向
  論述分析-包括Parker與Potter及Wetherell的取向
  Shotter的修辭-反應取向
  Smith的IPA取向
  批判的女性主義心理學取向

★存在於社會建構論取向中的問題-傾向於「失去主體」
★存在於現象學與女性主義心理學「重獲」主體的問題-
  「浪漫化」及「本質主義」(essentialism)的傾向
★敘事心理學企圖保有主體與論述

討論與省思

★敘事心理學取向與下列研究取向有何差異：

(1) 傳統的社會心理學取向

(2) 其他社會建構論取向

★部份論述分析的型式存有什麼問題？

★請討論後現代主義取向中的自我有什麼問題（請參閱
Smith, 1994）。

★為什麼不要不加批判地接受由受訪者所提出的眞實是
重要的？請以受現象學啓發的取向中所潛在的問題爲
討論主題（請參閱Crossley, 1998b；Joffe, 1997）。

▷ 延 ● 伸 ● 閱 ● 讀 ◁

Abraham, C. and Hampson, S.(1996) A social cognition approach to health psychology: philosophical and methodological issues, Psychology and Health, 11:233-41.

Augustinous, M. and Walker, i.(1995)Social Cognition: An Integrated Introduction(Chapter10). London: Sage.

Crossley, M.L.(1998)Sick role of empowerment: the ambiguities of life with an HIV-positive diagnosis, Sociology of Health and Illness, 20(4): 507-31.

Joffe, H.(1997)Intimacy and love in late modern conditions: implications for unsafe sexual practices, in J. Ussher(ed.) Body talk: The Material and Discursive Regulation of Sexuality, Madness and Reproduction, pp. 159-76. London: Routledge.

Smith, J.(1996)Beyond the divide between cognition and discourses: using interrpretative phenomenological analysis in health psychology, Psychology and Health, 11:261-271.

Smith, M.(1994)Selfhood at risk: Postmodern perils and the perils of postmodernism, American Psychologist, 49(5): 405-11.

延伸閱讀註記

　　這些書籍對於敘事與論述心理學取向的發展提供更完備的基礎介紹：Abraham與Hampson（1996）、Augustinous與Walker（1995）、以及Smith（1996）都呈現了社會認知、表意式與現象學取向之間的重要差異。在Crossley與Joffe的作品中提供關於HIV方面較為詳盡的參考資料，同時也揭櫫了將「局內人」／表面的敘事置於當代社會與經濟結構中的重要性。最後，*Smith（1994）的文章則是呈現了有關於後現代取向中關於自我這一部份有趣的、且吸引人的評論。

尾註

1.這並非意謂著Smith等人(1997)的著作因為「局內人」的觀點而落入了未加批判的「側軌」陷阱中，他們研究中有關男同性戀者對於性的論述，可促使健康促進工作嘗試找出改變不安全的性的實際作法（請參閱Flowers等，1997）。

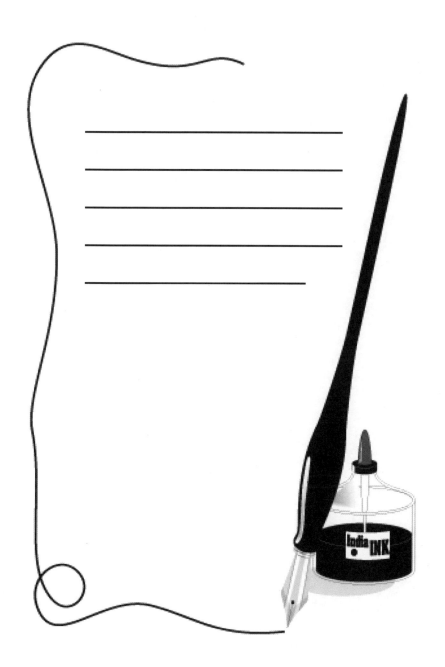

_____

_____

_____

_____

_____

Chapter 3

敘事：時間中的生活和存在

柯禧慧 譯

沒有故事的自我只是一個空洞的人稱代名詞。

(Crites 1986)

故事是孕育個人特質的子宮。故事成就我們也
毀壞我們。故事在我們遭遇困難時候支持我們，鼓
勵我們朝向可能無法預見的終點邁進。我們越窄化
和固定我們說故事的方式，我們就越匱乏和閉塞。

(Mair 1989：2)

我們總是在危難時創造敘事。我們描述事情發
生的經過，就像是要去框定災難的範圍。當人們聽
到我生病了，他們也會訴說關於他們自己以及朋友
生病的故事。說故事似乎是人們對生病的自然反應
。人們傾洩其故事，而我成了蒐集故事的血庫 。

(Broyard 1992：21)

前言

　　心理學的敘事理論(narrative theory of psychology)
將焦點放在每個人所生活、經驗、和詮釋的人類存在
(human existence)上。就如我們已經在前兩章看到的,我
們對於自我、他人、和世界的經驗,通常和我們文化中對於
語言的使用與了解,以及隨處可見的道德資源有密切的關聯
。敘事理論指出,從初生那一刻開始,意義即透過深藏於家
庭和文化的故事來傳遞。在這一章,我們主要的目的是去檢
驗那些探索人類經驗和敘事之間關係的重要理論,並且強調
敘事在人類經驗和存在中的核心角色。其中特別重要的部分
是要討論日常生活經驗和時間導向。顯然,時序導向
(temporal orientation)在對自我和他人的了解上尤其重
要,與人類經驗係發生於敘事形構(narrative configura-
tions)脈絡中的想法也有所關聯。

什麼是敘事？敘事如人類生活的 組織原則

　　就如Sarbin（1986）所指出的，英國演講者經常將敘事
與故事相提並論：

故事是一種象徵性說法，其點出人類行動中的時間面向的存
在故事有開端(beginning)、中段(middle)、和結局(end)
……故事是由稱為情節（plots）的可辨認事件組型連結
而成。情節結構(plot structure)的重心，在於人類的困境
及解決之道。

（Sarbin 1986：3）

　　許多作者，像MacIntyre（1981）、Carr（1986）、和Sarbin
（1986）都提出，人類心理學在本質上具有其敘事結構(narrative
structure)。例如Sarbin提出「敘事原則」（narratory
principle）這個觀點，認為人類根據敘事結構來思考、知覺
、想像、互動、和進行道德選擇。為了支持這個理論，Sarbin
指出，假如你對一個人呈現2至3張圖片或是描述的段落，則
他會主動將它們串進成一個「故事」。亦即故事是一種以某
種組型來關聯這些圖畫與段落的說明。再進一步的思考，我
們發現圖片與段落的意義，隱然被情節連結在一起。假如圖

片或是段落描繪的是人，那麼故事將反應人類的情感、目標、目的、價值、和判斷。情節將影響故事中敘事人物的行動走向（Sarbin 1986：9）。

　　有許多研究者經嘗試去區分我們用於理解事件的情節。例如，White（1973）提出四個主要的情節結構：悲劇(tragedy)、浪漫劇(romance)、喜劇(comedy)、和嘲諷劇(satire)。Gergen和Gergen（1983）將焦點放在人們罹患嚴重疾病時的敘述，包括三個主要的情節面向：穩定(stability)、進化(progression)、和退化(regression)。這麼看來，敘事是一種用來組織劇情（episodes）、行動、和對行動之說法的方式。它的貢獻在於「結合事實和想像，融合時間和空間。並賦予個人行動的理由，以及事件的因果解釋」（Sarbin 1986：9）。

　　Sarbin將敘事視為「人類行動的組織原則」。他的意思是指，敘事的概念有助於解釋人為什麼總是企圖將經驗之流加以結構化。然而，敘事原則對人的描繪和傳統心理學所描繪的圖像並不相同，傳統心理學是以機器或是似電腦的方式來說明個人訊息處理的過程，這些方式通常都是在增進這種抽象的意像或死氣沉沉的隱喻。敘事原則使用的是比較人性化的意像，將自我視為一個訴說英雄事蹟和壞蛋故事的人，呈現行動者和他人對話的情節和意像。根據Sarbin的觀點，認真地接受這些指引人類思想和行動的敘事原則，可以讓我們仔細思考任何的生活面。我們的希望、夢想、恐懼、幻想、計畫、記憶、喜好、和厭惡、日常生活習慣（如，與家人一起用餐）、人生大事的盛會（如，結婚、受洗、喪禮），這些都被敘事情節所指引，並且被組織成個人的故事。

因此，說故事是一種普遍的活動，可以追溯到古代，而且神話和寓言的流傳還能達到宣揚道德規範，指引道德行為的實際功能。簡短的寓言，如傳統的俗諺，就很常被用來給予忠告、激發智慧、娛樂啓迪。MacIntyre's（1981）對於經驗敘事的基礎做出如下的總結：

看看以下的故事：壞心腸的後母、迷失的孩子、善良但被誤導的國王、沒有繼承權的么兒成功的走出自己的路，嫡長子卻因濫用繼承權過著放蕩生活最後流落到與豬為伍。兒童從這些故事中學習到、或被誤導了，兒童是這樣的、父母是這樣的。如果剝奪了這些故事，兒童則無論在行動上或言語上均會顯得無所適從、焦慮慌張。因此，除非透過作為戲劇之源頭活水的故事，我們無法了解社會以及我們自己。在原初時代，神話是諸事之心。

(MacIntyre 1981：54)

Bettelheim（1976）也抱持相同的論點，童年時所聽聞的仙女故事，比如灰姑娘、睡美人、和木偶奇遇記等故事，絕不只是無聊膚淺的故事，這些故事終結了善與惡、生與死、愛與恨這些無窮盡的衝突。這些材料隱含著對文化特別重要的道德衝突和問題，透過媒體的包裝來吸引幼小的孩子，從孩子還小的時候，就灌輸到他們的腦中（參閱Howard 1991）。這種現象持續貫穿整個童年時期。到了青少年和成人時期，則是整日接觸電視戲劇、肥皂劇、娛樂電影、和脫口秀等，這些就像仙女故事對兒童的影響一樣，也弭平了道德衝突。

人類經驗和敘事結構

　　Carr（1986）認爲當代西方人類現實的生活具有敘事或故事敘說(story-telling)的特性（Carr 1986：18）。他提出疑問：如果將生活經驗視爲「僅是」(mere)和「純粹的」(pure)、彼此獨立的事件序列，一件接著一件地發生，那會是什麼樣的情況呢？爲了闡明這個主題，Carr引用現象學取向中Hussel的時間意識（time consciousness）理論，描繪有關人類日常經驗的時間。他將人類經驗分爲三個基本層次：被動經驗（passive experience）、主動經驗（active experience）、和自我／生活經驗（experience of self/life），在每一個層次，人類經驗可以被刻劃成一個類似故事形態的複雜時間結構（參閱Bruner 19901,1991）。下面我們將解釋人類的時間意識，並依序說明每一個經驗層次。

被動經驗

　　根據Hussel的理論，當我們遭遇最被動層次的事件時（也就是說，當我們並沒有意識到我們正面臨這些事件時），我們就根據對未來的預測（延展protention）以及對過去經驗

的記憶（保留retention），而賦予它們意義。重點不在於我們有能力去計畫和記憶；而是如果我們不知道之前發生了什麼事，或是無法預測接下來會是什麼，我們就無法經驗任何目前正在發生的事。因此，當我們經歷時間，我們別無選擇，時間就是過去--現在--未來這種互相關聯的「形構」（configuration）。我們的經驗會自動地假設一種時間上的延續形式，在其中，未來、現在、和過去都是整體的一部分，彼此互相決定。Hussel以旋律上的音符爲例。當我們在欣賞一首旋律的時候，我們並不會將其中的音符視爲一個切割的元素或成分，我們會將它們視爲一序列的整體，一個音符僅僅在與它前面及它後面的音符有所關聯的時候才會具有「意義」，因此一個音符只有在彼此關聯互相決定的保留–延展結構中才會「存在」。這種時間上的經驗與空間知覺中常討論的完形現象（Gestalt phenomena）很類似。

主動經驗

　　Carr繼續指出，假如我們被動經驗的「形構」面向眞實無誤，那麼「清楚的與過去經驗磋商，面對未來，將現在視爲過去與未來通路」的主動生活就更是無庸置疑。Carr指出我們在日常生活中所經驗「手段—目的」（mean-end）的行動結構，與開端–中段–結局的敘事情節結構相類似，因此「行

動結構......在藝術和生活中是相當普遍的」（1986：61）。
這種想法也是文學理論家Paul Ricoeur的主要觀念「當我們
透過敘事模式來敘說時間時，時間即成為人類生活」（Ricoeur
1984：85）。根據Ricoeur的理論，在每一個故事中都有兩種
時間：一方面是比較開放的，在理論上未限定的不連續的段
落，例如，在一系列事件中，我們可能會一直詢問「然後呢
？」、「然後呢？」，很像是將事件做成編年史式的呈現。另
一種時間是具有統整性、集合性和封閉性，使故事展現特殊
的形構。據此，書寫故事是將一系列的事件串連起來，以使
我們可以依據事件之間彼此的關連來理解故事（Ricoeur 1984
：121）。我們傾向利用後者來關聯我們所經驗的長期或短期
活動，Ricoeur把這種模式稱為「情節化歷程」（process of
emplotment）。

　　比如，如果我想要說明我撰寫這本書的活動，理論上，
我可以用編年史的方式來呈現，但這樣讀起來就像一本形式
化的流水帳：1990年，我在Manchester大學獲得碩士學位，然
後做了一段時間的助理臨床心理師，然後在1993年從Open大
學取得博士學位，然後將我的博士論文出版成書—《Healing
Sylvia》，然後在Keele大學擔任講師，然後在Sheffield大學
擔任研究員，然後在Edge—Hill大學學院擔任資深講師......
等等。這種描述不能刻劃出我目前活動的過去—現在—未來
的形構特徵。我寫這本書不是因為我剛好走到一個「序列」
完整事件中的這個點上。「現在的」活動可以被視為與過去
的保留、和未來的延展這樣複雜的形構有關，然後更複雜的
是，它包含了智識、專業、情緒、社會抱負和與此相關聯的
一系列縱橫交錯的網絡。例如，有一些情緒上的「保留」，

是存在我腦海中對過去的回聲，形成我寫這本書的背景與視野。我的母親和父親總是告訴別人「Michele喜愛閱讀和書寫，我們知道她會成為一位作家」，這些對於我會達成某事的延展性預測將我往前推去。然後有一些智識上的考慮：這項書寫的工作如何鑲入過去曾經發生過的事和未來將會進行的事之間。我先前對於遭受性暴力兒童以及HIV/AIDS的研究，與目前的書寫計畫有關，它們的結合恰好開啟未來的可能性。我可以預測我寫這本書是為我下一本書或下一個研究計畫做預備。甚至在寫每一章，我以複雜的向後－向前的動作來工作，保留已經在前一章呈現的知識，並計畫在下一章中必須被包含的知識，然後為必須在現在呈現的知識創造一個空間。還有專業和社會的考量：為什麼我要寫這本書？或許是因我想要升等成為教授？當我書寫的時候，我第一次到大學的影像縈繞在我的腦海中。我繞著Manchester大學的系所走一圈，對於鍍在門板上的這位博士、那位博士、這位教授、那位教授等頭銜感到敬畏，我想像這樣的稱呼可以鍍在我的門板上。或者我只是想收到讀者來信告訴我，他們多喜歡這本書。就是這樣的想像！重點是，現在的活動只有在過去的記憶和對未來的預測之相互交錯的網絡中，才有可能被理解。因此敘事結構的時序形構特徵（temporal config-uration characteristic of narrative structure），不只是被動的，而且與主動的人類經驗有關。

自我／生活經驗

假如敘事結構與個人被動經驗、主動經驗均有所關聯，那麼「生活故事」（life story）的觀念即需要更進一步且綜合性的理解，將個別獨立的故事串連起來，將所有這些都視為「我的」，且建立彼此之間關連性（Carr 1986：75）。雖然我們已經指出在被動和主動經驗上有一種過去-現在-未來的時序形構（敘事結構），不難想見在更為複雜的層次上（生活經驗之整體），某些特殊的事件需要以反思方法（回溯）來做時序上的理解，才能將這些長期現象的各階段串連起來，並保留其連貫一致性。當然，這是傳統的自傳歷程（process of autobiography），企圖經由選取、組織、呈現其生活經驗內涵中的部分，將生活經驗視為具有連貫一致性。有一些作者，如Kierkegaard（1987）指出透過自傳的選擇歷程，我們在敘說自己的生活故事時，就會對生活產生一種責任感，使我們成為一個具有德行的人。這種責任感正是Ricoeur所謂「敘事的身分認定」（narrative identity）的焦點，他指出只有在述說生活故事的過程中，自我才會存在（Ricoeur 1986：132）。這些道德、自我、和責任感的議題將在第六到八章中，探討在疾病和創傷後身分認定的建構與再建構時做進一步的討論。

這裡有一個重點必須注意，為了了解自己和我們的生活，我們需要文學性的創作，如小說、傳記、和自傳等，但

這是危險的。的確，Ricoeur常被批評過於強調「故事」在創造意義上的角色，而疏忽了「人類生活」的實質（Widdershoven 1993）。然而，如果我們將Carr所提出的人類經驗和行動的敘事結構概念帶進來，我們就可以了解在反思的自傳性行動中所創造出來的意義，以及在日常生活經驗和行動中所發現的意義，確實是一種連續體，而不是斷裂不連續的。就如Carr所說「我們在生活中敘說，也在敘說中生活」（1986：61）。生活的行動和苦難遭遇可以被視為述說自己故事、傾聽故事、演出故事，以及經歷故事的歷程。

我們並不是先生活、行動、然後坐在火爐旁敘說我們做過了什麼......敘事者用回溯式的觀點，來看待經驗的整體，並非截然不同於行動者的觀點，而是將內蘊於行動本身的觀點加以擴展和精鍊。....敘事，與其行動本身相互交織，在生活本身的歷程之中（創造意義），不只是在事實之後，不只是在作者的手中，更不只是在書本之中。

（Carr 1989：61）

Carr在這裡指出了一個事實，我們每天的對話其實有一大部分是努力在說故事（雖然這是事實）。他所指出的重點比較偏重於敘事在組成我們所從事的行動，以及我們所經歷的事件上所扮演的角色—組織、形塑、和連貫我們的經驗，讓我們經歷正在擁有這些經驗的過程（p62）。因此，敘事結構的想法或是敘事結構的行動，並不需要採取外顯的口語化形

式。更進一步來說，我就是經驗的行動者或是主體，不斷地企圖「以說故事者所使用的方式來超越時間」。我也不斷地「將前進—後退的敘事行動連結在一起，以試圖掌握事件之流」。

　　Carr更進一步的指出，在這個世界中有一個實務導向，是我們在每天行動和生活中不斷企圖去獲得一種結構感和秩序感。為了在日常生活中過活，我們需要將事情聚集起來，去理解其意義，並且獲致一些關聯感。比如，假如我發現寫這本書和我以前所做的事非常不同，我就很難繼續進行，因為我不能了解為什麼我要這麼做？它將帶我往何處去？從這裡要到哪裡去？我們普遍上都經歷了敘事的連貫性，對大部分的人而言，大部分的時間中「事情會進行、理解其意義且連結一致」（Carr 1986：90）

　　在這方面Carr堅稱日常生活的真實遍佈於敘事中，人類對於時間的經驗，是時間的整體形構之一。他宣稱「說故事者的敘事理解....不是超越時間的跳躍，而是在時間中的一種存在方式。敘事和時間的關係，就如同弧狀的河岸和河流、陶工的雙手和陶土一般」（p89）。根據這個觀點，文學故事，如小說和自傳，並非將任何結構和秩序「強加」在人類行動和生活中。而是將已經在文化層次運作的人類實際行動更加以外顯地象徵化。像是自傳此類敘事的功能，單純地是將原本不內隱的或未能被指認的結構和意義顯露出來，由此將生活轉換或提升到另一個層次。

人類生活具有敘事形構嗎？

　　藉由敘事概念來呈現心理學生活的特徵，是否過度強調故事形式在人類經驗中的重要性呢？有兩個互相關聯的層面可以說明這個論點：「個人的」（personal）和「社會文化的」（socio-cultural）。在「個人」經驗的層面，有些研究者已經指出，雖然人類經驗和故事的確具有某些相似性，但是要將人類經驗視為帶有故事結構，這想法就不太對了。這個論點主要是指出，故事核心所具有的連貫一致的時序（開端、中段、和結局的連結），並不是人類生活中的真實事件、真實的自我、和真實的生活所固有的特性。就如文學理論家Frank Kermode所指出的，「不能將敘事性質當作是真實」（引自Wood 1991：160）。歷史學者Louis Mink也有相同的看法：「故事不是被經歷的，而是被述說的……生活本身並沒有開端、中段、和結局……敘事的性質是將藝術轉移到生活中」（引自Wood 1991：161）。

　　文學理論家Roland Barthes提出一個與故事作者選取能力及其在文學作品中創造一致性和秩序有關的論點。文學作品具有結構和秩序，因為組成故事的元素和事件是被作者「放在那裡」的，干擾性的元素已經被「剔除」了。生活則與這種被謹慎操弄的故事相反，不可能具有這樣的結構。因此有人堅持主張，故事與秩序有一種「潛在契約」（implicit contract）存在，而生活卻沒有（Bell 1990：174）。這個觀

點指出生活與故事有著極大的差異，生活中的每件事都是
「零散的訊息」（scrambled messages）「混亂毫無秩序可言」
（參閱Carr，引自Wood 1991：161）。

　　這個論點有一些真實性，然而，生活真的不允許選擇，
每件事都在一大堆的「零散訊息」中「聽任發展」嗎？比如
Carr指出我們最基本的注意能力，以及選擇不同活動和計畫
來從事的能力。因此，就像文學作品的作者，我們藉由選取
和忽略特定的元素和事件，來決定我們生活的路徑歷程。就
如Carr所指出的：

無關的細節並不是被捨去，而是被推進幕後儲存，然後按照
重要性排序。是誰的敘事聲音正在完成這些？當然，除了我
們自己還會有誰。在計畫我們的每一天和我們的生活時，我
們就是正在撰寫故事和我們將會演出的戲劇，這些將決定我
們注意和努力的焦點，以及提供我們區分幕前與幕後的原則。

（Carr，引自Wood 1991：165）

　　這可能是計畫或構想中的故事，但它是正在述說的故事
嗎？「可以非常肯定它是，因為我們不斷地向別人解釋自己
，到最後，我們每個人也將自己視為聽眾，因為向他人解釋
自己，也說服了自己相信我們就是那樣」（Carr，引自Wood
1991：165）。因此透過構想故事和述說故事的交互過程，我
們部份決定了自己的生活故事。

　　「部份的」(partial)這個字在這裡可不容忽視，因為我們不能將「自我即是述說自己故事的人」這一點扯得太遠。那些駁斥以敘事類比生活的理論家所提出的批判性論辯還是非常重要的，因為他們強調一個事實，我們不像小說的作者，可以完全創造我們想要構成的素材。在某一特定的程度上，我們被固定在自己已經具有的角色、能力、和環境中。比如，如果在我小的時候，我的父母並不重視書本和教育的重要性，我現在根本不可能會成為一位學者，且從事寫書的工作。我出生於Sheffeild一個勞工階級家庭，我的父親是一個煉鋼工人（目前仍是），在我人生的前14年，我住在一個兩層樓的小房子中，在一所非常差的綜合學校上學。我這一屆的學生人數將近900人，但只有九個學生升上高級中學。在中等學校會考中，只有其中四個人得到中等O級，五個人得到最好的額A級，而我是唯一的女生。假如我是出生在其它的家庭，不鼓勵子女去公立圖書館看書，不管我如何述說我的故事，我現在不可能坐在這兒寫這本書。

　　我們除了不能控制我們故事的開端，還有一個必須注意的重點，我們不像小說的作者，可以描述已經完成的人生事件。相反地，我們正在自己故事的中段，我們無法確定故事將如何結束。因此，雖然我計畫去寫這本書，但我不知道我將會遇到什麼事，就如一句諺語所說：「在杯子與嘴唇之間有許多無法預料的疏忽」(Crites 1986：166)。各種事情都可能搶在這個計畫之前發生，使它無法付諸行動。比如，我可能被解雇，而讓我覺得沒有必要繼續寫這本書；我可能得到乳癌而無法完成這個計畫；或是我病得並不重，但與逼近的死神對抗時，我的目標和價值做了改變；或者，我的丈夫

可能死掉或是決定離開我。在這一波波創傷的推力下，我必須重新思考我的目標和計畫，改變方向，或是開始一個新的故事。因此，我們無法完全決定我們故事的開始和結束，這是事實，我們的活動和計畫的確缺少文學故事的正式規則和連貫性。生活不像故事，有那種朝向秩序的「潛在契約」。

　　第二個說明敘事形構概念作為人類經驗之特徵的，是社會—文化面向。例如，有許多歷史的和跨文化的研究將焦點放在隨著不同文化而改變的時間概念（Wax 1959，引自Roth 1963；Zerubavel 1979，1981；Pollner 1987；Bourdieu 1990；Elias 1992）。因此，即使說當代西方社會的人類經驗確實具有敘事形構的特徵，但不能因此就簡單的假設所有的社會和文化都具有這樣的事實。例如，Elias（1992）指出，在已開發工業國家中引入時鐘和月曆，已經引起自我規約（self-regulation）組型的改變，最後導致相當高度的自我規約和道德概念的發展，如個人的責任感以及個人意識。工業化國家人們根深蒂固的時間概念是，控制時間的「流逝」，規劃行事曆，找出活動和想法去填滿它，以使時間不會被浪費。大家心照不宣地認為時間是我們生活的平台，以及我們掌控運作路徑的方法，因此，我們對於所「花費」的時間都有一種責任感，相對地，對於「浪費」時間會有一種「罪惡感」。在這種情況下，我們生活在未來，為未來而生活，我們相信目前的一舉一動，至少是未來我們將成為什麼的一種方向。

　　然而，對未來進行計畫只是現代的、工業化社會的獨特特徵。不容否認的，在某些人類學的研究中已經指出，在「原始的」及尚無文字的文化時期，並沒有計畫未來的特徵，時間單純只是「一連串流程」或「流動」的經驗。有許多圖

像和聲音顯示，事件就如一系列的重複或循環，是有關聯的和有節奏的，但沒有任何「線性」(linear)的秩序（Wax 1959，引自Roth 1963）。最近有一些女性主義在時間的研究上已經指出，女人所經驗的時間與男人不同。這裡的基本觀點是，男人的經驗是比較線性和前進的，接近Elias所提出的「工業」時間(the industrial time)；但女人剛好相反，「女性時間」(women's time)是跟隨著生理的節奏和生活階段而循環的（參閱Kristeva 1981；Forman 和Sowtin 1989）。然而就如Glucksmann（1998）所指出，我們在推斷男人和女人經驗的不同時要非常的謹慎。假如我們認同時間對於心理和社會生活、身分認定、自我概念、以及道德責任感有重要影響，這樣的研究就可以顯示女人以及開發程度較低的人們其個人意識和道德發展有遲緩的現象。

在這裡最後一點需要考慮的是，生活在高度現代或後現代人們的時間經驗。是否我們仍然接受一種統整的和連貫一致的時間觀，只是一種落伍的現代主義者的夢想？回顧第二章，我們討論到科技和資訊的變化對我們在時間、空間經驗的影響，以及在自我、關係、和道德上具有極大的意涵。比如，Gergen提出「飽和的自我」(saturated self)的概念，認為現代自我已經不具有統一的、完整的、和一致的特徵，而是存在著「多元混亂的」(multiphrenia)狀態，不斷地被多元的關係和多元的真理所轟炸。這種自我具有斷裂、變化、和特定情境脈絡的特徵。我們在不同時空中不是同一個人，我們隨著每一個社會的和互動的邂逅而改變。這種後現代的改變，在文學和音樂中各有一個證明的例子。

例如Gergen注意到，傳統上，一個好的小說是隨著情節

發展，就像我們在這一章中已經指出的，這種故事有清楚的
開端、中段、結局、主要的角色、和某些重點及走向。然而
後現代的小說風格則有意顛覆這種慣例。Gergen以米蘭昆德
拉的小說《生命難以承受之輕》（The Unbearable lightness
of being）為例，小說中事件的舖陳很少隨著「線性」的時
間進行，而是「宛若在夢中般的經歷小說」（Gergen 1991：
130）。Brown（1996）則是分析有趣的電視節目《雙峰》（
twin peaks），指出它呈現出一種挑戰敘事慣例的後現代風格
。

　　Gergen也指出音樂電視節目–MTV–已經「將後現代敘事理
性的崩解推向極端」，他引用Kaplan（1987）的書，指出MTV是
一種「典型的後現代媒體」，非常強調「客觀真實的崩解」
（p.133）。在看MTV時：

同一段落影片中，一個物品的形狀、或一個人的身分認定可
能會改變好幾次。....搖滾影片更是表徵了一個理性、連貫
性完全崩解的世界。影片中甚少提供一種線性的敘事，大部
分都是以快速顯現的影像來憾動觀眾－－通常很少超過兩秒–
且彼此間很少有明顯的關係。

（Gergen 1991：133）

　　因此，Gergen指出「進入MTV的世界，是放棄對連貫一
致世界的概念」（p.133）。
　　我們需明白這些不同的時間概念，以及我們對自我和身
分認定的經驗具有敘事形構的意涵。我們不可能假設這種敘

事形構是普遍的。的確，Gergen對滲透自我的概念，使得我們不禁要質疑以這樣的特徵來了解當代社會中人們的經驗是否適當。然而，回到第二章所提出的一些觀點，我對於後現代取向，如Gergen過度強調當代人類經驗的無秩序、混亂、和變化，心中仍是有所質疑。例行的日常生活還是會比這些報告所提出的還有秩序性和連續性。秩序性和連續性在檢驗創傷經驗時就會特別突顯，比那些被視爲理所當然而被「忽視」的「一般」敘事狀態還要明顯。

創傷和敘事的崩解

　　存在主義哲學家Martin Heidegger（1962）發展了憂懼（Angst）的概念（一種強烈的焦慮或擔心），作爲崩潰經驗和情感的特徵，崩潰經驗時常根本且普遍地存在於每個人的生活中，使其行動出現問題。憂懼的經驗就像一個人面向懸崖而沒有支撐之處，是一種沒有依靠、沒有任何可抓取之物來固定動作時的暈眩感（Cooper 1990）。嚴重的創傷經驗經常引發危機感，如親人死亡，以及其它的失去、關係崩解、離婚、疾病末期、沮喪，任何事情都不再具有意義。本來我們對於事件的理解，通常都是將事件、人物、計畫、目標、對象、價值、和信念間的潛在連結視爲理所當然。面臨喪失依靠的經驗時，這個連結間的一個「元素」消失，例如，深愛的人死亡或離開，這整個複雜的結構，記憶、聯想、計畫、

希望、和恐懼，伴隨著我們是誰以及我們為什麼在這裡的這些感覺，就會如玻璃片般碎裂，Frank（1995）以「敘事殘骸」（narrative wreckage）一詞隱喻這種經驗。

當真實生活的事件、經驗、和行動僅僅就是一連串的流程(mere sequence)。在心煩意亂和分離零散的情況下，當我們僅有的目標只是去「過完一天」，一件事接著一件事的進程變得沒有意義；當我們坐在那兒落入深沉的沮喪當中，玻璃鈴聲發出刺耳的聲音，令人感到窒息，心靈是晦暗的，只是在等待著時鐘的指針轉動；而時間緩慢的向前移動，機械式的分秒流逝，卻沒有任何意義。就如Carr（1986 ：88）指出當這一連串的流程面臨斷裂時是「．．．．經驗的一種黑暗及模糊的外緣，是相對於秩序的混亂．．．．無可否認地在某種程度上，這是存在於我們意識邊緣的一種難以抹滅的威脅，此一威脅有造成瘋癲的可能性」。

從以下我對一位罹患愛滋病女性Paula的訪談中，更可以明顯的看出混亂和無意義的威脅。Paula的丈夫是一位血友病患者，最近因感染愛滋病去世，當我問她對於未來的計畫時，她說：

我不敢去想未來一年或是以後將會發生什麼事，當Mark（她的丈夫）死去的時候，我的未來似乎就已經停止了，因為我只是獨自一人，一天過一天⋯⋯我只有28歲，我卻感覺到自己好像是被遺留在一個商店中⋯⋯我好像被困在一個泡泡當中，無法逃脫⋯⋯一想到只要我活著就會像那樣，我就感到恐懼⋯⋯沒有人可以談天說話是很可怕的⋯⋯我大部分的時間都是這樣，就是很寂寞，特別是在晚上孩子入睡以後⋯⋯我經常不讓孩子睡覺，讓他來陪伴我，這是很糟糕的，我不應該這樣，因為孩子需要休息⋯⋯但是⋯⋯

假如我把他送上床，就只剩下我一個人，太安靜了。我經常
很早就上床睡覺，因為我不能忍受只有我一個人。

在人生的某些時刻，我們可能就會遇到這類創傷事件和
經驗，以及伴隨而來的迷失感。然而，如同前面所說的，它
們會被標誌為「創傷」，是因為它們與我們每天普遍的真實
感並不相同。他們具有穩定的、秩序性的結構特徵，或至少
我們總是致力於創造或維持這樣的穩定性，即使我們面對的
是「一個充滿威脅、阻礙的混亂，從最小的行動到全面性且
連貫的生活上」，也或許是我們在面對「生活中大大小小，
層出不窮充滿威脅、阻礙的混亂狀況時」（Carr 1986：91），
我們至少會致力於創造或維持這樣的穩定性。

敘事和心理治療

我們已經指出，生活中的創傷事件可能導致嚴重的迷失
感(sense of disorientation)，造成連貫的生活故事崩解。
心理疾病經驗也或多或少具有相同的特徵，例如「飽受不連
貫的故事」、「對於自我的不適當敘事」、或是「出差錯的生
活故事」之苦（Polkinghorne 1988：179；Howard 1991；
Showalter 1997：11）。Freud的個案病史有一潛在的假定，
認為心理健康的人對個人的生活會有一種連貫性的敘事說
法。因此，有一些理論家和治療者認為心理治療實務具有

「在故事進行中修補」(exercise in story repair)的特徵
(參閱Spence 1982；Cox 和Theilgaard 1987；Mair 1989
；White 和Epston 1990；Howard 1991；Schafer 1992；
McAdams 1993；Roberts 1994；Dwivedi 1997)。在下一節中
我們將進一步說明與心理治療的「敘事」概念相關的議題。

　　Spence（1982）指出心理治療的敘事傳統要追溯到Freud：

Freud讓我們信服連貫敘事的力量–這個方法的特別之處在於
，這種經由適當選擇的再建構，可以填滿兩個明顯無關事件
間的縫隙。不容懷疑的，這是一個理解意義的過程，而且一
個建構良好的故事擁有一種真實和直接的敘事真理，對於治
療改變的過程具有重要的意義。

　　　　　　　　　　（Spence,引自Polkinghorne 1988：178）

　　心理治療工作主要是放在當事人的敘事陳述（narrative
statement）上，治療總是從邀請當事人以陳述的形式說他或
她的故事開始，例如「你可以告訴我是什麼原因讓你到這兒
來嗎？」、「你要我怎麼幫助你呢？」（Howard 1991：194）或
者，如一般人所知的心理分析口語傳統：「說說你的童年」
。從心理治療的敘事觀點，當事人所帶入的「情節」通常「
缺乏具有統整性、解釋力序列或設計所必需的心理動力」
（Polkinghorne 1988：179）。因此，通常治療的目標是去創
造一個「比較完整的情節」（a fuller plot），形成「較多的
心理動力，然後更有力量、更具關聯力的情節方得以產生」。
　　雖然心理治療的敘事傳統可以追溯到Freud部分的個案研

究，但另一方面，本世紀初Freud所想像的，以及當代臨床心理治療理論和實務中所運用的敘事，卻是詮釋和敘事取向所厭惡的（Jossrlson 1995：331）。在Spence於1982年所寫的《敘事眞理和歷史眞理》（Narrative Truth and Historical Truth）這本書中，對於心理分析的基礎有非常強烈的批判。Spence批判Freud學派的古典心靈組型，特別針對可以在潛意識的潛在深處中「找出」或是「發現」心靈秘密的觀點提出批判。Spence質疑，心理分析學者是在從事「挖掘歷史過往的考古學計畫」，或者可以被描述爲「致力於敘事的工作──將記憶、幻想、關聯形塑成一個連貫的且擬眞的故事」（Davies 1993, 1995a；Freeman 1993； Josselson 1995：331）。在Spence的觀點中，心理分析和心理治療的工作是透過語言來溝通和改變意義的。

這個觀點的一個例子是，治療者的工作是透過故事來「建構」意義(constructing meaning)，而不是在作夢時的心靈之中「發現」意義(discover meaning)。古典心理分析學派將夢描繪爲「通往潛意識的康莊大道」，然而，States（1988）在《夢的修辭》（The Rhetoric of Dreams）一書中指出，並沒有任何事是在心理上「深藏」於夢中，夢「不是顯露事件意義的手段」（States 1988：29）。從這個觀點來看，將夢視爲潛藏了某種秘密，而治療行動就是從夢中來擷取意義，這樣的說法是不適當的。夢的本身並沒有意義，只有將它放入個人的信念網絡中才具有意義。我們只能用一種創造性的和建構性的詮釋行動去探討夢的意義（Lovlie 1992：129）。因此，「夢不是（潛意識）意義的產物，而是意義的生產性行動。夢是我們所製造出來的」。

　　比如,想像你正在參與一項心理學研究,要求你每天一醒來就以寫日記的方式記錄下你的夢。幾天後,當這過程進行了一段時間之後,你回溯這些夢,並解釋它的意義和重要性。將夢境記錄下來,使得那些夢顯得更為重要。比如,假如我們想要去記住前一晚上的夢境,我們必須從事「回憶」的意識行動(除非那個夢是特別真實的或是讓人煩亂的,這樣它才會到了早上還浮現在我腦海中,直到這天過去它才逐漸褪去)。當我們從事這項「回憶」的意識行動時,我們正在為這個夢提供一個使之更具有意義和重要性的平台。這是因為夢通常無法入侵清醒的意識,所以不會像它在反思的意識行動中被「經歷」一般;當我們從睡眠狀態中清醒過來,夢即隱身而退。如此,夢是我們所製造的,只是藉由將夢視為重要的和有意義的理論模式來加以運作。

　　如我們在第一章中所見的,個人係透過語言、敘事、和故事的使用,建構和創造他 / 她自己的生活,並緊密地和他 / 她生活中的人際、社會、及道德脈絡相連結。意義和故事並不只是從獨立的個人「之內」「浮現」出來;而是,在特定互動的劇情和脈絡中發展出來。當我們思考在治療中意義如何被建構時,這一點就顯得特別重要。通常這種互動的劇情發生在當事人和治療師之間。近來,心理治療過程中的敘事概念強調,治療師不只是傾聽當事人的故事,同時也在故事或敘事的創作中扮演了協同合作的角色;治療師就像是生活文本的編劇者(Polkinghorne 1988;Parry 1991;Hoffman 1993;Wax 1995;Dwivedi和Gardner 1997)。因此,Schafer (1992)將心理分析的過程做以下的描述:

接受心理分析的人們,告訴分析師關於他們自己及他人的過

去和現在。分析師在做詮釋時，重述了這些故事。在重述中，特定的特徵將以新的方式第一次和他人發生關聯，某些特徵被進一步的發展，或許會較爲長期的....分析師的重述逐漸影響個案如何述說這個故事，以及要說些什麼......在這些文本中相互交織的最後產物，會是一種全新的、共同創作的方式。

（Schafer，引自Polkinghorne 1988：179）

　　Schafer將這個過程視爲透過「共同書寫」（coauthoring）來「重新書寫」（reauthoring）生活的計畫，透過此一「對話」（dialogue），一個人有問題的生活故事就會轉變成其他形式（Polkinghorne 1988：179；Gergen 1996a；McNamee 1996）。

　　然而，將心理治療的過程視爲「敘事對話」（narrative dialogue)仍是有問題的，就如Josselson（1995）指出，雖然Schafer認爲當事人的故事是一種「共同書寫」，但在治療中，治療師仍然位於特權以及權力的位置上，操弄著「主要敘事」（master narrative）來引導當事人的理解。主要敘事的組成端視治療師特定的理論取向而定。以Schafer的觀點來說，心理分析觀點對當事人的問題呈現特定的意像（當我們在第七章談到，一個女人如何使用這個架構來詮釋她小時候被性虐待的事件時，將對採用心理分析觀點的意涵再做進一步的說明）。Josselson則認爲Schafer將心理分析架構的使用，視爲一種「共同書寫」當事人的生活，更正確的說法應是「重新書寫」當事人的生活，在此歷程中，分析師也同

時將強而有力的文化敘事強加在個人生活之中。這是一個重點並且引發了一個比較難以處理的問題，什麼是「比較好」的生活故事？（如果有的話）以及，生活故事能夠或應該如何被重新書寫？這使得我們在接續的幾章中，逐一要說明敘事、身份認定、和權力在當代文化中的關係（參閱六至八章）。

　　White和Epston（1990）在其所著的《敘事治療》（Narrative means to Therapeutic ends）一書中，特別強調此一關係（敘事、身份認定、和權力）的重要性。這兩位作者也將自己視為透過治療過程來「重說生活故事」（restorying lives），鼓勵當事人將問題「外化」（externalize their problems），並進入一個「重新書寫的空間」（space for reauthorship）。當事人被邀請去想像「另類的生活故事」（alternative stories for their lives），在其中，問題被奇蹟式的解決了。且鼓勵治療師去協助人們「演出」（perform）這些新修正的故事。他們指出，這個治療技巧的重點，包括創作一些書面的介入策略，使當事人對其生活和未來發展路徑可以述說不同的故事（Josselson 1995：337）。比如，White和Epston寫信給他們的病人，敘說有關他們生活環境的另一種可能。這個方法起初是用在家庭治療，鼓勵家庭成員互相寫信給對方，打亂彼此固定的社會角色及靜態知覺，以解決主要的家庭「問題」。其基本想法是，鼓勵人們運用想像力，寫出關於自己的另類故事和計畫，由此將自己從那些受到過去所箝制而對現在和未來感覺遲鈍的概念中解放出來（參閱Watzlawick等人 1974；Penn和Frankfurt 1994；Turkle 1996對於人們如何在網路上進行虛擬溝通，創

造自己的新故事的一項有趣分析）；Dwivedi和Gardner 1997
：36；Frosh 1997；和McLeod 1997：76-80）。

　　然而，我們必須體認到此處仍有一些問題值得注意，這
些問題與治療性敘事(therapeutic narratives)和歷史上的
「事實」(facts)或「真實」(reality)之間的關係有關。
Spence（1982）在討論這個問題時，區分了「歷史性真理」
(historical truth)和「敘事性真理」(narrative truth)
二者之間的差異。前者是指過去已經確實發生的故事，後者
是指未來將要發生的故事。這議題和我們在這一章稍早討論
的「生活／真實」與「敘事」或「故事」之間關係相似。
「生活」和「故事」間的基本差異，與我們形構過去和未來
的自由度有關。例如，生活就如同一種「歷史性真理」，過
去已經發生的事件有著一定程度的不可改變性。相同的，雖
然我們擁有某種程度的自由去執行意志、想像、和正向思
考，以決定我們的未來，但同時我們也被一些限制所約束
（社會的、經濟的、心理的、政治的等等）。比如，假如我是
一個帶著三個幼小孩子的女人，沒有受過教育，經濟完全依
賴酗酒的丈夫，每天晚上還要承受他的暴力相向，擁有獨立
自由的未來似乎完全不可能，除非我能夠徹底的改變我的生
活環境。假如我們堅持對生活和歷史抱持「實在主義」
的觀點，我們必定會體認到某些具有權力特徵的結構限制，
框限了我們對於過去和未來的視野。

　　然而，就如前面說過的，假如某種心理治療技巧鼓勵我
們去想像另類可能性，並且在想像中重寫我們的故事，他們
對於歷史性真理會有多大的堅持度？敘事性真理意圖建構一
種愉悅的、連貫的、具有說服力的故事，這樣會較佔有優

勢嗎？例如，在小時候遭受父母情緒虐待的女人，會發現去
想像她擁有備受呵護的美好的童年，是非常愉悅的。又例
如，有一個每天晚上都遭受丈夫毆打的女人，可以設法去相
信每件事都是美好的、她的丈夫非常愛她、未來是光明的等
等。然而這些想像完全不符合過去的「歷史性真理」，也不符
合未來的「生活」。這有什麼關係？就像Eagle詢問的：「為什
麼心理分析師不能忽視那些事實性的真理呢？它們無法符合
且甚至扭曲此一優美的、連貫的、具說服力的敘事。」
(Eagle，引自Polkinghorne 1988：180)。

　　Spence和Eagle指出治療敘事確實需要包括過去已經發生
的「事實」事件，以及對未來的真實評量。那些忽視或否定
個人生活事件，以使故事較為愉悅或連貫的故事，是「相對
於對真理的治療性誓約」(Polkinghorne 1988：181)。對於
自我的真實性歷史敘事，是一種「價值」誓約(a value
commitment)。雖然個別的「事件」和「事實」只有在被放到
特別的「組織基模」(organizing scheme)或「敘事架構」(
narrative framework)中才能呈現意義；但是，體認到有許
多架構可以符合同一組事實以使其具有不同的意義，和否認
這些事實是存在的，二者之間是有差別的。比如，一個女人
被丈夫毆打，這件事的意義可能會有所變化，取決於事件是
否被納入一個機會／成長的敘事（例如，或許這是一種觸媒，
使她參加了一個能發現自己從未知覺的優點的女性成長團
體），或者是悲劇的敘事。然而，如果這個女人，為了維持
一個足以支持其正向自我意向的生活故事，而想要否定被毆
打的往事，那麼她就是違反了治療需承認和接納「真實」事
件的價值誓約」(Polkinghorne 1988 ：181)。心理治療雖

然意圖探尋敘事的重新形構，但為了心理上的成長，並體認到許多人類關係中具有不平衡的權力關係，心理治療仍然維持其對於「歷史性眞理」的誓約。

結論

總而言之，心理治療和敘事都是「有意義的人類存在經驗之建構」(construction of meaningful human existence)(Polkinghorne 1988：182)。當事人進入治療之前，就已經有以自己爲主角和作者的生活敘事：

生活敘事是開放式的：未來的行動和發生事件必須納入現在的情節中。一個人的過去是不能改變的……然而，假如使用不同的情節去形構它們，對那些事件的詮釋和意義性就可以改變。經驗的情節內容無法被改寫以涵括最近發生的事件；生活情節本身必須被改變，或是被取代。

(Polkinghorne 1988：182)

治療師可協助當事人將那些已經過度侷限的生活敘事重新建構。可提出問題來質疑當事人敘事中的「存在品質」(quality of existence) 以及「選擇的自由度」(freedom of choice)。治療師可以將注意力放在當事人敘事中沒有說

明的事件,以「挑戰和檢驗那些已經被述說的故事」。治療
師也可以提供「另類的敘事」(alternative narratives),
以「更完整地將當事人生活事件融入於一個更具連貫性且更
有力的敘事」中(Polkinghorne 1988:182)。因此:

治療師幫助當事人以語言陳述,將他們已經發展的敘事帶入
語言和覺察之中,為其生活賦予意義。使當事人能夠檢驗和
反思他們用以組織生活並詮釋自己及他人行動的主題。對個
人敘事的反思覺察,使人理解到過去事件本身並沒有意義
,意義是被個人敘事的形構所賦予的。這種理解可以讓人們
擺脫過去事件的控制,開啓更新的可能性和改變的自由。

(Polkinghorne 1988:183)

　　然而,在下一章中,我們並不需要一位治療師來協助我
們進行這種自傳式的反思覺察歷程,因為我們可以自己進
行。就如我們已經在第一章說過的,這本書的核心是試圖去
創造一種自由的且不同以往的方式,來經驗我們自己。這個
取向與社會學中的批判取向(critical approaches)有部分
相似(參閱Habermas 1971;1987),告訴我們不應過度依賴
社會中握有權力的專業團體所生產的知識,比如醫生、治
療師、和精神科醫師等。從這個觀點,我們自己的一般知
識,雖然無法完全擺脫權力和控制的主導性敘事結構,但我
們應該體認到,在自我經驗和身分認定的相關議題上,我們
自己的一般知識具有和專業知識同等的、甚至更優越的地位

（參閱Rappoport和Simkins 1991 ；Birren和Birren1996；
Pilgrim和Rogers 1997）。下一章的主要目就是鼓勵我們去
探索這種潛在的解放工作。

摘要

從這一章你將可以了解下面的概念和議題
★對於人類行動和經驗是否表現了敘事形式的論辯。
★在創傷或心理疾病經驗中意義的崩解,讓我們了解敘
　事形構的常態。
★心理治療和敘事取向。

討論與省思

★生活經驗的結構和敍事形構是否一致？我們的生活沒有開端、中段、和結局嗎？

★創傷經驗或心理疾病如何幫助我們了解自己通常用於組織日常生活的方式？

★如果心理治療旨在進行故事的「修補」（repair），那麼當病人產出的故事是愉悅的，但不能正確反映他／她的生活環境時，會有什麼關係嗎？

★網路使用者以MUDs'（多重使用者領域）登錄，爲自己創造新的身分認定，對於當代身份認定的概念有何啓發？可能產生的正負向意涵各是什麼？（參閱Turkle 1996）

▷ 延 ● 伸 ● 閱 ● 讀 ◁

Carr, D.(1986) Time, Narrative and History (Chapters 1, 2 and 3). Bloomington: Indiana University Press.

Mcleod, J.(1997) Narrative and Psychotherapy(Chapter 2). London: Sage.

Polkinghorne, D.P.(1988) Narrative Konwing and the Human Sciences(Chapter 6). Albany, NY: SUNY press.

Turkle,S.(1996) Parallel Lives: Working on Identity in Virtual Space. In D. Grodin and T.R. Lindlof.(eds.) Constructing the Social Self in a Mediated World, pp 156-77. New York: Sage.

Wood, D.(1991) Paul Ricoeur: Narrative and Interpretation (Chapters 2 and 10). London: Routledge.

延伸閱讀註記

　　以上所羅列的延伸閱讀材料，對於時序性(temporality
)、經驗(experience)、和認定(identity)等概念間關係的理
論，都非常重要。

　　Turkle的著作甚為有趣，探索人們在網路上的虛擬社群
中為自己創造嶄新的和多元的故事之方式，呈現出上述之理
論概念與當代社會中自我經驗的關聯性。

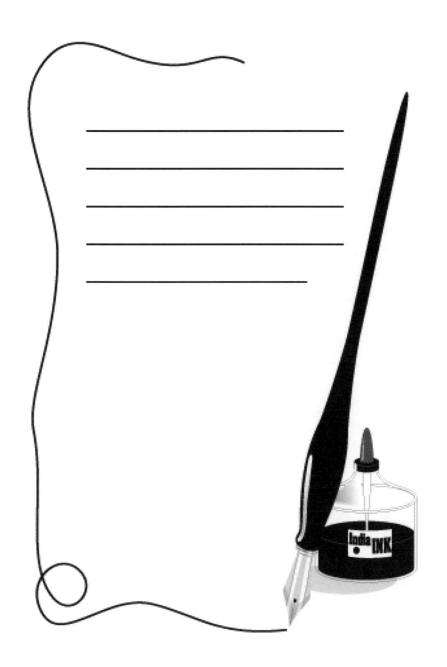

第 二 篇

應用方法

前言

　　本篇旨在鼓勵讀者從自身與日常生活中去探索與應用敘事心理學的原理原則。接下來會介紹訪談和撰寫自傳的技巧，你可以試著進行你自己的自傳研究。本篇所介紹的方法步驟主要參考自McAdams(1993)的著作：《我們賴以生活的故事：個人迷思與自我的形成》(The Stories We Live By: Personal Myths and the Making of the Self)。其運用自傳方法論引領讀者與學生檢視自身的生活故事：區辨出「生活章節」(life chapters)、「關鍵生活事件」(key life events)、「重要他人」(significant people)、「未來藍圖」(future script)、「生活中的壓力與難題」(stress and problems in living)、「個人意識形態」(personal ideology)，以及找出足以貫串所有生活故事的「生活主題」(life theme)。第四章將闡述敘事心理學在實務上的應用方法，希望能爲修習敘事心理學課程的學生，在練習撰寫研究計劃方面奠定基礎。第五章則將示範如何分析敘事心理學的研究結果，以及如何撰寫研究報告。

Chapter 4

進行敘事分析

朱儀羚 譯

如果你想認識我，你得先知道我的故事，因為我的故事會告訴你我是誰。而如果「我(I)」想認識我自己(myself)」，想要獲知我生命的意義，那麼我還是得先從我的故事著手。

（引自 McAdams 1993:11）

什麼是個人敘事?

　　所謂的個人敘事(personal narrative)其實就是一種故事(story)。在這故事中,我們會試著將不同部分的自我整合成一個具有目標與說服力的整體。就像其他的敘事一樣,個人敘事也有開端、中場與結局,有情節發展和人物穿插其中。「透過想像行動,個體將記憶中的過去、當下、與期待的未來都編織在一起」(McAdams 1993:12),因此個人敘事表徵了我們透過敘事來組織和建構個人生活的方式(如第三章所揭示)。

　　我必須強調一點,我們並不是從敘事中去「發現」自己(discover ourselves),相反地,我們是從敘事中「創造」自己(create ourselves)(McAdams 1993:13)。甚至在意識到自我的故事之前,我們就已經在蒐集將來可以用來陳述自己的故事題材了(第13頁)。一個成熟的個體他得「先接受過去的經驗,並將過去的經驗做有意義的組織」(第92頁)。因此,已經長大成人的我們就會利用敘事來檢視自己的生活。我們說出一套敘事內容,以便「理解自己和他人的生活」(第92頁)。透過敘事,我們會去定義我現在是誰、我過去是誰、未來我可能成為什麼樣的人。因此,尋找生活中的意義就是去「創造動力性的敘事,使人類看似渾沌不明的存在,顯得清晰可見且前後連貫」(第166頁)。McAdams認為如果我們無法進行此一「敘事建構的行動」,則我們會經驗到「伴隨著人類生

活之不充分敘事而來的抑鬱不舒服和困頓停滯的狀態」（第166頁）。在前一章，我們曾經提到創傷事件會使得個人無法完整敘說自己的故事，而形成敘事的殘骸(narrative wreckage)，所以治療的目標即在於修補故事間的裂痕，讓個人的故事再次具有連貫性、連續性和意義。在第七章討論愛滋病患如何調適自己時，我們會再好好討論「不充分敘事」(insufficient narration)具有多大的毀滅性力量。

探索個人敘事的方法

目前要挖掘個人的敘事與故事，心理治療及自傳是比較常用的兩大主要方法。在第六章到第八章將會介紹心理治療的方式。其他像寫日記、記錄夢境、嘗試與自己內在的聲音對話等諸如此類的個人自己進行的探索活動，因為可以增進自我了解，呈現出個人敘事，所以也是很好的選擇。雖然這些方法可能也很有用，但是從我的觀點，McAdams(1993)運用自傳方法來探索個人敘事比較令人感興趣，因為它為蒐集自傳研究資料舖陳了一條明確的道路。而且這方法還特別強調，在探索自我(self)與認定(identity)的過程中，千萬不可忽視人際間對話(interpersonal dialogue)的重要性。本書先前曾提到Charles Taylor、George Herbert Mead等學者相當強調個人的自我意識，內蘊著「他者」(otherness)與對他人的「回應力」(answerability)，從這些學者所提出來的

有關自我、認定的概念來看，人際對話的重要性就更加突顯了(亦可參閱Josselson 1995:332；Crossley 1996a；McLeod 1997)。前一章我們也討論到重視對話和聚焦於「共同書寫」生活故事的治療取向，人際對話具有不可忽視的重要性。

選一位聽者

　　如同在心理治療中一般，對一位能夠理解自己的傾聽者(listener)述說自己的故事，是成功的關鍵之一。不過你不用像接受治療那樣，你的聽者不必然是受過專業訓練的專家(McAdams 1993:254)。而且你的聽者也不用像治療師那樣扮演建議者或是判斷者的角色。相反地，他/她只要扮演一位「同理的、鼓勵的引導者，且為你的故事提供一個堅強的支柱」就可以了(第254頁)。那麼，你該找誰來當你的聽者呢？朋友、配偶、兄弟姊妹、男女朋友、父母，甚至是你的小孩（當然，他必須是大人）都可以考慮在內。有一點要強調的是，你選擇什麼樣的聽者，會影響到你選擇說什麼樣的故事。Sass(1988)曾言：「如果意義是具有社會性的，如果意義存在於對話當中，那麼某事件具有何種意義，基本上端視你說給誰聽。這意味著，事件本身的意義（以我們的生活故事為例）是不限定的，意義為何，取決於聽到故事當下用於理解故事的情境脈絡中」（引自Messer等人，1988:252）。

聽者的選擇對於後續敘說過程中的互動所產生的影響，也是你該謹記在心的重點。例如，如果你是說給一個朋友聽，那麼你最好有心理準備，「你們的友誼關係將（可能）會在敘說探索的過程中，被『強化』（intensification）（McAdams 1993:254）。」你努力探索的自己會透過你們的友誼關係這個濾鏡而被評價。那麼經過敘說的探索後，你們的友誼會變得如何呢？對於彼此在此一過程中的改變，你又將有什麼樣的感受呢？依照McAdams之見，他認為在敘說探索的過程中，很可能你的朋友（也就是你的聽者）也會開始思索他們自己的個人敘事。說不定你們還會賓主易位，換你開始當起朋友的聽者呢！

如果你是講給一個親屬聽，那麼事情就更複雜囉！因為這些人很可能就會出現在你敘說的過去事件、未來藍圖中。你可能就無法完全地放開，暢述你的渴望和感受。至於朋友，他可能涉入你個人敘事的程度沒有像親屬那麼高，相較之下，你比較有可能隨心所欲地暢所欲言。不過說給親屬聽的這項先天的限制，和其可能的收穫比起來仍是瑕不掩瑜的。McAdams即主張在你探索自我的過程中，不只會促進你對自我的了解，對於你和情人、配偶或是家庭成員之間的關係亦能有所增進維繫。

所以，當你要選個好聽者時，你可以考慮以下兩個重點：

1、你和潛在聽者之間的關係如何？

2、潛在聽者是否足以勝任此一角色？（McAdams 1993：255）

　　針對第一項，你和你的聽者都得有共識，認爲「進行這項探索，對於你們之間的關係而言是適當的、且是舒服的」（第255頁）。至於第二項，你所選擇的聽者應該抱持著傾聽的熱忱，以及不會妄下評斷的態度。另外，聽者最好熟悉個人敘事的概念；在開始敘說探索前，你應該和你的聽者先討論一下我們在本書中所提到的一些核心概念，例如生活中種種故事所具有的意義等。

　　如果你不想與他人分享你的故事，你也可以當自己的聽者。只是McAdams根據他的研究發現，認爲這種方式並無法像人際對話那樣，得以促成深入的自我揭露(self-disclosure)。即使你認爲你是那種很難跟別人談論自己的人，或是你認爲找不到適合的人選，McAdams還是會鼓勵你儘量從人際對話中去探索你自己(McAdams 1993:256)。

　　最後，還有一點要提醒你，要找出自己的個人故事與敘事，並無法單靠一次訪談就可以達成。套句MacIntyre(1981)的話，你應該將探索的過程看做是「生活歷程」(life process)，是「無止盡的探問」(endless quest)。你必須花點時間好好地了解你自己，然後將你自己和你的聽者分享，這整個過程本身都是樂趣無窮的(McAdams 1993:264)。本章所提供的計劃綱要可以協助你找出自己的敘事，並且更清楚你怎麼活在這些故事裡。找出你自己的敘事，其過程及結果都能爲你帶來相當大的收穫。「你並不需要爲了充實及找尋自我而特別去改變什麼」(McAdams 1993:270)。但是如果你想改變，那麼個人敘事將是首要之舉。

訪談綱要

　　我們可以利用McAdams所設計的訪談綱要來探索個人敘事（請參閱McAdams，第十章）。這份訪談綱要係由以下各要點所總合而成。要特別注意的是，這是一份半結構式的訪談綱要，上面所羅列的問題只是用來引導訪談的進行，並不是完全無法更動而只能依樣畫葫蘆的(請參閱Smith, 1995)。使用這份綱要的秘訣就是不斷嘗試，並儘量地投入「受訪者的心理與社會世界」(Smith 1995:12)。因此，訪談者應該試著與受訪者維持融洽的關係，這意指讓受訪者對訪談的方向及訪談主題的呈現次序擁有較大的主導性。另外，訪談者也可以根據訪談的過程與內容，探問未羅列在綱要上，但是受訪者有興趣或認為重要的問題。

問題一：生活章節(life chapters)

　　首先，將自己的生活歷程想像成是一本書。在你生活中的每一個部份都將組成你這本書的章節。雖然這本書尚未完稿，但仍然有一些已經完成的有趣章節。要有多少章節隨你高興，但是依照McAdams的建議，至少要分成二到三個章節，而且至多不超過七或八個章節。你可以將這些章節看做是你生活書的綜覽，並為每一個章節下個標題，簡述各章節的主要內容。然後簡單地討論一下各章節間的轉變與過渡。這本可以慢慢地進行訪談的第一部份，不過要提醒你儘量控制

在30至45分鐘之間，簡單敘述即可。你不用（事實上也不可能）將你所有的故事都說完，只要將故事的大綱—你生活中的主要章節提出來就可以了。

問題二：關鍵事件(key events)

你可以試著詢問八項關鍵事件。關鍵事件係指在你過去生活中曾發生的某些重要事件，或是具有關鍵意義的劇情。標誌出關鍵事件可以幫助你釐清生活中具有意義的特定時刻。例如，你十二歲時和母親的某次談話，或是去年夏天的某個午後你做了某個決定，這些都可以視爲是你生活故事中的關鍵事件。特定的角色、行動、想法和感受都鑲嵌在特定地點、特定時刻裡。針對每一項關鍵事件，最好能詳細闡述事件中發生了什麼事、你處在什麼樣的情況下、何人參與其中、你採取什麼行動，以及你在此事件中的想法和感受。同時別忘了試著表達關鍵事件對你的生活故事造成什麼樣的衝擊，以及此項關鍵事件對於「你是誰」、「你曾是誰」吐露了什麼樣的線索。這項關鍵事件是否改變了你？如果有，哪裡改變了呢？這些面向都應該力求具體明確。人們在談論生活中特定具體的事件時，這時候的表達能力和洞察力是最好的。因此你應該聚焦於重要時刻，儘量詳細地敘說過往事件。

值得詢問的八項關鍵事件如下：

1．高峰經驗(peak experience)：
生活故事中的高潮點；堪稱你生活中最美好的時刻。

2・低潮經驗(nadir experience)：
生活故事中的低潮點；是你生活中最難熬、最壞的時刻。

3・轉捩點(turning point)：
在此事件中，你對自己的認識與了解產生了重大改變。
你只要在回溯的當下覺察到這事件是個轉捩點就可以，
即使事件發生當時，你毫無所覺也沒有關係。

4・最早的記憶(earliest memory)：
你能想到的最早的記憶之一。在此記憶中有清楚的場景
、人物、感受和想法。重點在於這是你的早期記憶，並
不要求一定要具有什麼特別意義。

5・兒時的重要記憶
(An important childhood memory)：
任何你難忘的兒時記憶，正向或負向的記憶都可以。

6・青少年時期的重要記憶
(An important adolescent memory)：
對於敘說當下而言，是青少年時期任何重要的記憶，正
向或負面都可以。

7・成年時期的重要記憶
(An important adult memory)：
21歲以後正向或負面的重要記憶。

8・其他的重要記憶(other important memory)：
最近或是很久以前所發生，重要的特定正向或負向事件。

問題三：<u>重要他人</u>(significant people)

　　每個人的生活中都會出現一些重要他人，這些重要他人對於你的敘事具有重大的影響，例如父母、孩子、手足、配偶、情人、朋友、老師、同事、恩人等等。試著列舉出你生活故事中最重要的四位人物，並且特別指出你(曾)和這些重要他人的關係，以及這些重要他人對你生活故事的哪些具體面向造成影響。然後，再試著談談在你生活中是否有特定的英雄或崇拜對象(heroes or heroines)。

問題四：<u>未來藍圖</u>(future script)

　　你已經暢談過去和現在了，那麼未來呢？在未來的生活中，你有什麼計劃或藍圖？描述一下你未來的整體計劃、綱要或是夢想。大多數的人都有計畫或夢想，這些計劃和夢想使生活有了目標、興趣、希望、抱負、及心願。計劃可能會隨著時間而更改，正好反映出你生活中成長轉變的經驗。說一下你目前的夢想、計劃、綱要。最後談談這些計劃如何促使你(1)在未來有所創造、(2)對他人有所貢獻。

問題五：<u>壓力與難題</u>(stresses and problems)

　　所有的生活故事都難免出現重大的衝突、棘手的難題、待掙脫的困境、以及高壓時刻。試著去思索並描述在你生活中的兩個範疇，在這兩個範疇中你至少經歷過以下其中一項：值得注意的壓力、主要的衝突、棘手的難題、必須克服的挑戰。針對這兩個範疇說明壓力、難題或衝突的性質，將這些壓力、難題和衝突的形成來源羅列出來，並交代一下這些

壓力、難題與衝突形成的大概歷程。最後，如果你已經有解決的腹案了，也談一談你接下來打算怎麼去克服這些壓力、難題和衝突。

問題六：個人意識型態(personal ideology)

這個問題與你個人的基本信仰和價值觀有關：

1 · 你是否相信有上帝或某些神明的存在，或是有某些力量主宰著這個宇宙？解釋一下吧！
2 · 概括地介紹一下你的宗教信仰。
3 · 你的信念和你認識的大多數人的信念，有沒有什麼不同的地方？哪些地方有歧異？
4 · 你的宗教信仰如何隨著時間推移而轉變？你的個人信念曾經面臨重大急遽的轉變嗎？試著說明一下。
5 · 你有沒有特定的政治立場？請說明。
6 · 你認為生活中最重要的價值是什麼？請說明。
7 · 你覺得還有哪些話題可以幫助我了解你對於生活及世界所秉持的基本信仰和價值觀？

問題七：生活主題(life theme)

透過描述生活之書的章節、情節與人物，你已經回顧了整個生活故事，有沒有覺察到貫串整個生活故事的核心主題、訊息或概念？在你的生活中，最主要的主題是什麼呢？

進行訪談

　　像這樣的半結構式訪談常得耗上可觀的時間（通常要一個鐘頭以上）方能完成。因為訪談很可能會越來越深入，情緒也越來越投入，所以要特別注意維持不受打擾的訪談情境。最好找個地方，兩個人好好坐下來進行訪談。另外，為了錄音效果，當然訪談場所最好要很安靜。

錄音與謄寫逐字稿

　　訪談的過程最好能錄音，因為後續分析、撰寫研究報告都需要這些訪談記錄作為原始資料。採用錄音的方式會比一邊訪談一邊記錄的效果來得好且完整。而且訪談者也能夠專注在訪談的過程，不需要辛苦地記錄受訪者講了什麼（請參閱Smith 1995:18 談錄音的優缺點）。訪談結束後，則必須將訪談內容謄寫下來，這意思是說你必須將錄音帶中的原始訪談資料重新再製於書面或是磁片中。謄稿是個難熬的過程，你得和錄音帶搏鬥，不斷地播放、倒帶、停止、再播放，這過程直到你將整個訪談資料都充分地拷貝下來才能結束。但是什麼樣才叫做「充分地拷貝下來」呢？逐字稿到底要謄寫到多詳細才行？例如要不要連停頓多久、結巴、兩個人同時講話、甚至是抑揚頓挫都要記錄下來？這一直都是倍受爭議的問題(Potter 與 Wetherell 1987:166)。例如有些會話分析(conversational analysis)（如Heritage 1984; Hutchby及Wooffitt 1998）很重視互動過程中的時間點和抑揚頓挫。然而，就像Potter與Wetherell所言(1987:166)，對許多研究問題來說，精細並不是重點，有時太過詳細反而還造成閱讀逐字稿的困難。從我們的立場而言，我們所欲探究的問題並

不會太過要求訪談的詳細記錄，基本上，我們只需要將訪談
「內容」--包括問題和回答--完整謄寫下來即可。以下將提
供一份實例。通常一小時的訪談大致得花上四小時謄寫，所
以你得注意一下是否有足夠的時間進行這項工程。至於謄寫
出來的書面文稿，記得兩邊要多留一些空白空間，方便以後
寫下分析的重點與札記。逐字稿的每一行都要編號，這樣將
來你在分析資料的時候比較容易回溯原始資料的出處（請參
閱第五章）。

訪談逐字稿實例

接下來的實例是我擔任一名21歲男學生CD的「聽者」的
訪談逐字稿。這份逐字稿事先已徵得他的同意才呈現。其中
涉及的人名、地名，為了保護當事人都已經更改。在此必須
完整地重新呈現訪談，因為在下一章要示範如何分析自傳訪
談資料時，就得應用這份逐字稿所提供的原始資料。

001　MC：試著將你的生活想像成是一本書，你能將你的生
002　　　活分成幾個章節嗎？

003　CD：呃，讓我想一下......這很難耶.......我不確定
004　　　我做得到。

005　MC：那麼想一下你以前的記憶好了，這樣你比較容易
006　　　開始。

007　CD：好的，OK。現在我腦海中浮現許許多多的事情，
008　　　不過很亂。我不知道我幾歲，我想我那時候還很
009　　　小。我還記得小時候我和我媽住的第一棟房子。
010　　　它位於小鎮的中央，從來就不是個和諧平靜的地
011　　　方。我常常晚上躺在床上，當外面大公車呼嘯而
012　　　過時，就感覺到床板因而顫抖不已。車燈映照在
013　　　牆上的光影，也會吸引我的目光。我想這就是我
014　　　生活中的第一章吧。我和媽媽就住在這大房子，
015　　　嗯，那時候看起來是大房子，因為我的父親在我
016　　　二歲的時候就過世了，我對他沒有一丁點印象。
017　　　我根本就不記得他。或許知道一些事，不過我不
018　　　確定這些事是不是別人跟我說的。這一章包含兩
019　　　個部份，因為有學校--我的家和學校在我的記憶
020　　　中各自屬於不同的領域。

021　MC：這話怎麼說？

022　CD：嗯，它們完全是兩碼事。我想是我自己讓它們變
023　　　成這樣的。我很不喜歡我的家和學校之間有什麼
024　　　交集。我喜歡把家區分出來。我想這是因為我在
025　　　學校過得很慘，不希望這份慘澹還滲入我的家。
026　　　在我家，和母親在一起是我最快樂的時光。她總
027　　　是讓我覺得很有安全感。我一直都有種感覺，就
028　　　是我和其他的小男孩不同，他們總是會在公園裡
029　　　踢著足球，粗魯地滿場飛奔、大吼大叫、還打來

030　打去。我比較喜歡待在家坐在電視前。每當學校
031　放假，我媽又出去工作的時候，我就會坐在電視
032　機前一整天。我從來都不會覺得無聊，我就是習
033　慣坐在那看電視，這樣我會比較有安全感。如果
034　有人來敲我家的門，問我要不要一塊出去玩，通
035　常我媽都會試著說服我出門。當我媽這麼做時，
036　我就會對媽媽發脾氣，而且討厭媽媽。我就是喜
037　歡安安靜靜地獨自一個人。我想我真的是一個愛
038　好孤獨的人。那時候我沒有任何兄弟姊妹，就只
039　有我和媽媽。

040　MC：你會怎麼描述這一章？你想給它什麼樣的標題？

041　CD：純真（innocence）。

042　MC：純真？

043　CD：對啊，我那時候非常地純真。每一件事看起來都
044　　　像是發生在我身邊。我覺得自己對於週遭發生的
045　　　事根本沒有作主的餘地。也許是因為在我很小的
046　　　時候父親就過世這件事，讓這種感覺更加惡化吧
047　　　。不過我並不覺得這有什麼不好。就某方面來說
048　　　，沒有主控權的感覺還不賴。媽媽會為我做任何
049　　　事，滿足我所有的需求，所以我不需要去承擔什
050　　　麼責任或義務。但是在學校就完全不是那麼一回
051　　　事。在家裡面，媽媽會讓我覺得我很重要，我就
052　　　是世界的中心。而學校不一樣，我在學校覺得自
053　　　己很渺小，一點重要性都沒有。我對老師、大人
054　　　有恐懼感。我想這也是為什麼我都不喜歡和別的
055　　　小朋友出去玩的另一個原因吧！因為你去他們家
056　　　的時候，他們的父母也都會在家。尤其是他們的
057　　　父親更令我害怕。他們總是高頭大馬，粗聲粗氣
058　　　，而且還會痛打他的小孩，在地板上扭打成一團

059　。這讓我感到很不舒服。當我沒做什麼但事情還
060　是發生時，我就會想起這些時光。在家門之外，
061　我既脆弱又無能爲力，我所做的事情沒有一件會
062　被嚴肅地對待。有好長的一段時間，我都是這麼
063　想的。關於這部份的記憶就是這麼黯淡。就像是
064　個伸手不見五指的洞穴，我記不住太多。我想這
065　應該是在我七歲或八歲之前發生的事吧。我記得
066　六歲那一年，有一天我放學回家，正好撞見媽媽
067　正在花園燒我的泰迪熊，她說我已經長大了，不
068　適合再玩這些東西了。我非常激動，因爲我習慣
069　抱著這些東西，我現在還是這樣。我猜想是不是
070　因爲我爸爸在我這麼小的時候就死掉的原因。這
071　大概就是這一章的尾聲吧！那時候我大概七、八
072　歲。

073　MC：那麼下一章是什麼時候？
074　CD：喔，就接下來吧。很難說第一章在什麼時候結束
075　　　。第二章大概在我十歲那時候開始吧。那時候我
076　　　媽媽再嫁了。從那時候開始，事情變得很糟。我
077　　　在家中所僅有的一絲絲安全感都離我遠去。就好
078　　　像學校的災厄也侵入到我家來了。我一直都很害
079　　　怕，所有的事都不一樣了。媽媽嫁給了一個叫泰
080　　　瑞的大個子，我得叫他「爸爸」，我很討厭這麼叫
081　　　他，即使到現在還是一樣。一個陌生人來到我家
082　　　，搶走了我媽媽，還帶來三個小孩說是我的「兄
083　　　弟姊妹」，更差勁的是，他們也要叫「我的」母親
084　　　一聲「媽」，我實在不知道爲什麼這個陌生人該是
085　　　我爸？當然，他從來也沒對我好到哪去，常常粗
086　　　暴地對待我。他常常賞我耳光，把我當狗一樣的
087　　　踢。他不是只有對我這樣，對他自己的小孩也是

088 　如此，不過我想他們應該已經習慣了吧。我常常
089 　看到他和我媽媽互相擁著對方，這讓我很想吐！
090 　我覺得我被我媽媽背叛了，有爭執或是事情發生時
091 　不再為我撐腰，她總是和他同一國。我甚至再也
092 　沒辦法安靜地坐下來看電視，因為一堆小孩跑來
093 　跑去滿地滾，而且泰瑞還會限制我們只能看哪些
094 　節目。所以我根本就不想待在家裡，常常一個人
095 　在街上閒晃。嗯，剛好，事實上也不是剛好啦，
096 　因為那時候我的生活有一次很大的轉變，就是我
097 　媽媽再嫁的時候，我們搬到另一個小鎮。我就必
098 　須轉學，結果新學校的生活和之前的一樣糟糕，
099 　我還是格格不入，引人側目。再加上我又發育的
100 　很快，比同年紀的小孩高出許多，讓我覺得我實
101 　在很笨拙愚昧，這種感覺讓我更不想上學了。另
102 　外，我對體育課也很傷腦筋，因為我動作不敏捷
103 　又常抓不對時間點。
104 MC：看來這間學校和上一間比起來也沒好到哪去。
105 CD：對啊！而且很多事情說變就變，我一點辦法都沒
106 　有，我覺得我就好像是一件被帶來帶去沒人要的
107 　包袱。我沈默寡言又內向，別人都認為我是怪胎
108 　，他們不太能接納我，我也沒辦法打進圈子。
109 MC：原來如此，為什麼你會覺得你很難適應呢？
110 CD：我也不知道。我想只能說是環境使然吧。仔細想
111 　想，其他的小朋友也曾試著親近我，是我自己提
112 　不起勁來交朋友。當個獨行俠我會比較快樂。事
113 　實上，我是真的喜歡孤獨。至於我家裡面那些小
114 　孩，我只希望能回到從前那樣的生活，我曾向媽
115 　媽反應過，結果她卻叫我要成熟一點，不要那麼
116 　自私，到現在我都還記得她對我說的話。我沒想

117　　　 到她竟然罵我，她好像還說我在她心中已經沒什

118　　　 麼地位，該把我丟到垃圾堆之類的話。

119　MC：然後你也開始無法適應學校？

120　CD：嗯。沒多久他們就對我感到厭煩了，開始會拿我

121　　　 尋開心，嘲笑我。他們都會搶走我的書包，然後

122　　　 在教室裡丟來丟去。後來我都得坐在書包上，這

123　　　 樣他們才沒辦法得逞。那時候我真的很驚慌害怕

124　　　 ，就好像他們會搶走我的一切似的。我猜想他們

125　　　 會這麼做目的是爲了想看看我會有什麼反應。我

126　　　 也猜想那時候我應該沒特別做什麼，因爲我認爲

127　　　 我比他們都還聰明，不會被他們打倒的啦。

128　MC：你對其他的小孩有什麼感覺？

129　CD：就是笨囉！我沒辦法和他們相處，尤其是兩個會

130　　　 欺負我的傢伙，一個叫<u>凱文湯普森</u>，一個叫<u>哈得</u>

131　　　 <u>吉</u>，他們常會抓住我然後打我的肚子，一邊問說

132　　　 ：這樣會不會痛啊？一邊越打越用力。我就只是

133　　　 站著然後硬撐說：「不會痛！」回到家常覺得快

134　　　 死掉了，但是我沒有跟家裡任何一個人提起這件

135　　　 事。後來幾次後我有跟我媽媽說，但是她只叫我

136　　　 要堅強一點，學著爲自己爭取。我媽也有告訴<u>泰</u>

137　　　 <u>瑞</u>這件事，結果他竟然笑著說這正好訓練我當個

138　　　 真正的男人。然後就打我一拳看我是不是頂得住

139　　　 ，然後叫我也試著回擊他，我不想理他轉身就離

140　　　 開了。感覺上他們好像都在折磨我，我覺得自己

141　　　 像個廢物一樣。

142　MC：你能夠給這一章下個標題嗎？

143　CD：你也看見了，我就是覺得很生氣又很挫敗，我很

144　　　 不快樂。我希望事事順心愉快，但是沒一樣如意

145　　　 ，因爲我太害羞了，根本就被困住沒辦法往外發

146　展。在家裡我都會生氣，然後開始做一些有的沒
147　的想引人注意。我對媽媽的佔有慾變得很強，只
148　要她和泰瑞在一起，我就會非常嫉妒。尤其是媽
149　媽爲了討泰瑞歡心，比平常還關心他的小孩的時
150　候更是嫉妒。當她和泰瑞出去時，一開始我都是
151　用大哭這一招，不過後來我察覺到我這麼做，他
152　們也只會取笑我而已，所以我就開始破壞，不是
153　打牆壁就是踢門，我的關節都受傷了，眞的很痛
154　，但是我都一直跟自己說不痛，我想我眞的是絕
155　望到底，狗急跳牆了。

156　MC：爲什麼你要打牆壁踢門呢？

157　CD：因爲我想得到別人的注意啊。我所知道的方法就
158　是裝可憐。我眞的好希望我媽能多愛我一點，我
159　開始覺得我眞是可悲，然後就變得很自私。我再
160　也不管我媽的想法，我是說我媽她自己也在煩一
161　些問題，所以就可能沒時間陪我吧。

162　MC：媽媽在煩什麼？

163　CD：嗯，搬到新環境，又再嫁，還有三個拖油瓶，她
164　得適應新生活。我想這應該不是那麼簡單的事。

165　MC：所以你那時候就不管這些問題了？

166　CD：我不在乎了。我恨死泰瑞，也恨死他那些小孩。
167　他們根本就是侵入者。我眞希望他們能離婚，泰
168　瑞乾脆死掉最好！我從來就不想去了解泰瑞，當
169　他踹我的時候，對我來說他就只是個毀了我生活
170　的大混蛋。而且我一直都沒有辦法對我媽背叛我
171　這件事感到釋懷。

172　MC：你想怎麼稱呼這一章呢？

173　CD：憤怒。對這世界、對家庭、對學校的憤怒。我都
174　會想我幹嘛要來到這世上？我得這樣過一輩子嗎

175　？我從來都沒有好機運嘛。我想下一章也沒必要
176　再去談什麼「外在」事件了，應該要多談談我內
177　心的事。我開始注意自己，不管是外表或是內心
178　。我領悟到不管是誰，不管在家裡他們怎麼對我
179　，不管學校同學怎麼嘲笑我的身高，像現在那些
180　女生就是這樣，根本就覺得我一點吸引力都沒有
181　，這些都不管啦，至少我還有我自己。我是個人
182　，有我自己的個性，所以我把時間都耗在我身上。
183　MC：這時候你大概幾歲？
184　CD：這大概是我13歲到16歲之間發生的事。這一章應
185　　　該包含我上中學六年級的時候，因為這段日子我
186　　　有很大的轉變。我下定決心不再讓別人騎在我頭
187　　　上。我想說「不要再躲起來了，我不要再這麼做
188　　　。我是個人，我也有感覺的。」很多時候我會想
189　　　說不要活了，但是後來我明白了，當一個人，我
190　　　還是擁有一些東西，我應該珍惜這些東西才對，
191　　　所以我開始憧憬快樂的時光，或許是對未來的憧
192　　　憬。生平第一次我開始有抱負野心了。
193　MC：嗯，這一章你會給什麼標題呢？
194　CD：開竅(realization)，很理所當然嘛。我開竅了，
195　　　我不想一輩子讓我自己像個腳踏墊一樣，就是這
196　　　個想法促使我努力用功去參加高級考試(A-Level
197　　　，英國普通中學教育文憑的考試)−或多或少邁向不
198　　　一樣的道路了。我領悟到如果我想要突破、想要
199　　　過新生活，那麼我就得上學受教育。說到這，我
200　　　想就會扯到我的最後一章了。大致上是我離家上
201　　　大學的事情。從那時候起，我就變得很獨立，長
202　　　大許多。我努力地保持樂觀，不過大多時候我還
203　　　是那個「小孩子」，我沒辦法完全將過去拋在腦後

204		，當作什麼都沒發生過一樣。
205	MC：	現在我們來談談你的高峰經驗好了，在你生活中
206		，你覺得最美好的經驗是什麼呢？
207	CD：	通過高級考試，知道我能夠上大學了，我真的很
208		高興。生平第一次我實現了某件事情。以前從來
209		都沒想過我能這麼做。當我看到手上的紙，上面
210		寫著我的表現有多好時，我真的是覺得太棒了！
211		我老是會自我懷疑，懷疑我的智力，懷疑我的一
212		切，而現在證據就擺在眼前，我是對的，我就是
213		我所認為的那個人，我也做到我承諾要去實現的
214		事。我並不是個虛假的謊言，我就是我而且我做
215		到了。我在這世上佔有一席之地，生活變得光彩
216		閃耀，我真的好高興，然後我就搬出家門過新生
217		活。
218	MC：	那麼你生活中最糟糕的經驗呢？
219	CD：	喔！老天爺！多得說不完耶！讓我想一下。喔，
220		我現在想到的是我們剛搬到新家的某個星期天，
221		那時候我大概十歲，對泰瑞和他的小孩都非常嫉
222		妒。大家打算要出門來個全家出遊，只有我提不
223		起興趣。所以我不但拒絕參加，還大吵大鬧，結
224		果他們只好說：「好吧！你不想去是你的損失，
225		我們可沒關係。」可是說實在的，我不想去，我
226		也不想讓我媽媽去啊，所以星期天早上我特地早
227		起，那時候他們都還沒醒來，我打破一個牛奶瓶
228		將碎片插進車子的輪胎，把車子的前輪給刺破了
229		。當計謀得逞時我突然覺得很驚慌，我想我可能
230		是某種恐慌症發作了，因為我沒辦法呼吸，我知
231		道再這樣下去我真的會死掉。所以我走到馬路底
232		去等公車。那時候是星期天的大清早，所以大概

233　等了幾個小時吧。我搭車到鎮上然後一整天都在
234　鎮上閒晃。星期天當然都沒有商家開門作生意，
235　所以我只好不斷地走來走去，走到最後我越來越
236　生氣。我根本沒錢買東西吃，快餓死了。最後我
237　一定有嘲笑我自己，因爲我生出一股勇氣想要回
238　家。當我站在門前時已經快餓暈了，雖然我的確
239　惹上麻煩，不過反正也是家常便飯了啦，頂多就
240　是被打幾個耳光，被踢個幾腳罷了。但是那一天
241　真的是我生活中最悲慘的一天了，令我難以忘懷
242　。他們還是全家出去玩了，雖然我不想去，可是
243　我也不願意就這樣一個人被拋下來，我真的很難
244　過。我真想離開卻又無處可逃。
245　MC：嗯，現在請想一想，你生活中的轉捩點是什麼？
246　　哪一段故事改變了你的生活？
247　CD：我想應該是剛上中學六年級時，我和一個女生相
248　　處得滿愉快的，好啦，如果我誠實一點我會說有
249　　個我很愛慕的女生，她在朋友面前問我說：「你
250　　有多高啊？二十呎嗎？你是吃了鐵人運功散嗎？」
251　　然後她們就開始花枝亂顫地狂笑。我說過，我想
252　　她很喜歡我的，而且我和她在一起也很快樂，但
253　　是她還是對我說出這種話，根本不把我放在眼裡
254　　。回家後我就在想我幹嘛要這樣被人取笑被人傷
255　　害？我真的很敏感，都這麼多年了我還是很敏感
256　　，真是不可思議。我真的很難過，我本來想說上
257　　了中學六年級，一切都會不同，沒想到一開始又
258　　發生一樣的事情，所以我就跟自己說：「不！我
259　　不要再這樣下去了！我不再是小男孩了！爲什麼
260　　我都得不到別人的尊重呢？」在某方面，你真的
261　　得跟你自己説：「這又不是我的錯」。

262　MC：這件事對你的生活有造成什麼改變嗎？

263　CD：我暗自下定決心，我想這份決心也真的有些改變

264　　　了我。以前我都會無條件地接受事實，想說「這

265　　　就是我啊，我就是個大麻煩，然後每個人對我來

266　　　說也是大麻煩。」現在沒有人能再這麼對我了。

267　MC：談談你記得的最早的記憶吧。

268　CD：我不知道耶。我沒有辦法精確地說出我最早的記

269　　　憶，亂七八糟一團的。我想到有一次我媽媽出門

270　　　上班，我努力想拿到放在最上面櫥櫃裡的一袋巧

271　　　克力餅乾。那時候我一定還很小很小，我必須爬

272　　　到流理台上面，緊抱著櫥櫃的一邊，然後努力去

273　　　抓那包餅乾，它被放在糖的後面。結果我不小心

274　　　弄倒了一個裝著乾豆子的玻璃罐，豆子撒了一地

275　　　，我還得在我媽回來之前趕快收拾乾淨。

276　MC：那件事是否對你產生什麼影響？

277　CD：沒有，我覺得沒影響。這只不過是零星的記憶罷

278　　　了。

279　MC：好的，那麼談談兒時重要的記憶吧。

280　CD：應該是有一次我上幼稚園，在園內吃餐點的事吧

281　　　。我不喜歡在園內吃餐點，那個氣氛很怪，你得

282　　　坐在一張大桌子前吃東西，然後一堆小朋友盯著

283　　　你看，這樣我很不習慣。然後我也很討厭他們給

284　　　我的馬鈴薯泥，根本就吞不下去嘛，我都快噎死

285　　　了。然後有一天我就告訴我媽說，我再也不吃這

286　　　種東西了，它讓我想吐。我媽她一定是在跟我開

287　　　玩笑，她說：「好啊，那你就把那些東西用手帕

288　　　包起來，然後再丟掉就好了。」不過我那時候沒

289　　　發現她是在開玩笑，我真的這麼做了。結果被園

290　　　長-大家都叫她卡茲小姐-給抓到了。第二天早上

291　　我被罰站在大家面前，然後園長就告訴每一個人
292　　我幹了什麼好事。我眞的覺得好丟臉喔！甚至覺
293　　得我快要吐了，我眞的是嚇呆了，害怕地不敢跟
294　　我媽提這件事。

295　MC：這個經驗有對你產生什麼影響嗎？

296　CD：直到今天，我都還是很討厭面對大眾，不喜歡站
297　　在一大群人面前說話。我也很憎惡馬鈴薯泥，馬
298　　鈴薯泥滑下我喉嚨的感覺最讓我受不了。現在只
299　　要在我面前擺上一盤馬鈴薯泥，我就會變回那個
300　　被拖到大家面前數落的五歲小男孩。

301　MC：在你青少年的時期，有沒有什麼重要的記憶？

302　CD：有個女孩子叫珍，上中學六年級時我和她滿要好
303　　的，我也很喜歡她。有時上完經濟學，我們會邊
304　　聊天邊走回學校，因爲那堂課是在別的校區上的
305　　。我們這一群大概有七個人，除了珍以外都是男
306　　生。我和珍常常都走在隊伍前面，因爲那些男生
307　　有顆足球，在回學校的路上都會踢足球，不然就
308　　是在路上四處遊盪。他們常會對我們兩個叫囂，
309　　說什麼我喜歡珍之類的話。其實他們都對珍有意
310　　思，所以我覺得他們只是在嫉妒我能得到珍的注
311　　意。不過我很討厭這樣，因爲我們都知道珍已經
312　　有男朋友了，她對我或是其他男生根本一點意思
313　　也沒有。我們對她來說只是好哥兒們而已。有一
314　　次，這群男生對珍有點不禮貌，有個叫西蒙的男
315　　孩問珍一些難堪的問題，像是「你有性經驗了嗎
316　　？」、「你想跟誰上床啊？」、「你有沒有被摸過
317　　啊？」都是一些令人尷尬的問題。我們七個人都
318　　坐在教室裡，珍尷尬地不知道該說什麼好，其他
319　　男生則是大笑還一直在旁邊煽風點火，那時我不

320　希望看起來像個怪胎，所以雖然我覺得很不舒服
321　，但是還是跟著取笑珍。後來她哭著跑走了，我
322　們還是在互開玩笑，後來有人就說：「她幹嘛啊
323　？連玩笑都開不起喔？」不過，我想我們的心情
324　還是受到影響了。第二天珍來找我，她說：「我
325　把你當成好朋友，卻沒想到你跟其他人一樣，我
326　原以為你會站出來挺我。」她說我背叛了她，她
327　再也不想跟我說話了。我要的只不過是被接納，
328　成為團體的一份子，別再被當作怪胎。西蒙說的
329　話我也不覺得好笑啊，可是我不得不跟著他們一
330　起開玩笑。
331　MC：你常常都會察覺到你在做一些你其實並不喜歡做
332　　　的事嗎？
333　CD：嗯，但是我別無選擇，這不是我能作主的。
334　MC：你認為說是你自己內心深處的某種東西或是外在
335　　　某人在支使你嗎？
336　CD：以前我都是被別人牽著鼻子走，所以我才會覺得
337　　　我別無選擇，但其實我是可以作主的，所以，是
338　　　啊，有時候真的是我自己咎由自取。
339　MC：還有沒有什麼重要的記憶，你想說出來的？
340　CD：沒有了，也不是真的沒有，只是我現在腦袋沒辦
341　　　法再思考了。
342　MC：那麼我現在希望你能談談，你覺得生活中最重要
343　　　的四個人。
344　CD：這樣說有點奇怪啦，但是我的繼父－泰瑞－在我的
345　　　人生中的確扮演了一個很重要的角色。我不會說
346　　　他是正面的角色啦，只是對我來說他真的有他的
347　　　影響力。他對我一直都很嚴苛，不管是肉體或是
348　　　心靈都是如此，尤其是心靈。他從不了解我，也

349　沒想過要試著去了解我。對他來說我只不過我媽
350　媽帶來的拖油瓶，所以他從來都不曾試著去改善
351　我們的關係。我猜他根本就覺得這沒多大意義，
352　跟他又沒大關係。可是對我來說是一件大事，因
353　為這件事迫使我堅強起來。我總是認為小時候在
354　學校，我會被其他人欺負取笑，有一部份是我自
355　己造成的，但是泰瑞讓我明白一點：這並不完全
356　是我的緣故。因為不管我做什麼，不管我多努力
357　去試著和他相處都是一樣的結果--他仍然把我當
358　狗屎一樣對待。這對我的生活產生強烈的衝擊，
359　我學到了一個教訓，那就是別人可不會對我親切
360　友善，除非在我身上他們能得到什麼。泰瑞也讓
361　我明白如果我想好好地活下去，我就得學會為我
362　自己挺身而出，別讓別人踩在我頭上。接下來，
363　當然要談談我媽媽。不管到現在發生了什麼，我
364　還是非常愛她，我是說真的，我愛她好久了。我
365　深深感到被她背叛，不過最近我開始有些能理解
366　她為什麼這麼做。從我爸去世後，我媽就沒過過
367　好日子，我想她應該是很寂寞，很需要有個伴。
368　雖然我覺得她嫁給那個一無是處的混蛋泰瑞，實
369　在是犯了個大錯，不過泰瑞至少提供我媽媽經濟
370　上的援助，假日還會帶她出去玩。我不曉得啦，
371　我來說這些怪怪的。我還是希望她別和泰瑞在一
372　起，我媽和他在一起，生活又沒有變得多好。小
373　時候，我媽是我生活的重心，我想我的佔有欲真
374　的太強了，我媽根本就不可能完全屬於我。
375　還有一個人，他是我中學六年級的老師--霍華德
376　先生。他幫我許多忙，而且都不會妄下定論。我
377　想他應該是惟一不會想要欺壓我的人。沒有他

378　我應該就上不了大學了，因爲他將我帶出象牙塔

379　，努力增加我的自信心，讓我了解到我可以把過

380　去給忘掉，過我自己的新生活，是他讓我相信我

381　還是有未來可言的。

382　我想不出來可以談誰了。

383　MC：你有崇拜的偶像嗎？

384　CD：我欣賞能忍受痛苦堅持其信念的人，像是英雄本

385　色(William Wallace，蘇格蘭民族英雄，率領蘇

386　格蘭人對抗英國統治)還有Rob Roy(蘇格蘭傳奇英

387　雄，原爲農夫，受到官方迫害而被逼上梁山)。我

388　也欣賞有膽量、有才華的人，例如梵谷或是杜斯

389　妥也夫斯基(俄國小説家)

390　MC：你對未來有沒有什麼計劃或是夢想？

391　CD：我希望能多了解自己和別人。我也希望別人在我

392　身上能學到一些東西。

393　MC：你打算怎麼達到這個目標呢？

394　CD：我還不知道。有時我會希望和其他人一起工作，

395　不過有時候我又很討厭和別人相處。我也希望能

396　多賺點錢，過著豪華的生活，那樣的生活很好，

397　可是擁有這些物質只能帶來一時的快樂而已。

398　MC：那麼你的短程目標是什麼？

399　CD：我想先拿到文憑，有個好學歷。

400　MC：學歷對你來說代表什麼呢？

401　CD：一切！我會達成某些東西，而這些東西會令我受

402　用一輩子。我會變得更有自信，我認爲一個人如

403　果都不努力去做些什麼，那他一輩子就白活了。

404　所以我希望自己能有一些貢獻，可以影響人們的

405　觀點。

406　MC：你能説明一下你的未來願景嗎？

407　CD：我希望能找一份好工作，這份工作不但有挑戰性
408　　　，還能實現我的個人抱負，最好薪水優渥。我還
409　　　想組成一個家，有個妻子，有個讓我覺得很有安
400　　　全感的家。我自有夢想和抱負，而且很樂觀。過
411　　　去的事教了我許多，我也學到教訓了。對於那些
412　　　邊緣人(無法打入圈子的人，與社會格格不入的人
413　　　)我相當感同身受，所以我希望能夠幫助別人，畢
414　　　竟生活不是件容易的事。
415　MC：你可不可以談談生活中的兩個領域，在這二個領
416　　　域中你最近遇到一些壓力、困境或是問題。
417　CD：喔，我還是不太能和別人建立交情，尤其是女生
418　　　。我有試過友善一點，將觸角往外伸，而不是又
419　　　一逕地躲回我的小殼裡，可是我發現如果我對某
420　　　個人友善之後，我就開始會嫉妒、會對這個人產
421　　　生佔有欲。我的朋友他們都已經有女朋友了，只
422　　　有我一直拖著不交。我想這是因為我太自私了，
423　　　一方面，雖然我也想交個女友，但是心中另一個
424　　　我又覺得還是一個人比較簡單，女生真的很麻煩
425　　　的。有時候會想說我真的很討厭、很鄙視這些女
426　　　生，她們常常都會背叛你，離你而去，而且還會
427　　　在你背後和她的姊妹淘大說你的是非，我不知道
428　　　她們真的值得我交往嗎？她們會從我手上奪走我
429　　　的主控權，這也就是為什麼我會一頭栽進書海中
430　　　，總是努力用功讀書的原因。讀書就是我生活的
431　　　重心，只要我讀書，我就會感到我是有計劃的、
432　　　有主控權的，如果我不照著我的計劃走，我就會
433　　　有罪惡感。讀書某種程度而言就是一種控制，也
434　　　許我一輩子裡面惟一能控制的事就是讀書吧。
435　MC：你打算怎麼處理呢？

436　CD：我還沒有任何計劃，因為我希望能隨著自信心的
437　　　增加，我能感覺到多一點的控制感。我最根本的
438　　　問題就是我的嫉妒心和佔有慾，我的友誼、人際
439　　　關係都是被這些給破壞掉的，這都是因為我很沒
440　　　安全感，我害怕會失去別人，可是反而把別人推
441　　　得更遠，我知道這樣的嫉妒很不理性，可是不知
442　　　道該怎麼辦，我什麼也不能做，只能一直等，等
443　　　到我對自己的感覺好一點再說。

444　MC：現在我們來討論一下你的一些基本價值觀與信仰
445　　　。你相信神的存在嗎？

446　CD：我相信神的存在，不過我不會用「神」這個字眼
447　　　，因為我並不是從宗教的角度來相信神。我相信
448　　　某些東西，也許就是一種力量或是精神，我相信
449　　　有種東西可以幫助你，讓你能祈求諒解或是要求
450　　　說「請幫助我」。有種東西只要你祈求，你就會得
451　　　到力量，我相信神，不過是我自己的神，不是別
452　　　人的。我相信神，不過不是宗教裡的神(如果真的
453　　　存在的話)。神應該是個別存乎你心的，並不需要
454　　　用任何方式去證明祂。

455　MC：你覺得你的生活是不是被某種力量所支配主宰呢？

456　CD：沒有，我有這麼求過啦，可是並沒有什麼作用。
457　　　我能自由地做決定。

458　MC：這些信仰和你週遭人所抱持的有沒有什麼不同？

459　CD：我的信仰比較是精神上的信仰。對許多人而言，
460　　　教堂和上帝是不可二分的，你得找到一個宗教然
461　　　後全心信任神。我沒受洗也不想受洗，我曾經想
462　　　過要受洗，不過那是因為我以為這樣能夠找到歸
463　　　屬。

464　MC：那你有沒有特定的政治立場？

465　CD：說句老實話，目前我對政治沒什麼興趣。我也不
466　　　屬於任何一個政黨，我只是認為說這個社會需要
467　　　很大的轉型，然後一些政策應該要多包含社會主
468　　　義的概念。

469　MC：你會怎麼介紹你的政治信念？

470　CD：公平。

471　MC：你認為人類生活中最重要的價值是什麼？

472　CD：造福他人，在死之前能知道自己曾做過某些事，
473　　　而不是死到臨頭卻認為自己的人生白白浪費了。
474　　　最好能做些有價值的貢獻。

475　MC：這就是你對後來的生活所抱持的看法嗎？

476　CD：我希望啦，如果我死之前都沒有做些不同的事，
477　　　那我會希望我從來就沒出生過。

478　MC：你覺得你現在已經做到了嗎？

479　CD：我希望能幫助別人，有所貢獻。我接觸過的人有
480　　　時候會說，我為他們帶來一些影響，當他們聽我
481　　　說話時就會細細咀嚼我的話。我認為如果你覺得
482　　　某件事情是錯的，你就應該無所畏懼的表達出來
483　　　。我一直都是個邊緣人，也覺得這個社會並沒有
484　　　提供足夠的協助來幫助兒童成長，然後兒童有問
485　　　題時，大人就只會責備他們，而不是處理這些問
486　　　題。我們應該要好好地檢視一下自己，看是不是
487　　　為別人帶來困擾，而不是一直責難別人。然後，
488　　　我也不認為不公平的社會會嘉惠到什麼人，不公
489　　　平的社會只會製造一堆問題，它的功能不但有限
490　　　，而且運作不良。

491　MC：再多說一點你的想法。

492　CD：這也是我的結論，從我自己和別人的經驗而得到
493　　　的結論。就像我前面說過的，我知道無能為力的

494　　　感覺很有可能會對我的生活造成阻礙。直到現在
495　　　我還是有這種感覺。

496　MC：到現在，你回顧了整個生活故事，你能指出貫串
497　　　你整個生活故事的核心主題嗎？

498　CD：可以，我想基本上是一個由孤寂、遺棄、嫉妒、
499　　　和佔有欲所構成的強大主題，過去我都只能這麼
500　　　想，因為我急於找到我的歸屬。我一直覺得過去
501　　　我被錯待了，但事實上我並不孤單，再加上我現
502　　　在已經有力量可以去改變一些事情，我不再是被
503　　　過去傷害的受害者了。我想就是這樣了吧，這就
504　　　是我的結論。

505　MC：OK，非常感謝你，我想我們就到此為止吧。

摘要
....

在進到下一章節之前，為了能順利練習區辨並分析你自己的個人敘事，你應該先完成下列事項：

★找個人當你的聽者。

★開始訪談，你的聽者遵循著McAdams所提出的訪談綱要問問題，而你則扮演說故事的角色。

★將訪談過程錄音，並謄寫成逐字稿。

然後你應該會得到一份訪談複本，就像本章所示範的逐字稿一樣，最後第四個步驟，你可以自行決定要不要實施。

★和你的聽者交換身份，然後再開始一段訪談，這時你變成聽者，而你的搭檔則變成說故事的人。

雖然第四個步驟對於區辨、分析你的個人敘事而言，並不是必須的步驟，不過你會發現這麼做會讓你對訪談情境中所經歷的人際互動，有更深刻、更投入的了解和欣賞。而這正可以增加你後來分析敘事的深度，甚至是最後撰寫研究報告的觀點，其深度也會增進。另外，你和你的聽者也許會發現這種練習很有趣，很有啟發性，你們的友誼，以及對彼此的了解都會因為這樣的過程而有所增長。畢竟，這才是所謂的心理學。

討論與省思

★什麼是個人敘事？想想有哪些不同的方法可以用來探
索個人敘事。

★全班分成三到四個小組，討論在選擇聽者、進行訪談
、謄寫逐字稿等方面，可能會遇到什麼樣的問題或值
得注意的議題。

▷ 延 ● 伸 ● 閱 ● 讀 ◁

※ Langellier, K., & Peterson, E. (1993). Family storytelling as a strategy of social control. In D. Mumby (Ed.), Narrative and Social Ccontrol: Critical Perspectives (pp. 49-76). Newbury Park, CA: Sage.
McAdams, D. (1993). The stories we live by: Personal Myths and the Making of the Self, (Chapter 10). New York: William Morrow & Co.

Smith, J. (1995). Semi-structured interviewing and qualitative analysis, in J. Smith, R. Harre, & L. van Langenhove (Eds.). Rethinking Methods in Psychology, pp.9-27. London: Sage.

Wiener, W., & Rosenwald, G. (1993). A moment ' s monument: The psychology of keeping a diary, in R. Josselson & A. Lieblich (Eds.), The Narrative Study of Lives, 1, pp.30-58. Newbury Park, CA: Sage.

延伸閱讀註記

　　McAdams和Smith的著作是很有用的補充教材，對於如何進行訪談、如何謄寫訪談資料都提供了很好的指引。至於要探索你自己，以及你的生活故事，可以用哪些替代方法（例如寫日記），Wiener和Rosenwald的文章則提供有趣的建議。

　　※Langellier以及Peterson的文章也很有趣，可以促使你去思考你的家庭所訴說的「故事」，以及這些故事是如何支配著社會與個人。

Chapter 5

分析與撰寫研究報告

朱儀羚 譯

釐清敘事心理分析的一些假定

　　這一章將仔細地闡述如何分析你自己的個人敘事。不過，在進行分析之前，我們得先釐清和資料分析有關的一些假定。在自傳訪談中到底我們想知道什麼？在敘事資料中，「自我」、「生活」、「敘事」之間的關係又是什麼？這些假定和心理學領域中新崛起的取向有什麼關聯？這些分析方式和傳統理論取向有什麼不同？

　　如同第二章所示，許多研究自我、認定的不同理論取向，分別立基於截然不同的「實在論」(realist)與「建構論」(constructisist)的假定。不同的理論取向會影響訪談歷程如何進行，對於訪談的功用也有不同的看法（請參閱Smith, 1995）。例如，比較傳統的實在論取向假定訪談可以看做是一種工具，可用來找出受訪者對於某個特定主題（如，自己的故事或敘事）所抱持的信念、知覺或看法。相反地，社會建構論取向，例如論述分析或修辭分析，則將訪談看成是一個舞台，正在上演著社會運作和人際互動。所以，與其將受訪者對特定問題的回應，看作是他如何思考或感受的表徵；論述分析則更為關注由特定回應所促成的社會功能，例如表徵了一個具有道德價值的自我、責任的分配等等。至於回應內容是否反映出事件的心理或社會真實，由於已經超出訪談情境脈絡之外，論述分析也沒有多大興趣理會。

我們在第二章時已討論過，正如同Smith(1995:10)所主張的，在這兩種立場中還是有折衷的立場存在。我們可以說在特定的訪談內容中，受訪者的回應的確會反映出一些重要意義，或是他們所認為的「真實」。這是他們「持續發展的故事」(ongoing story)的一部份，表徵了受訪者的心理和社會世界。這並不是說在訪談情境中人們就不會表現出特定的社會運作或人際互動，只是我們關心的重點並不在此。我們關注的是另一項假定：受訪者所告訴我們的話語中，確實與他們所經驗過的心理、社會世界中的真實，有著某種程度的關係。McAdams的主張可以很清楚地說明這個概念。McAdams (1993：20)認為個人在自傳訪談情境中所作的口頭陳述，其實就是「個人內在敍事的概述」。McAdams的主張並不是說「個人所說的任何事物都是重要的」，或是認為個人不會為了符合社會期待而故意說某些話，而是想要強調說一個人不會在訪談過程中突然創造出一套個人的敍事，敍事或故事「一直都在那裡，一直都在心裡面。是一套隨著時間遞轉演變的心理架構。這套心理架構以整體的、目標導向的方式貫串整個生活。訪談正可以協助我們找出敍事的輪廓，發現早已存在於敍事者心中之真理的蛛絲馬跡。」(McAdams1993:20)。

分析個人敍事

是以，敍事心理分析(narrative psychological analysis)假定我們有興趣去了解自己和他人的個人敘事，以及敘事所揭露的社會與心理真實。因此，資料分析的重要關鍵就是要去了解自傳訪談情境中所產生的意義內容，以及意義的複雜性。第一章及第二章時也曾提及，要了解這些意義可不是件輕而易舉的事，必須要仰賴「詮釋」(interpretation)，以及研究者（你）投入於和逐字稿之間的「詮釋關係」(interpretive relationship)（請參閱Smith 1996: 18）。這些意義並不會自動反映在訪談或逐字稿中，相反地，你必須「持續不懈地和文本奮戰，投入於詮釋的歷程」，才有辦法獲得這些意義（第18頁）。

　　現在逐字稿（就像第四章所呈現的文本）就擺在你面前了，你得仔細地去分析它。你該怎麼辦？目前敘事心理分析還沒有什麼正確的分析方式，不過，我參考了McAdams對於個人敘事所提出的理論與方法，研擬了以下的分析藍圖，對於你該注意哪些概念提供一些建議。另外，我援引了CD的訪談內容（第四章中呈現的部份），以呈現分析結果的可能樣貌。

第一步：閱讀與熟悉
(reading and familiarizing)

　　分析的第一步就是反覆閱讀全部的逐字稿，大概讀個五、六遍，以便使自己能夠熟悉文本資料，對於逐漸顯現出的重要主題，能掌握大致的要義。

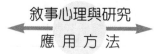
第二步：找出待探尋的重要概念
(identifying important concepts to look for)

第二步就是去了解你要分析的個人敘事具有哪些基本要素。根據McAdams的看法，應該有三個要素：(a)敘事基調、(b)表徵意象、及(c)主題。接下來我們會仔細地說明這三個要素。

(a)敘事基調(narrative tone)

敘事基調可以說是成年期個人敘事中最普遍的特徵，係透過故事的內容(content)及敘事的形式(form)或方式(manner)來傳遞。例如，敘事基調大致上是樂觀的(optimistic)，或是悲觀的(pessimistic)。樂觀的故事之所以樂觀，是因為故事中有好事發生，就算有倒楣事掉到頭上好了，個人也還是抱持希望，認為情況一定會改善。同樣的，悲觀的故事之所以稱為悲觀，是因為遇上了一連串不如意的事件，或是用負面的心態來看待好事（請參閱McAdams 1993:第二章）。根據發展心理學的一系列研究顯示，McAdams認為敘事基調最主要的影響因素來自於兒童早期和重要他人依附關係的安全與否。你可以在你的敘事中驗證一下McAdams的主張，也許會帶來大啟發喔！

(b)表徵意象(imagery)

每一套個人敘事都包含了一組特定的表徵意象。想要了解自己的敘事，就必須找出我們用什麼樣獨特的方法運用這些表徵意象，來理解自己到底是怎麼樣的人。特別要注意你

用來描述、或是陳述生活章節、關鍵事件所使用的語言。表徵意象能提供線索讓你探尋對個人有意義的形象(images)、符號(symbols)或隱喻(metaphors)。表徵意象就和我們的身份認定一樣,都是可以被發現與被創造的。我們創造屬於自己的形象,但此一創造行動本身即深受文化中的原始素材(例如語言、故事)所影響。當你區辨出自己的敘事有哪些特定的表徵意象之後,別忘了試著再去探索這些表徵意象的由來。想想這個表徵意象是怎麼演變至此的?和你的家庭背景有關嗎(有些心理學家認為成年期的個人表徵意象根基於家庭複雜的動力系統,尤其是人生的前三、四年為甚)?敘事基調是否可以在社會的主流論述(像是道德、價值觀、信仰體系)中找到定位?

(c)主題(themes)

在你的個人敘事裡面,有哪些重要的主題?你陳述了許多事件,在這些事件背後你是否能察覺到是什麼一直在推著你向前走?對你而言,什麼是特別重要以致無法捨棄或擺脫的?McAdams同樣在融會了許多心理學理論之後,認為權力(對於主動權、自主性的渴求)與愛(與他人有關聯、依賴的渴求)是構成故事的二大支柱,因為他們都是人類生活中主要的動機(請參閱McLeod 1997,第二至三章對於McAdams主張的回應)。在詮釋自傳資料時,你應該特別去注意這些資料透露出哪些具有動機性的主題。權力與愛對你的影響程度為何?更重要的是,權力與愛的需求化身成什麼樣的風貌出現在你的故事當中?當我們生病、喪親或是面臨到認定危機的時刻(例如青春期),這些需求就會更加強烈。當我們注意到

以前和現在的自我有所不同時，一些以前想都沒想過的問題就會浮現在心頭：「眞正的我究竟是誰？」、「我是誰？」。接下來可能就會開始認眞的思考不同生活方式的可能性，而這生活方式或許以前根本就不曾考慮過。所以敘事中提到的「情節」其實透露出許多線索，告訴我們生活中到底是什麼在驅策著我們，激發我們前行，以及我們眞正重視的是什麼。

第三步：區辨出敘事基調
(identifying 'narrative tone')

　　想要區辨敘事基調，你得從兩方面著手：仔細地檢視你提到了哪些過去經驗？你又是如何說這些經驗的？以CD的例子來看，他的敘事基調主要是悲觀的調調，他說生活早期的經驗充滿了恐懼、失控和不安。這可能跟他小時候喪父，母親又改嫁給一個對他很粗暴的男人這些經驗有關。這個後遺症一直糾纏著他到青少年時期，甚至到今天，使得他仍然相當沒有安全感，而且強烈渴望能控制自己的嫉妒心和佔有慾。雖然CD努力藉著求學、搬出家門、下定決心不再爲過去所拖累等方法，來克服過去所造成的負面影響，不過他承認他目前的難題在於遺忘過去，以及仍然將自己看做是那個既瘦小又脆弱的小男孩。從這些點就可以證明CD的敘事基調其實還是相當地壓抑。

第四步：區辨「表徵意象」和「主題」
(identifying 'imagery' and 'themes')

　　表徵意象和主題最好是一起分析，因爲它們常互有交集，而且特定的表徵意象通常也會帶出特定的主題。我發現要區辨表徵意象和主題最省力的方法，就是有系統地處理逐字稿，從「生活章節」的問題開始，然後順著後續的訪談問題著手。表徵意象和主題應該是隨著這些問題被區辨出來。到目前爲止，你還是在嘗試對資料有個概要的認識，目的是希望能從訪談資料中描繪出一個大概的草圖。接下來我想提供一些指標，告訴你這份草圖大概會是什麼樣子，以下是簡要的說明。

　　在反覆閱讀CD的回答後，先從「生活章節」的問題開始。很明顯地，CD到目前爲止的生活歷程可分爲三個主要的「階段」(phase)，分別是他所指稱的「純眞」(innocence)、「憤怒與挫敗」(anger and frustration)、以及「開竅」(realization)。這些階段都包含了特別的表徵意象，不過這些表徵意象彼此互相牽連，並且引出特定的主題。表5-1有較詳細的介紹。

　　下一步則是利用相同的方法處理「關鍵事件」的問題，試著找出關鍵事件中的表徵意象及主題。請參見表5-2。

　　接下來，「重要他人」及「英雄偶像」的問題也是遵循相同的步驟進行。有一點要提醒你，在整個自傳訪談中，重要他人都會不斷地出現，不過當你詳細地敘述生活中最重要的四個人時，他們更顯得特別突出。想一想爲什麼這些人很重要？他們帶著正面還是負面的形象？表5-3列出CD敘說生活

中重要他人的表徵意象和主題。

在處理「未來藍圖」的問題時，符號象徵與主題應該要區辨出來。談到對未來的計劃或夢想時，我們的回答透露出什麼樣的動機性主題？我們生活中基本的需要與需求是什麼？你對未來的自己所抱持的看法，是否承襲自你對當下的自己、以及過去的自己所秉持的看法？表5-4將示範如何將這些問題統整在一起。

再者，目前的「壓力與難題」是什麼？它揭露了什麼樣的動機性主題？提到哪些未來尚待克服的衝突？表5-5將CD的回答摘要出來。

最後，「個人的意識型態」如何？生活中各種動機性主題，在CD的個人意識型態中具有什麼重要性？請參見表5-6。

表5-1 「生活章節」之問題

階段	表徵意象	主題
階段一： 「純真」 （十歲以前）	將「好的家庭生活(good home)」與「壞的外在世界(bad outside world,包括學校)」區隔開來。例如，好的家庭=「媽媽和我」、「快樂」、「待在電視機前」、「和諧寧靜」、「安心」、「安全感」；而壞的外在世界=「其他男孩子」、「痛毆」、「粗暴的人」、「高頭大馬」、「(其他男孩的)父親」、「害怕」、「恐懼」。	安全vs.不安 (safe vs. unsafe)
階段二： 「憤怒與挫敗」 （十至十三歲）	壞的外在世界「滲入」愉快的家庭生活中。 脆弱、無能為力、希望能保有一丁點的安全感，例如「所僅有的一絲絲安全感都離我遠去」、「陌生人搶走了我媽媽」、「帶了另外三個小孩闖進我家」、「侵入者」、「搶走我的一切」、「恐慌」、「被母親背叛」、「嫉妒」、「佔有慾」、「邊緣人」。	主宰vs.無能為力 (control vs. non-control) 擁有vs.失去/背叛 (possession vs. loss/betrayal)

CD感到：「我好像是一條狗」、「就像是沒人要的包袱」、「廢物」、「被折磨」、「被困住」、「痛徹心扉」、「別人都欺壓我」、「我像個腳踏墊一樣」、

階段三： 「開竅」 （13歲至今）	越來越了解自己是什麼樣的人。內在真正的我(real inner me)與外在的假像我(external non-me)。例如，外在的假像我=「愚昧笨拙」、「得學著堅強一點」、「當個真正的男人」、「退縮」、「邊緣人」、「引人側目」、「孤單」、「為羞怯所限」、「否認感到痛苦」。 真正的我=「有感覺的人」、「不要再躲起來了」、「憧憬快樂的時光，或許是對未來的憧憬」、「不想一輩子讓我自己像個腳踏墊一樣」、「樂觀」、「走出不一樣的路」。	覺察 vs. 未覺察 (recognition vs. non-recognition)

表5-2 「關鍵事件」之問題

關鍵事件	表徵意象	主題
(1)高峰經驗－通過高級考試	成就－「證據就擺在眼前」、「我是對的」、「我成為我所要成為的那個人」、「我不是個騙子」、「我就是我而且我做到了」、「在這世上佔有一席之地」。	覺察(recognition) 行動主體(agency)
(2)最糟的經驗－「悲慘的星期天」	害怕、嫉妒、恐慌、孤立、「寂寞」──「一整天都在閒晃」、「越來越生氣」、「我不想被留下來」、「想離開卻又無處可逃」。	背叛與擁有，隸屬之需求(need to belong)
(3)轉捩點－「中學六年級的那個女孩」	羞辱、令人痛苦──「她們取笑我，笑得花枝亂顫」、「她根本不把我放在眼裡」、「我幹嘛要這樣被人取笑、被人傷害?」、「為什麼我就不能有點自尊?」、「這又不是我的錯」。	背叛，隸屬之需求、維護自主行動之需求(need to assert agency)
(4)青少年時期重要的回憶－「珍」	羞辱－「我不希望看起來像個怪胎」、「我還是跟著取笑她」、「她說我背叛她」、「我要的只不過是被接納，成為團體的一份子」、「別再被當作是怪胎」。	背叛，隸屬之需求

表5-3 「重要他人」之問題

重要他人	表徵意象	主題
(1)泰瑞–繼父	負面形象–「嚴苛」、「我只是拖油瓶」、「迫使我堅強起來」、「教訓」、「強烈的衝擊」、「把我當狗屎一樣對待」，使CD了解到「如果我想好好地活下去，我就得學會為我自己挺身而出」、「別人可不會對我親切友善，除非在我身上他們能得到什麼」。	失去主控權(lake of control)、堅持自我之需求(need to assert self)、行動主體(agency)
(2)母親	形象曖昧–「深愛」她但感到「被背叛」。使得CD覺察到自己的「佔有慾太強了」。他不可能「完全擁有她」。	背叛(betrayal)、被愛與隸屬之需求(need to feel loved and as if he belongs)
(3)中學六年級的老師	正面形象–「惟一不會欺壓我的人」、「將我帶出象牙塔」、「讓我相信我還是有未來可言的」。	控制與覺察(control and re-cognition)、自主行動之需求(need for agency)
(4)英雄偶像–英雄本色(Willian Wallace)、Rob Roy、梵谷、杜斯妥也夫斯基	正面形象–「有實力的人」、「有膽量」與「才華」、「能忍受痛苦堅持其信念的人」。	控制與覺察、自主行動之需求。

表5-4 「未來藍圖」之問題

未來藍圖	表徵意象	主題
近程計劃－「獲得好學歷」	成就－「某些令我受用一輩子的東西」、「更有自信」、「一個人如果都不努力去做些什麼，那他一輩子就白活了」。	覺察、行動主體
未來願景－「職業與家庭」	成就與安全感－「一份有挑戰性又能實現個人抱負的好職業」、「妻子與家庭......有安全感的家」。	覺察、行動主體、安全與隸屬之需求
計劃或夢想－「有所貢獻」	貢獻－「我希望能多了解自己和別人」、「希望別人在我身上能學到一些東西」、「我希望能夠幫助別人，畢竟生活不是件容易的事」、「對於那些邊緣人我相當感同身受」。 還是有些不確定，例如，「有時我會希望和其他人一起工作，不過有時候我又很討厭和別人相處。	隸屬之需求，但對他人仍有敵意及恐懼

表5-5 目前「壓力與困境」之問題

目前的困境	表徵意象	主題
和女性維持良好關係	無法與女性交往，希望自己能保持主控權(retain control)例如，「躲回我的小殼裡」、發現「還是一個人比較簡單」、女生都是「非常麻煩的」、她們會「背叛」你。 CD「討厭、鄙視女生」。她們會「從他手上奪走主控權」、讓他不禁會「嫉妒、想佔有」。因為他「沒有安全感」，而且「害怕失去別人」，卻「反而將別人推得更遠」。	背叛與佔有，被愛與隸屬之需求。但也和堅持自己的主控權與行動力的需求相互抵觸

表5-6　「個人意識型態」之問題

個人意識型態	表徵意象	主題
對神的信仰	「祂是我自己的神，不是別人的」、「神應該是個別存乎你心的」。CD曾想過要受洗，但那「只是因為以為這樣就能找到歸屬」。	覺察、行動主體
最重要的價值觀	「造福他人」、「在死之前能知道自己曾做過某些事」，「幫助別人，帶來一些影響」、「我一直是個邊緣人，從不認為社會有提供足夠的協助」。	隸屬之需求

第五步：交織成一篇脈絡連貫的故事
(weaving all of this together into a coherent story)

　　根據你對訪談資料的詮釋，現在已經將這些令人眼花撩亂的表徵意象和主題整理成簡要又好用的圖表了。下一步就是要將這些資料全部交織成一篇脈絡連貫的故事。在下面的例子中，我假裝我是CD，以便示範處理自己的自傳訪談時，應該要處理成什麼樣子。

實例

McAdams(1995)認為敘事基調是成年期的個人敘事中最普遍的特徵，敘事基調係藉由故事的內容、故事的表達形式二方面呈現出來。解讀我自己的個人敘事，我發現我的敘事基調大體上比較悲觀。早期幾年的生活可說是充滿了恐懼、沒有主控權，也沒有安全感。這些負面的影響一直跟著我到青少年時期，當時，我還是一樣恐懼，而且時時擔心別人對我的反應和感受。我覺得我一直在保護自己不要受到這世界上的「邪惡」所侵擾。即使到今天，只要提到我處於沒有安全感的狀態，渴求能控制住自己的嫉妒心與佔有慾，負面的敘事基調就會相當明顯。顯然，我嘗試藉由搬出家門的方式來克服過去帶給我的陰影，而且下定決心不要成為過去的受害者。然而，即使如此，當我發現我還是那個既脆弱又沒人疼愛的小男孩時，我就知道要遺忘過去真的很困難，我的決心就降溫了。

到此就不得不提McAdams的看法了，他認為兒童早期是否建立了安全的依附關係是影響敘事基調的主要因素。我的例子就可以用來證明這個看法。我認為雖然我已經稍微覺察到我父親的去世對我造成的影響，但其實我父親去世也為我母親的生活注入強烈的不安（包括經濟上、心理上）。雖然那段時間，媽媽和我的關係非常親密。我們相依為命，而且變得非常依賴對方，所以我們的關係或許並不是很健康。對我而言，我媽媽改嫁之後，我很難「放手讓她離開」，我認為我現在會覺得嫉妒、佔有慾很強，也許該歸溯到這段時間吧！

　　在我的敘事中出現的表徵意象也非常值得玩味，透露了我的心理狀態，以及我生活中重要的事物。一開始我對「生活章節」的回答，也許最能突顯出表徵意象，以及主要的動機性主題。在逐字稿裡面，很明顯地我把我的生活劃分成三個階段：第一階段-純眞，從幼時一直到十歲；第二階段-憤怒與挫敗-談到我媽媽再婚的前幾年；以及第三階段-開竅，大概從十三歲開始。

　　在第一個階段中，看起來我將什麼是「好的」（good）、什麼是「壞的」（bad）分得一清二楚。我提到我將「家庭與學校」分成不同的兩部份，而且很「討厭」它們之間可能會有「任何的連結」（行18-20，行22-24），這個回憶很明顯地表示出，這兩部份在我心中被劃分成完全不同的兩碼事。這一章都一直在談對兩個世界的區別和劃分，譬如說，在我的生活中，待在家裡的經驗非常地「和諧平靜」（行10）、心滿意足。當我「坐在電視機前面」的時候，我覺得很「安全」（行26-27，行33），在「只有我和母親二人」的國度中，我覺得非常「快樂」（行39），媽媽會「滿足我所有的需求」（行48-49），「讓我覺得我很重要，我就是世界的中心」（行51-52）。相反地，壞的世界是指外面的世界，像「學校」（行52）、「其他男孩子」（行28）、「出去玩」（行34，行55）。「走出家門」（行60），我覺得我很「渺小」（行53）、「脆弱又無能爲力」（行61）、「恐懼」（行54，行57），而且無法隨心所欲。當我媽媽試著說服我走向外面的世界時，我就會「討厭怨恨」（行36）我媽媽。我最大的願望就是這兩個世界永遠都井水不犯河水。這就點出本章的主題：安全與不安。我最主要的動機就是讓我的世界安全無虞，覺得被疼愛、有安全感

、有所歸屬（主要是跟我母親）。

到了下一章，我的繼父－泰瑞－闖進了我的生活，我努力維持「好的」世界中的安全感，這份苦心都被他摧毀殆盡。這時候我開始感到失落，對於我生活中發生的事，我真的擔心我會失去主控的權力。泰瑞的到來象徵著「壞東西」從學校「**滲透**」(行78)到我家來了。他是個「**搶走**」(行82)我媽媽，還「**帶了**」(行82)三個「**侵入者**」(行167)「**闖到我家**」(行81，神聖的安全彊界)的「**陌生人**」(行81)。就因為這樣，我在學校裡面所感受到的害怕、焦慮都一一跟著到我家來了。我不得不將書包坐在屁股底下，因為覺得他們「**會把我的一切都奪走**」(行123-24)，因此，我也非常的「**恐慌**」。從這時候開始我真的覺得我是個「**邊緣人**」(行107-108)，總是「**引人側目**」(行99)，「**怪異而且內向**」(行107-108)，既「**笨拙**」(行101)又「**愚昧**」(行101)。從我用來形容自己的比喻就可以清楚地看出，我覺得我完全失去力量，地位陡降，弱點盡曝。好比說，「**把我當狗一樣**」(行86)、「**沒人要的包袱**」(行106-107)、「**廢物**」(行140-141)、「**腳踏墊**」(行195)、「**被丟到垃圾堆**」(行118)」的人。除了害怕，還有被背叛和嫉妒的感覺，我覺得我媽「**背叛**」(行90，行170)了我，而且「**竟然還罵我**」(行116-117)。當我看到泰瑞和我媽媽互相擁著對方時，我就會覺得「**很想吐**」(行89)！我可沒有誇張喔，現在想到這件事，想吐的感覺幾乎快溢出喉嚨了，我都可以感覺到我的胃在翻騰。其實我只是「**渴望我媽媽能疼愛我**」(行158)，只是事與願違，「**他們只會取笑我而已**」(行137，行152)。總而言之，這些都歸結到我強大的動機性主題—再度獲得安全感、關愛、主控權的強

烈渴求。失落的感覺引發了後續強烈的嫉妒感與被背叛的感覺，也因此形成了貫串我一生的主題。

　　生活章節的最後一個階段發生在大概十三歲的時候。在這階段的表徵意象，將發生在「外界」(行176)和我「內心」(行176-177)的事件完全劃分開來。此時，我已經了解到不管「別人」(行178)怎麼想，不管「他們」怎麼取笑我、作弄我(行178-179)，「我依然擁有我自己」(行182)。我也了解到我仍擁有「一些東西」(行189-190)，我有權力成為一個「人」(行181)。也就是從這時候開始，我讓自己去想像我「還有未來可言」，「憧憬快樂的時光」(行191)。我想很明顯地，現在有個新的動機性主題跳出來主導我的生活了。以前我好希望能感覺說我是別人的一部份，別人都會接納我，現在我對這種渴望倒覺得反感了。以前我所得到的就只是「別人都欺壓我」(行186)，「把我當成腳踏墊似的」(行195)；現在不一樣了，我希望能追求更多的行動主體，更大的獨立性。也希望別人能了解到我是個什麼樣的人，以及我將變成什麼樣的人。我覺得很丟臉，我竟然讓別人這樣為所欲為地作弄我。從現在開始，我應該要有所行動，有所改變了。

　　總而言之，生活章節的問題突顯出我渴望和別人有所交集的感覺，極欲和重要他人之間有感情上的歸屬。不過，就算如此，我的經驗也告訴我要特別小心這種渴望，因為下場通常不是我被利用剝削，不然就是會被背叛。所以說，我之所以會相反地，越來越希望能自立自強，也許就是為了要保護我自己免於再度被利用剝削吧。

　　綜覽其他的訪談問題，很明顯地，當我敘說「關鍵事件」、「重要他人」、目前的「壓力與難題」、「未來的計劃與夢

想」、以及「我個人的意識型態」時，這些主題還是會不斷地重覆出現。好比說，我們先檢視一下我對於「關鍵事件」的回答，我說我的「高峰經驗」就是通過高級考試。為什麼？這個經驗告訴我什麼有關於我的事？它讓我感覺到「**生平第一次我實現了某件事情**」(行208)。即使以前我「**總是懷疑**」(行211-212)自己的一切，但這個經驗卻證明說「**我是對的**」，「**我就是我所認為的那個人**」(行212-213)，「**我並不是個虛假的謊言**」，「**我就是我**」(行214)。而且「**我能在這世上佔有一席之地**」(行215)。我「**走向不一樣的道路**(行197-198)」，而且朝著嶄新、獨立的生活邁進。在飽受傷害的經驗中，這個經驗點出了我的強烈需求—想要證明自己是個有行動力、獨立的個體。所以我才將這個經驗認為是高峰經驗。相反地，我最糟糕的經驗就強烈地吶喊著我害怕失去關愛、被拋棄、沒有歸屬。我覺得那一天就在街上亂晃，沒有食物也沒有錢，真的好悲慘，因為當我回家時，我真的很擔心他們會拒我於門外，或許更大部分是因為我擔心他們沒有我也一樣過得很快樂。當我不在家的時候，我不希望我媽媽感到快樂，我希望她需要我，而不是需要其他人。

　　McAdams(1995)認為當我們的身份認定遇到危機的時候，譬如說在青少年時期，那麼這時候我們的動機性需求就會特別地突顯。然後我們就會注意到以前的自己跟現在的自己有多大的落差，這份落差或許就會促使我們細想以前都沒有思考過的問題：「真正的我是什麼樣子？」、「我是誰？」在我們的生活中是什麼在驅策著我們、我們珍視什麼？生活中有些情節就會露出蛛絲馬跡告訴你。在我敘說生活中重要的「轉捩點」時，就可以印證這個看法。轉捩點發生在我命名

為「開竅」的階段中，有個中學六年級的女生殘忍地嘲笑我的身高，讓我在她的朋友面前像個白痴一樣出糗。我會記得這麼清楚是因為我曾經以為這個女生應該是相當喜歡、甚至愛慕我的，至少她表現得像是那樣。她這樣的反應加深了我的不安，而且還喚醒了以往所有猜忌、背叛的感覺。這個經驗讓我下定決心不要再讓自己被利用了，我認為我必須保有我的尊嚴和獨立性，獲得一些「尊重」(行260)才對。如果其他人要這樣一直地傷害我，那麼我更應該要保護我自己，要變得更堅強、更獨立、不要那麼敏感。

　　不過，在我青少年時期發生的一個重要回憶卻讓我了解到事情並不是非黑即白，像表面上看起來那樣簡單。那時我跟著其他男生嘲笑珍，然後珍對我說我背叛了她，她再也不想跟我說話。這個經驗讓我有機會從另一個角度來看事情，或許所有我一直認為他們背叛我的人，他們之所以這麼做只是因為他們希望「**能被團體視為是一份子**」，「**別被當成怪胎**」(行327-328)」。我記得我曾因此對珍感到生氣，因為她這樣讓我有罪惡感，好像她是依賴我的。我很想跟她說那天的玩笑並不是完全針對她個人，而且她也不應該把我的所作所為看得那麼嚴重。我覺得這個回憶很重要，因為這是我第一次覺察到我一直都在扮演讓自己變成受害者的角色，我讓自己隨著別人的行動而難過沮喪，對於他們的所作所為常常想太多。這個體悟就某方面而言使我感到解放，因為這樣的體悟代表說我沒必要對別人這麼冷酷，或許更深層的意義是，我沒必要對自己這麼冷酷，我不用冒著被傷害的風險，也一樣可以多敞開心胸去對待別人。

　　不過，即使這麼想，針對目前面臨的壓力和難題這個問

題，我的回答就可以看出我對關愛的需求，以及想要自我肯定、握有主控權的需求這兩者之間的矛盾還是主宰著我的生活。我發現與其跟女生在一起，「**自己一個人還比較簡單**」，因為女生真的「**很麻煩的**」（行424）。我知道這種想法其實源自於我沒有安全感，以及想要保護自己免於被背叛或失落的需求。想當然爾，我常常會「**一逕地躲回我的小殼裡**」（行419），然後「**一頭埋進書海中**」（行429）。讀完整篇逐字稿，我很驚訝地發現我的感覺是如此的強烈。也震驚地發現我有時真的會「**討厭、鄙視**」（行425）女生，因為我認為女生會奪走我努力活下去的主控權。同樣地，我認為這也可以看出我的隸屬需求有多麼重要，也因此我得築起重重防衛，以免需求落空（當然，我的防衛同時也會阻礙我滿足需求）。

相互競爭的動機性需求也同樣出現在我的未來藍圖、以及個人意識型態的敘說當中。我想很明顯地，在這部份我最主要的需求就是和別人有所連結，我一直不斷地重複提到說我希望能「**作些有價值的貢獻**」（行404，行474），「**造福他人**」（行472，行479），「**幫助別人**」，因為「**生活不是件容易的事**」（行413-414），而且「**對於那些邊緣人，我相當感同身受**」（行411-413），希望藉著有所貢獻來達成某些事情。但是同時，一想到為別人奉獻時，我會將自己推向更大的傷害，我就被這份恐懼給困住了。所以我才會說雖然我想跟別人一起工作，可是有時候我就是「**討厭別人**」（行394-395）。

我想我一方面渴求關愛，另一方面又希望能堅持自我，這種矛盾的心理在我敘說生活中重要他人的時候就可以很清楚的看到。這些人似乎就象徵著我生活中主要的衝突。例如，在我的生活中，我的繼父-泰瑞-大致上帶著負面但又相當

重要的形象，我認為我之所以會有這些不適當的感受，總是覺得自己是受害者，這都該歸究到我繼父身上。泰瑞總是讓我覺得「**我像個狗屎一樣**」(行357-358)，對我非常地壞。但同時我也漸漸了解到我本身作再多的努力也沒辦法改善這個情況，有些人不管怎麼樣就是會這樣對待你。我之所以「**堅強起來**」(行353，行361-362)，這份體悟其實扮演了重要的角色。或許這個「慘痛的教訓」也不全然都是負面的，說不定我就是需要這樣強烈的衝擊，才會讓我有足夠的動力好努力逃離這樣的生活？又或許我對行動力、獨立性的強烈需求，其實就根源於泰瑞？不過，即便如此，愛與情感的需求，以及獨立性和主控權的需求，想要在兩者之間找到一個平衡點，我時常都會感受到內心激烈的交戰，讓我不禁要納悶我從泰瑞身上學到的行動力，是不是心理上和情緒上健康發展所需要的那種行動力？

我認為情緒上正向的拉力源自於幼時我和母親之間那種親密、互動的感覺，這也正是我母親在我心中的樣貌，「**正面的形象**」、「**我生活的核心**」、「**我的東西**」、「**完全屬於我**」(行374)，而且她也象徵著危險-太過親密的危險、「**背叛**」(行365)的危險。她是我的一切，但是她卻把我丟在一邊。或許我之所以強烈地渴求愛，希望和別人有所連結，根本的原因就在於我母親吧。也許我從母親身上看到的愛其實也不是那麼地健康，因為這份愛正是後來造成我非常討厭、害怕別人(尤其是女生)的主要根源。

中學六年級的老師—霍華德先生—他不像其他人那樣充滿矛盾，完全象徵比較正向的行動主體和獨立性，他從來都不會「**欺壓**」(行377)我，而且還鼓勵我要「**對自己多一點**

自信心」(行379)。因為他，我開始願意相信「**我還是有未來可言的**」(行380-381)。霍華德先生在我心中的形象非常正向積極，我覺得這就是一個年青人成熟成長、變成一個健康的大人所需要的行動主體。和泰瑞不一樣的是，霍華德先生教導我的自立自強並不是根基於對別人帶著恐懼、敵意，把自己看成受害者。相反地，這份獨立根基於關懷和感動。他所教給我的行動力（主動去做某些事），就算我們覺察到自己對別人有情感和關愛的需求，也還是一樣可以健康的發展。我對未來所抱持的觀點，來自於我所尊崇的人，例如之前我有提到英雄本色中的威廉·華勒斯(行384-385)，他們都是自立自強而且相當有膽識，同時他們也不會害怕去關愛自己和別人。

第六步：撰寫--研究報告
(writing up-the research report)

　　之前你試著去區辨、分析你的個人敘事，然後建構成一份脈絡連貫的敘說。到這一步，為了將上述的林林總總都化成文字，你得轉換一下立場，投入撰寫的過程中。也許你可以套用研究報告的格式來撰寫，把它當成課堂作業評量的一部份。說實在的，對質性分析來說，硬要將分析和撰寫報告分開來談實在有點武斷，因為在你撰寫的過程中，其實還是一直在做分析的工作(Smith 1995:23)。你打算怎麼將敘事分析的結果化為一份研究報告呢？一份研究報告通常得寫上大概25000字那麼多，而且包含一大堆不同的章節，這些章節又應該按照以下的順序作妥當的安排：(1)緒論(introduction)、

(2)研究方法(method)、(3)研究結果(results)、(4)分析與討論(analysis/discussion)、(5)研究者省思(reflection)、(6)參考文獻(bibliography，不算在25000字裡面)。接下來我將針對每一個部份作詳細的說明。

1‧緒論（約3000字）

在這部份，你應該清楚說明這份敘事心理研究計劃。你可以概要地介紹在這個取向底下有哪些理論和研究方法的相關議題，以及該取向有興趣的研究問題。本書的一至三章針對這些議題作有條理的綜覽，並提供更深入的文獻。你可以強調自我、認定、故事、語言、道德這些議題之間建構出來的關係，並討論這些議題應用了哪些研究方法。另外，別忘了援引目前在這領域中已發表的研究文獻。

2‧研究方法（約1000-1500字）

在此，你應該簡單地說明你將如何進行研究，簡敘一下你打算怎麼挑選你的聽者；訪談又預計在何時何地，以何種方式進行；可能會面臨到哪些問題；以及訪談內容如何記錄及轉錄成逐字稿。

3‧研究結果

這份研究計劃的研究結果（或是稱為原始資料raw data）包含了訪談錄音和逐字稿。逐字稿應該連同訪談錄音帶放在本份研究報告的最後，將之列為附錄(appendix)。

4・結果分析與討論(約13000-13500字)

這部份或許可稱得上是本份研究報告的重點所在，在此你將展現你的分析能力，以及整合訪談過程中所有資料的統整能力。你可以參考前述「第五步：交織成一篇脈絡連貫的故事」所提供的實例，所以你現在應該回頭把那部份再看一遍，讓自己更清楚這一步驟應該要作到什麼地步。你將會發現這部份是用討論的方式來呈現，再加上逐字稿中的某些字詞，或是逐字稿內容的摘要來加以佐證。分析經常得隨著撰寫的過程才能順利進行，所以你最好一邊寫一邊仔細思考，如此你的詮釋才會更深入豐富(Smith 1995:24)。

5・研究者省思(約7500字)

在這一節裡面，你應該要回過頭來省思，在這份研究中你努力達成了什麼。在蒐集與分析資料之後，現在你得轉換到批判省思的立場，討論在進行敘事心理學研究時，面臨了哪些和理論、研究方法有關的議題。接下來，針對此章節你可以強調的議題，我提供以下的建議。

(1)個人敘事與文化敘事之間的關聯

在「分析」這一章節中，已經區辨、分析過你的個人敘事，現在你必須回過頭來想一想，這份敘事跟你週遭的家庭、社會環境又是如何交織在一起。以CD的例子來說，在詮釋他自己的自傳訪談時，對於某些獨特的表徵意象和主題，他可能就會特別去說明它們的根源。他指出這些表徵意象和主題其實導因於他二歲時父親去世以後，母子倆生活因而不穩定的緣故。不過視野可以再放遠一點，把CD分析的策略，以

及使用的自傳訪談技巧都納入考量，如此，對於自我與認定本質為何的一些假定，方能更進一步地加以證明。

　　譬如說，為了要了解我們目前對自己的感覺，採用本書設計的訪談技巧似乎就能很自然、很合邏輯地讓當事人回顧歷史和記憶，回到童年時光。然而在第一章裡面曾提過，我們在理解自己和自己的認定時，會把過去重要的回憶加以重新排序。排序的過程與結果，其實也暗示了目前社會文化變遷的大致情形。Charles Taylor（請參閱第一章）將目前的變遷稱為「內觀趨向」（inward turn），我們受到內觀趨向時勢所驅，開始專注於自我探索的方式(例如McAdams所提出的自傳訪談技巧)上頭。各式各樣的治療與諮商不斷地被提出並普及至生活中，從這點就可以清楚地看出自我追尋已經成為現代文化最基本的主題之一。從道德、倫理以及政策考量的角度來看，內觀趨向並不是完全沒有問題，這部份將留待至本書第三篇再深入討論（請參閱Landrine 1992；Omer 1993；Cushman 1995；Simonds 1996；McLeod 1997，尤其是第三章）。你必須讀完這個部份然後思考，目前探索自我與認定的技術都轉向探求個人「內在」或「核心」的自我與認定感，這種方式可能有其潛在的問題，你應該在這一章中討論這些問題。這些問題也會和另一個議題–敘事的「可信性」（pla-usibility）—扯上關係，接下來我們要來好好討論一下這個議題。

(2)確立敘事心理研究的效度(validity)

　　科學取向的研究力求達到客觀、中立的狀態，資料分析和詮釋均將研究者的因素加以排除（請參閱第一章）。相較之下，敘事心理學的研究者和其他質性與表意式取向的研究者

一樣，則是相信哪些資料會被挑選出來分析，其實深深受到研究者本身的影響。敘事心理學的研究者擬定訪談問題，挑選研究參與者，還跟這些研究參與者互動，以便獲得後續分析需要的資料，很明顯地，他們並不是在蒐集「中立」的研究資料。而且資料選取和詮釋的過程，也相當程度型塑了研究的結論和分析的呈現。所以如果研究者還「想要從研究中抽離開來，將研究資料或研究發現當作是真實的客觀紀錄」（Yardley 1997:35-6 ），那就太虛偽了。在投入於資料選取、詮釋的歷程之後，你還必須清楚地交代以下幾項議題。

資料是否具有「代表性」(representativeness)和「類推性」(generality) 就是一個很重要的議題。量化研究通常都會假定他們蒐集資料以及分析所依據的樣本，必須能充份地代表某個特定的母群，如此一來，從這個樣本所得到的任何結論才能夠類推到整個母群。然而，敘事心理學的研究和其他的質性研究取向一樣，並不採用相同的「代表性」概念。相對地，他們希望能夠獲得詳細、「資訊豐富」(information-rich)的資料，這些資料不能和研究的情境脈絡分開來解釋，因為我們要的就是全面的意義和理解。因此這一類的研究取向通常會採用個案研究(case-study type)的方式來進行（就像我們這份研究計劃採用的方式），希望能「對特定或獨特的敘事、或是經驗，作出詳細而且深入的洞察，而不是對不同人群之間的共通性作出廣泛的類推」（Yardley 1997:36）。其基本原則就是要「充份利用質性研究方法的主要長處–從情境脈絡中全面深入地分析意義」（頁36）。在第一章中我們已經提過，敘事心理研究取向算是一種詮

釋研究，在這類研究裡面，個人一部份的自我和認定必須放在整體（例如一生、某個特定家族史的情境脈絡、歷史、社會、道德觀點等等）裡面才有可能被理解。因此研究的目標就放在對個人歷史的深入分析與洞察，從中體悟人際關係的複雜與曖昧。

　　從研究者對選取資料、詮釋、以及代表性的考量來看，也可以看出質性研究者他們會利用什麼方式來爲自己的分析結果辯護，換言之，證明自己的分析結果是有效的。只是，如果我們已經捨棄「客觀眞實」的概念，也不認爲眞理可存在於資料選取與詮釋的歷程之外，那麼，我們還可以拿什麼來宣稱我們的分析結果正確無誤呢？如何宣稱我們的說法具有威信呢？在敘事研究中，「效度」(validity)的概念通常是代表說「有良好的依據與支持」(well grounded and supportable)(Polkinghorne 1988:175)，因此，爲了要支持自己的分析結果，研究者必須從眼前的資料中找出證據來強化其論點（就像本章所提供的分析實例，其運用逐字稿中的字詞作爲說明與佐證）。由於論點本身並不會提供「確定性」(certainty)，僅是提出「可能性」(likelihood)，因此大部份的研究者會小心翼翼地徹底探索，然後耗盡腦汁提出一致的觀點，以及這些觀點的適用性何在(Yardley 1997:40)，所以研究者只是藉著特定依據的主張來證明自己的說法。例如，詮釋是否「廣泛全面」、是否「連貫一致」；對研究參與者及其同儕來說是否「有意義」（也就是說是不是具有「可信性」與「說服力」）；是否「符合資料或理論訴求」（第40頁），藉此，某項詮釋也許就能被視爲是合理的。

這些考量對於建立敘事心理研究的效度具有舉足輕重的
地位。舉例而言，在第三章討論心理治療所作的努力時，曾
提到「歷史」真實與「敘事」真實的議題，那時候我們就已
經和第一項指標-敘說的「全面性」(comprehensiveness)及
「連貫性」(coherent)有過接觸了。我們知道任何的老故事或
是敘事都無法只是靠堆疊過去發生的事件，以及對未來的看
法就能被建構出來。敘事要有效、要能適應心理，就必須向
「歷史」真實靠攏，直到對我們從何（經濟上、心理上、情
緒上、道德上）而來，以及連帶地，我們將往何處去，都得
有個確實的評估才行。在分析你的自傳訪談時，你就必須要
思考這個問題—這份自傳包含了歷史真實嗎？又或是被歷史
真實給箝制住，以致沒有任何餘地去想像其他的可能性或潛
在的敘事真實？這樣的思考有助於釐清你對訪談的分析是否
全面，而且前後連貫。

對研究參與者及其同儕來說是否「有意義」（也就是說是
不是具有「可信性」與「說服力」），這一項指標對敘事心理
研究而言有特別的重要性，這一點似乎是理所當然的。我們
在第三章中就已經知道，本書的重心在於創造出自由且改良
的一套方法來體驗自己，所以如果你完成整個研究計劃，卻
發現你的敘事沒有意義、不具可信性或是完全沒有說服力，
那就不太妙了。你對目前生活中敘事的評估，以及分析結果
能否表示這份敘事是好的、適當的敘事，這些都和這項指標
有關。到底什麼才叫好故事、好敘事，這個議題留待至第三
篇再來討論，現在你必須做的事就是好好地想一想，到目前
為止你的敘事是否運作良好？是否可信、生動、充實？有沒
有什麼問題？是否太過接受某些既定的視野，例如父母的觀

點來看待外在世界？是否有足夠的空間可以不受拘束地表達你的想法與感受？在閱讀自己的敘事時，是不是受到某個政策觀點，例如女性主義的強大影響，以致於無法捕捉你曾經歷過、深記在心的真實，反倒使你的敘事看起來太過虛假，以致難以信服（請參閱第六章）？當你分析敘事時，有沒有受到什麼道德倫理的牽制（請參閱第六至八章）？

　　最後一個指標就是「是否符合資料或理論訴求」。在分析的過程中（第五步），當你陳述論點時，應該不斷地援引逐字稿中的字詞加以佐證。除此之外，在撰寫「研究者省思」時，也別忘了將你的發現和目前敘事心理學文獻中爭論不休的議題相互檢證。譬如說，在第三章裡面，曾討論過有關時間、認定的敘事結構，也許你可以談一下你的研究發現了什麼敘事結構。又或是CD在青少年前期他開始相信他是個「人」，他就可以呈現出這個變化和他對自己的概念之間的關聯。例如說「生平第一次」，「開始憧憬快樂的時光，或許是對未來的憧憬」（行191-192），而且不再將自己看成是被過去迫害的「受害者」（行503）。同樣地，生活中某個特定階段所面臨的認定危機，讓你對過去、當下及未來三者關係的概念都瓦解殆盡，讓你失去了方向和意義，或許你就會想去呈現這樣的認定危機，它如何透露出時間和認定之間的關係（請參閱第七章）。

(3) 訪談情境中互動的動力

　　在訪談的情境脈絡中進行自傳研究，其重點就是要去找出和別人對話的時候，自我和認定建構的方式。在進行研究時你已經扮演過受訪者的角色，將你的故事說給訪談者聽（注意：如果你有像第四章後面建議的那樣，和對方交換角色

，那麼你就既是訪談者，也是受訪者了）。在這部份，你應該試著討論一下，訪談情境中的互動動力會如何影響你，使你敘說這樣的故事，對別人呈現這樣的面貌。要察覺訪談情境的影響，你可以從研讀逐字稿和你對訪談的觀察這二方面著手。關於後者，你可以在訪談結束後就馬上簡單地記下你對此次訪談的看法與感受。這一招對蒐集訪談的觀察資料非常好用。Rennie(1994)曾針對接受治療的當事人作過一些有趣的研究，以便了解這些當事人在接受治療處遇時如何述說他們的故事。對於處在省思階段的你，或許相當值得參考。在研究報告中，這些考量都相當重要，因為隱涵在敘事心理研究背後的基本原理就是「敘事相當具有『脈絡敏感性』(context-sensitive易受情境脈絡轉變而起伏不已)」，敘事的形式和內容都和訪談的目標、情境安排的條件息息相關。你所敘說的故事其形式和內容如何受到特定訪談情境的影響？你試著描繪出什麼樣的自我？第四章CD和我的訪談逐字稿又如何？小心地檢核這份逐字稿是如何被「產生」出來的，你認為是什麼樣的互動動力在影響著訪談情境，以及CD所呈現出來的自我？(有關訪談情境中對話的本質，請參閱Silverman 1993; Lucas 1997; McLeod 1997; Crossley and Crossley 1998)。

6．參考文獻

參考文獻是研究報告的最後一步，你應該將撰寫報告時援引的所有資料和來源都註明清楚。

摘要

到了本章的尾聲，你應該已經清楚了解以下的概念：

★實在論者與建構論者對於個人敘事所持的假定，以及
　如何運用訪談資料以進行分析的看法。

★如何分析你的逐字稿？分析其實就是一直在詮釋，其
　過程可分為以下六個步驟：

　(1).閱讀與熟悉文本
　(2).先區辨出你想尋找的重要概念
　(3).區辨敘事基調
　(4).根據每一項訪談問題區辨出表徵意象及各項主題。
　(5).將上述各點交織成一篇脈絡連貫的故事
　(6).撰寫研究報告

★撰寫研究報告的方法可再細分為主要的六大步驟：

　(1).緒論
　(2).研究方法
　(3).研究結果
　(4).結果分析與討論
　(5).研究者省思
　(6).參考文獻

★對於你向訪談者表達自己的方式,訪談情境中的互動面向有什麼影響力嗎?如何影響你?

★你的個人敘事跟你所處的文化之間有什麼關聯?你都是運用哪一個主要敘事?這些敘事如何形塑你的經驗,以及未來的抱負?

★這類的研究方法是否能具體呈現出「單一」或「核心」的自我?有沒有什麼問題存在?這類研究方法跟其他主流文化中探索自我的研究方法之間,有沒有什麼關聯?(請參閱Simonds 1996)

▷ 延 ● 伸 ● 閱 ● 讀 ◁

※ Crossley, N. and Crossley, M.(1998) HIV, Empowerment and the Sick Role: A Modern Moral Maze, Health 2(2), 157-75.

Kohler Riessman C. (1990) Strategic use of narrative in the presentation of self and illness. Social Science and Medicine, 30, (11): 1195-1200.

Lucas, J. (1997). Making sense of interviews: The narrative dimension, Social Sciences in Health, 3(2): 113-126.

McLeod, J. (1997) Narrative and Psychotherapy (Chapter 3). London: Sage

McAdams, D. (1993). The stories we live by: Personal Myths and the Making of the Self. New York: William Morrow & Co.

Silverman, D. (1993) Interpreting Qualitative Data (Chapter 5). London: Sage.

Simonds, W. (1996) All-Consuming Selves: Self-Help Literature and Women ' s Identities, in D. Grodin & T. Lindlof (eds) Constructing the Self in a Mediated World, pp.15-29. London: Sage.

延伸閱讀註記

　　想要更深入地了解敘事過程，以及自我的建構，則McAdams
的書是必讀的經典。另一方面，當代社會透過心理治療和自
我協助的種種媒材問世，似乎不斷催生出多元的自我探索方
式。針對這一點，在McLeod和Simonds的文章中，有提供更深
入的探討，並且討論其潛在的正面與負面的影響。Kohler-
Riessman、Lucas、以及Silverman的文獻則都聚焦於受訪者
在訪談情境中的角色，其認為受訪者在訪談情境中並不是完
全被動，反而是主動地在建構他們的自我，具現了形成認定
的過程中所隱涵之重要的道德與文化基礎。

　　至於Crossley以及Crossley的文章，則是從愛滋病患的
訪談中，探討個人在建構認定的過程中，其富涵道德價值觀
的一面。

_____

_____

_____

_____

_____

第 三 篇

敘事心理學的應用

前言

　　當你閱讀到本書的這個篇章時，你應該已經完成了你的自傳的敘事心理分析。接下來的兩章，我們將進一步省視敘事心理學方法的應用。尤其是，我們將聚焦於兩類最適用於敘事心理分析的資料類型，包括已經出版的自傳、傳記和日記，以及生命史型態的訪談(life-history-type interviews)。在第六章中，我們會看到如何運用敘事心理方法來分析已出版的自傳，例如由童年遭受性侵害的「倖存者」所寫下的自傳。第七章中，我們將會呈現此一取向如何運用於訪談資料的分析，如與HIV陽性反應者所進行的訪談。

創傷敘事

　　第六章擷取自我先前從事的一項有關童年性侵害(childhood sexual abuse)的研究，主要係由女性倖存者所書寫的自傳式敘述（參見Davies, 1995a）。此一研究蒐集到遭受亂倫侵害者的個人敘說，以及與此類創傷事件有關的證詞。事實上，有些學者，如Frank(1995:71)主張，「發現自身的聲音」(find one's own voices)之需求，不僅限於創傷經驗，而是後現代文化的重要特徵。過去，扮演從屬性角色者（如婦女、工作階級、少數宗族、殘障人士）常是由局外人來書寫其經驗，以致「失去他們的聲音」(lost their voices)。因此，「以他們自己的聲音來敘說愈發顯得困難」，讓他們說話增長了他們對於自己聲音的追尋，而自我的故

事也不斷增長其內容(Frank, 1995: 71)。

　　對於各類型創傷的文獻探討，顯露了一個重要的主題，那就是「渴望見證」,(urge to bear witness)亦即「倖存者」需要去和其他人檢驗他們經驗的真實性(Tal, 1996:120)。如同Elie Wiesel所言：

　　我所尋求的唯一角色就是見證者。我相信，我藉著改變，僥倖存活了下來。我就有責任為我的存活賦予意義，讓我生命中的每一刻都有活下去的理由。我知道我必須要訴說這個故事。為的不是要傳承這個經驗，而是要真正地擺脫這個經驗。(Wiesel，引自Tal, 1996:120)

　　Jill Morgan也是一位童年遭受性侵害的受害者，她也用類似的話語說明了她的渴望：

　　我有個好朋友時常反覆地問我：「為什麼你要不斷重提它呢？它發生過，但也結束了。現在，忘掉它，繼續過你的生活。」只有藉著擁有我自己和我的過去，藉由確認和驗證我內在整體的純真無暇，我才能稍事休息，自己也覺得好過一些。(引自Tal, 1996:121)

　　這些人都有非常不同的經驗，但都申言他們是背負使命的說書人。應為倖存者的責任就是要「訴說故事」，而故事述說的歷程即是一種「個人重構的行動」(personally reconstitutive act)(Tal, 1996, 121)。如同Frank(1995)所言，受傷的人需要被關注和照顧，而三折肱成良醫，他們

所受的傷害也會成為能量的泉源，使他們能夠醫治他人的創傷。透過這些故事，「說故事的人不僅能發現他們的聲音，而且他也為那些無法發聲的人提供見證」（xiii頁）。藉著訴說他們的個人故事，使得曾經經歷過創傷的人「界定了自己所屬時代的倫理：聲音的倫理，使每一個人有權以自己的聲音訴說自己的真理」（xiii頁）。

我們經常會碰到曾經遭遇過各種疾病或創傷的人訴說著他們的故事，如此痛徹心扉且動人心弦。依據Frank（1995:48）所言，這些故事撼動人心的力量來自於故事的「事實」，及故事訴說過程中的痛苦遭遇二者之間的微妙連結。此一連結有著長長的歷史，可以追溯自古希臘時代「對事實和痛苦遭遇之間關係的重視，長期主導了我們的思維」（48頁）。在duBois（1991）對古希臘時代奴隸的研究中，她發現希臘奴隸常受到嚴厲的拷打，強迫他們提供不利於主人的證據。拷打似乎是一種生產事實的酷刑。從相同的哲學傳統，我們相信生病的身體和心靈確實可能生產出事實，而生病的敘事即是此類事實的表達。所以，「聽聞被拷打奴隸的敘事，和生病者的敘事，都依恃著一項信念，即處在極端痛苦遭遇之下的身體，確實會生產出事實來」（Frank, 1993:48）。

此種疾病和創傷的敘事並非毫無問題，誠如我在分析童年遭受性侵害者的個人敘事時所看到的一般，創傷研究領域中的大多數研究均受到人本學派的影響（參見Brody, 1987; Taylor, 1989），且傾向於假定其疾病故事可以像「投影片」（transparency）般反映出個人的經驗。然而，如同我們在第二章中所討論到的，此一取向並無法對個人經驗的社會建構以及故事如何奠基於權力之社會和政治關係，提供充分的說

明。在第六章中將會看到我如何對一份童年遭受性侵害的自傳式敘述進行詳細的個案研究，以試圖維護主體性，並描繪個人經驗的社會結構。如我們所見，此一研究計畫本身並非沒有困難，我們也將在本章的最後探討我們是否陷入如論述分析及後現代取向所遭遇的同樣陷阱之中。我們是否會「失去」個人經驗的「個人」面向？是否需要運用更為詮釋學取向的策略？是否「我們無法單純透過語言及其結構的分析….發現世界和我們本身」（Pucci, 1992:209）？如同Ricoeur所建議，我們是否需要「一個更為前置性和原初的想法，從我們存在於世界中的經驗出發，從對本體論條件之探討進展到語言的表達」（Ricoeur, 1984:78）？

隨著這些考量所燃起的曙光，我們將在第七章探討HIV感染者的存在經驗。我與被診斷出HIV陽性反應者的研究，旨在試圖探索此一診斷如何影響一個人的生活。我認為HIV陽性反應者所面臨的主要難題是他們常態（未來）時間導向的斷裂，嚴重影響了他們的個人生活和社會生活。人們因應此類斷裂的主要方式之一，是發展出不同的思考和生活的方式。本章中，這些時間導向會連結到許多在當代社會中具主導性的文化故事或敘事，以處理其疾病和創傷。這些都會在本章中以數個個案研究來加以深入探索。本章的目的即在於呈現實例以瞭解敘事心理學取向如何運用於探索經驗的「個人」和「社會」面向。在第八章，我們會回頭來更詳細地探討敘事、權力、社會和道德之間的關係。

Chapter 6

童年性侵害經驗的敘事分析

康萃婷 譯

女性主義有其倫理上與智性上的責任，去詢問關
於疾病（與）創傷等現有敘事之棘手問題。......我
們可以為區辨治療性敘事及毀滅性故事上，指引一條
明路。

(Showalter, 1997: 13)

前言

　　本章要討論的話題是，分析的敘事型式(a narrative style of analysis)要如何應用在與創傷有關的議題之中，例如童年期性侵害(childhood sexual abuse)以及主體性(subjectivity)與認定(identity)的建構。我們的焦點將會放在1960年代晚期至1970年代之間因對童年性侵害的關注而出現、目前更引起廣泛注意的自傳式敘述(autobiographical accounts)。撰寫這類敘述的女性使用了不同的「敘事」，好讓她們的經驗顯得有意義，也伴隨著包括認定、記憶、健康、疾病、責任的建構等根本意涵。這些敘事通常與社會─歷史氛圍有關，並對所涉及之事件提供了不同的、且有時是衝突的「道德觀點」(moral vision)。因此對於瞭解和「處遇」性侵害相關事件中的加害者及受害者雙方，它們也提供了很重要的啟示。我們也將藉由Sylvia Fraser（1989）年所撰寫的《我父親的房子：亂倫與療癒的記憶》(*My Father's House: A Memoir of Incest and Healing*) 中，一份有關性侵害經驗的自傳式敘述進行個案研究，更詳盡討論這些議題。本章中另一個相關的議題則可以在我先前發表的博士論文中找到，名為《Sylvia的療癒：童年性侵害與認定的建構》(*Healing Sylvia : Childhood Sexual Abuse and the Construction of Identity*)（Davies, 1995a）。

爲什麼要解構倖存者對童年性侵害的自傳式敘述？

　　本章的目的是要強調在有關童年性侵害的自傳式敘述中，自我、主體與認定被建構的方法，而在實質性、理論性以及實務性／道德性的層次上，「解構」（deconstruction）的歷程相當重要。

　　首先，就實質性(substantive)層次而言，童年性侵害有關的自傳式書寫，以及這些敘述中對於經驗證據的詳細描繪都日漸增多。第一部有關童年性侵害的自傳式敘述乃撰寫於1960至1970年代之間，很明顯的，它與女性主義意圖使「個人性」事務「政治化」（making the personal political），並將童年性侵害的個人「私密經驗」（private experience）置於較大的父權社會「公共領域」（public domain）中加以檢視之政治性行動，具有一定的關係（例如Angelou, 1969；Brady, 1979； Allen, 1980； Bass and Thornton, 1983；Ward, 1984； Armstrong, 1987、1996）。這些敘事中大部份都著重於這些書寫及閱讀策略的政治重要性，以建立（女性主義的）認定、社群和政治連帶（Martin, 1988: 80）。故事敘說、書寫及閱讀等活動均有其重要的任務，旨在對抗那些將婦女與孩童變得消聲匿跡、偏差、悖理及邊緣化的論述。因此，這類故事敘說被視爲是那些受壓迫的、沈默的一群，奮力尋求自我決定(self-determination)的一環（請

參閱Davies, 1995a：4）。

　　然而，早期敘事所記錄的事件並沒有持續出現在1980至1990年代之間的第一人稱敘述（first-person accounts）之中；後期的敘述受到所謂「療癒性」（healing）或「治療性」（therapeutic）敘述之重大影響（Davies, 1995a：4）。舉例來說，Kitzinger（1992）就曾以學術教科書、期刊、大眾心理學（pop-psychology）與自助手冊等做為這股趨勢的指標。在這類手冊之中，她引用了：《重新宣誓生命：遭遇亂倫的成人倖存者》（*Reclaiming Our Lives: Adult Survivors of Incest*）（Poston and Lisbon, 1989）、《療癒之路：從童年性侵害經驗中康復》（*The Healing Way: Adult Recovery from Childhood Sexual Abuse*）（Kunzmann, 1990）、以及《迎向彩虹：性侵害倖存者的進階療癒》（*Reach for the Rainbow: Advanced Healing for Survivors of Sexual Abuse*）（Finney, 1990）等書。雖然Kitzinger並沒有將第一人稱敘述的作品包含進這股潮流中，但就如同我先前所強調的，童年性侵害的自傳式敘述之發展也是朝向同樣的療癒策略。這些例子有：Sylvia Fraser的《我父親的房子》（*My Father's House*）（1989）；Jacqueline Spring的《放聲大哭與力爭上游：一位亂倫倖存者的故事》（*Cry Hard and Swim: The Story of an Incest Survivor*）（1987）；以及Cathy Anne Matthews的《突破：不再是兒虐的犧牲者》（*Breaking Through: No Longer a Victim of Child Abuse*）（1990）。在此提出最近這些敘事作品的原因在於，作者們所呈現的童年性侵害經驗是迥異於先前的敘事的（Davies, 1995a：5）；這也與上述所提出第二個實務性、道德性及倫理層次有關：也就是這種關注強調了個人經驗的特定概念，

對於亂倫事件的受害者和加害者均有實際的意涵，特別是從與「僞記憶症候群」（false memory syndrome）等相關議題的論辯來看更是如此（請參見Davies, 1995a: 15）。

在較爲理論性的層次上，探索包含著認定之建構的敘事，與我們在第一、二章中所討論的「社會建構」運動之目的、目標及關注焦點是有相關的。回憶一下，諸如後現代理論與論述分析等的分析取向，對於自我與認定研究中較爲傳統取向的「實在論」假定抱持疑的態度，對於自我、認定及記憶等「主體歷程」（subjective processes)可以被視爲是「先存」（pre-existent）或「內部」（internal）、甚至於「超越」（beyond）存在於語言與敘事限制等的假定，也是抱持著批判的態度。舉例而言，我們曾從社會建構論的取向出發，來批判衆所周知心理學中的佛洛伊德概念－也就是鼓勵大家將自過去擷取記憶的過程視爲是一種「考古學式」的探掘（archaeological dig）。不同的是，心理治療取向所強調的敘事理論，傾向於將擷取記憶的過程當作是更爲「對話性的」（dialogical)過程；記憶也不僅僅是「擷取出的」（retrieved），它更是由治療者與當事人之間的治療性互動過程所主動地建構出來的。這個議題將在本章的討論之後愈顯明白，特別是當我們考慮到當代「療癒」取向中有關童年性侵害的自傳式敘述時更是如此。這是因爲許多這類的取向都是從心理學中佛洛伊德學說出發，並傾向於將個人「記憶」與「經驗」視爲是未受到文化敘事、實際和意識形態等的影響。從敘事心理學取向來切入，我們將會證明那些遭遇童年性侵害創傷的「倖存者」所建構出來的身份認定，不可避免地都與詮釋、語言及敘事息息相關。

個案研究

《Sylvia的療癒》係藉由一個女性講述她如何從亂倫創傷中存活下來的故事，為敘事實務提供了一個詳盡的個案研究，它是從Sylvia Fraser（1989）名為《我父親的房子：亂倫與療癒的記憶》的自傳中所摘錄。而這個研究也透過了自傳的歷程創造出個人的故事。Fraser描述她小時候慘遭父親毒手的性侵害經驗，而為了處理那段受虐的情形，Fraser將她自己「化身為二」：因此，在七歲的這個年紀，她擁有的是一個「他我」（other self）─一個因為父親需要而從事性行為的人。成年之後，Fraser罹患了失憶症而喪失了對這些事件的所有記憶。重新喚起這些孩童時代的創傷經驗之記憶，使她從心理上的分裂逐漸進展到「療癒」的狀態。

心理分析／治療性敘事

這本《我父親的房子》主要可以分成五個部份：(1)回憶（Remembering）；(2)救贖（Rescue）；(3)退化（Retreat）；(4)揭露（Revelation）；(5)化解（Resolution）。經過我對文本的分析，我們可以很清楚地發現，這些章節的呈現其實是奠基於佛洛伊德在1914年《回憶、再經歷及修通》

（Remembering, repeating and working through）一文中所提出的心理進程（Freud, 1956: 145）。這個心理分析模式或敘事提供了整份文本的基礎，也將Fraser的經驗依著一個既定的方向建構，例如，在建構與描述她的經驗時，所使用的「潛意識」概念就是由心理分析理論而來（Davies, 1993）。

聲音與自我

在講述故事的過程中，Fraser使用了許多不同的「聲音」（voices）。明白這些不同的聲音在文本之中彼此相關是十分重要的，每一種聲音（我們假設它們也呈現出Fraser不同面貌的「自我」）也唯有在與其他不同聲音相關聯時，才會顯出其意義。在這裡我們再一次重覆第三章與第五章中所提到的，訪談與治療過程中的「對話關係」（dialogical relationship），Fraser文本中的聲音彼此活潑地相互作用著，如同訪談者／受訪者、治療者／當事人一般的相互影響。此外，我們可以從第一章中有關Mead及其對於自我概念的分析中，找到另一個有用且相似的例子：亦即讓我們看到了認定與時間之間的不可分割性－只有當我藉著過去時態看到及經歷到「我」（me），我才能夠經驗到「我」（I）（Mead, 1967: 174）。

在Fraser的書中，基本上有三種聲音是以第一人稱「我」（I）呈現的，我們可以分別將它們稱為「詮釋性聲音」（interpretive voice，簡稱為IV）、「敘事性聲音」

（narrative voice，簡稱爲NV）以及「潛意識聲音」（unconscious voice，簡稱爲UV）（Davies, 1995a: 32）。如同我先前所論述的，這些聲音反映了自我的部份面向，反映出心理分析模型對《我父親的房子》中事件的形構所產生的影響；這三種聲音可以視爲是由Freud所提出的心靈的三元模型。舉例來說，詮釋性聲音所表現的是一個統整的及受壓抑的自我或心靈，當Fraser在書寫之際回顧過去的經驗，並且進一步地將其加以統合爲一時，這個聲音就會冒出頭來；這是一個「已療癒」的Fraser，一個曾經歷了許多極端痛苦的經驗，並且決定要「存活下來」的人。也是這個聲音在文本開端的作者註記中告訴我們：「我在此所說的故事是我的親身經驗。由於罹患了失憶症，直到三年前，我對其中的絕大部份都是一無所知的......」（Fraser, 1989）。可以說，這個聲音的權利是來自於對過去事件的「反思」。在此，Fraser所扮演的角色宛如探究她個人生活的歷史學家，將那段她確定存在卻無法靠近的時間及其間發生的事件，做了一個回顧，且提供了全面性的觀點。

相反的，敘事性聲音呈現出來的是心靈的「面具人格」（persona）面向，是一種展現在他人面前、回應那些外來強加於己身社會規則的「公眾」（public）面向。在整本書中，這聲音是以現在式時態呈現著，並且勾勒Fraser不同成長階段的樣貌。而在故事的不同階段裡，此一聲音的語言及風格是Fraser再熟悉不過的了。比如說，在第一章描寫到作者童年早期的生活時，那些聲音說道：「我就坐在我爹地的大腿上玩著井字遊戲」（Fraser, 1989: 3）；另外，在另一章中提到青春期的情形：「我們前往Hamilton高中，用一種成熟

女性的姿態將活頁本抱在胸前，以粉碎任何我們可能會遭遇到的謠言......」（第66頁）。可以說，敘事性聲音所描繪的是一連串持續進行的活動，一個在文本發展的過程中仍舊被形塑著的「此時此刻」（here and now）。因此，不同於詮釋性聲音中的事件，在敘事性聲音之中的事件特徵，受到與自傳中各個特殊階段有關的時序領域所限制（Davies, 1995a: 33）。

　　第三個「潛意識聲音」意謂的是佛洛伊德學派的「潛意識」；這部份的心靈是意識層面的心靈所無法觸及的，但實際上卻對個體的行為與情緒產生莫大的影響（有的時候它也被稱為「本我」（id））。在文本中，UV是以斜體字的呈現方式被區隔出來，而與NV相同的是，它也是以現在式時態予人一種事件是從經驗的、主觀的觀點出發之印象。此外，不停地穿插在NV之中出現，UV讓人感受到它的自發性，以及從潛意識到意識的知識蔓延。舉例來說：「我父親叫我進入他的房間。雖然**我的母親也在家，但是我的『他我』知道他叫的是我而不是我母親**」（Fraser, 1989: 5）。

敘事與經驗的描繪

　　在此之前，我已經說明了Fraser的整個文本可以說是由心理分析或是心理治療性敘事所形構出來。然而，此一敘事型態並不是唯一的，其他還包括了典型的「女性主義」敘事，將Fraser在童年時所遭受到「個人的」受害經歷，連

結到父權社會中常見的對待女性方式的「政治性」議題。
《Sylvia的療癒》一書的主要目標之一是呈現出這兩類敘事
在《我父親的房子》之中是如何並存的；以及基本上，治療
性敘事是如何主宰了女性主義敘事，進而將孩童性侵害經驗
的特殊陳述導引至更為實際且更賦有道德意涵的境地。緊接
著，我們將會透過下文的分析，以呈現出這個過程是如何發
生的。

「初步的敘事」

　　Fraser書中第一個部份的標題爲「回憶」（recollection）
，以「自由聯想」（free association)的方式，依時間先後
順序敘述Fraser自童年早期到她二十餘歲嫁作人婦爲止的敘
事。這個部份佔了整本書一半以上的篇幅。呈現在「回憶」之
中的素材可以說是至關重要的，因爲它所涵蓋的素材可以
被視爲是「初步的敘事」（primary narrative）。我之所以
會這麼說，是因爲在其後的篇章中（描繪出了「修通」
（working through）的心理分析程序），爲了讓Fraser能夠
對其歷史有更適宜的了解與掌握，這些「素材」（material)
中的特定部份將會被挑出來「處理」（work）。就如同我們所
見到的，這個選擇與詮釋的過程非常重要，使得《我父親的
房子》中事件具有其限定的內涵。此外，有兩個基本議題
與兩組時間表被放在這個部份，它們被命名爲成：(1)「私
人的」傳記時程（private biographical timetable）；以

及（2）「公眾的」傳記時程（public biographical timetable）。接下來我們就要再分別對這兩部份進行更細微的介紹。

「私人的」傳記時程

這個「私人的」時程大致上與Fraser的童年生活有關，因為敘事性聲音所描繪的是Fraser的童年世界，包含著象徵(symbols)與主題(themes)的整個範圍於焉建立起來，而這些之所以重要，是由於在稍後的文本之中，它們將會以潛意識的「他我」世界來表達。

第一個主題是有關遺傳的，以「童話故事中的公主」做為象徵。比如說，當Fraser五歲的時候，有一天她與母親走在超級市場中，有一位小姐說道：「多麼漂亮的金色鬈髮啊！真像是童話故事中的小公主一般」（第5頁）。這些金色鬈髮同時也連結到她童年時候，她的父親一邊把玩著她的頭髮，一邊告訴她說在他是小嬰孩的時候也有著一頭一樣的鬈髮。另外，Fraser的祖母，她稱為「那個祖母」以一只珍珠般的梳子來回地梳著她的頭髮，並讓Fraser明白：「她彷彿是在看一面鏡子一般，……『妳從妳父親及我身上遺傳了這頭漂亮的金髮，……宛如童話故事中的公主一樣』」（第18頁）。另外一個與遺傳有關的主題是「Estelle姑媽」，她是Fraser父親的姊妹。整本書中，對於Estelle姑媽與Fraser的父親年輕時曾有的亂倫關係有著模糊的影射。而較

強烈的家庭聯結描述，是當她因為祖母的一個再見之吻而產生了受驚嚇的想法：「為什麼這個老女人的吻會讓我感到如此的憎惡？說真的我並不知道，我也不能說。**真正的事實是屬於我的他我，而它又是如此的殘酷：「那個祖母」那鬆垮垮的面頰是如此的粗糙，就如同父親的陰囊一樣**」（第19頁）。隨著文章繼續地發展下去，一切也顯得更為清晰了：呈現這些與遺傳有關的象徵，是為了突顯那些發生在Fraser與她父親之間的亂倫關係，原來是不幸家庭的歷史產物。

事件以一種潛意識的「他我」樣態進一步地定位在家庭歷史的脈絡之中，就如同對於諸如Estelle姑媽以及「那個祖母」的描述，是透過他們與家庭歷史的關係來進行，對於場域的描寫也近似於此。舉例來說，許多事件的定位並不是在一些「公眾的」可識別的空間；相反的，發生在「他我」的事件大多出現在「我父親的房子」中的一些私人空間，特別是在房子裡的「單人房」中。此外，「『那個祖母』的房子」則被描述成與「他我」有關的空間，例如對於兩棟屋子的比較是這樣寫的：**「就如同每一個在『那個祖母』屋子中的人都聾了一般，所有在我父親的房子裡的人都瞎了」**（第21頁）。包括聾與瞎在內的兩個主題都指向了另一個重要的象徵：那裝飾用的「代表不見、不聽、不說的猴子，就在那收音機的操控面版上」（第9頁）。這些的裝飾所表示的是當家人們知道了性侵害事情時的反應是別過頭去、轉身離開，一個亂倫「失能」家庭很典型的「症狀」。

心理疾病、死亡與自殺這些主題也和遺傳這個主題無關。「貓」可以說是將書中所有主題帶出來的一個重要象徵，

它被介紹的時機是當Fraser的父親威脅她不可以說出性侵害的事情：「**如果妳敢（把這件事情）說出去，我一定會把妳的貓扔進池塘裡，以作為妳出賣我的代價**」（第12頁）！

伴隨著衰敗（decay）這個主題，墮落與遺傳同樣也是「他我」生命中「充滿魅力」、不可預測、令人興奮以及「浪漫」的面向。這個主題也因為受到佛洛伊德「伊底帕斯情結」（Oedipus complex）理論的影響而顯得更加明顯。類似的「魅力」也呈現在對「Lawson家庭」－Fraser學伴Lulu的家庭－的敘寫之中：Lulu的祖母曾經是一個女演員，而她的雙親「看起來就像是電影明星一般」（第29頁）。Lulu的父親Paul Lawson是一名海軍上尉，Lulu拿著父親身著白色軍服的銀框相片問Fraser是否也認為「Paul像極了克拉克蓋博」（第31頁）？她親吻著父親的相片，並且一直到她找到一條上面沾有父親氣味在上面的舊手帕才肯上床睡覺。Fraser形容當時的自己是深覺嫉妒的，等到Lulu上床睡覺之後，她便拿過那條手帕並且假裝那是屬於自己的。

存在於Lawson與Fraser兩家之間的聯結，也在其他情況下出現。Lulu那座落於「Delaware大道上的白色大房子」讓Fraser想起了Estelle姑媽居住的、屬於「那個祖母」的房子，差別只在於Lawson房子裡的每一樣東西都是佈滿灰塵的（第30頁）。同樣的比較也出現在Lawson太太與Fraser的母親之間：例如，Lawson太太與Fraser的母親都在做著志工的工作，但是與後者不同的是Lawson太太「手中拿著自己戴著綴有面紗的帽子的肖像畫」。在稍後的章節中當戀父情結更加清楚地描寫時，這些相關聯結的重要性也益發地清晰。

　　暫時來說，對於Lawson太太與Fraser的母親之間的比較是重要的，因為它帶出了母女間對抗、競爭及嫉妒的議題。關於母親嫉妒女兒的這個主題，在整本書中是很明顯的，並且以她那「表示反對及責罵的嘴唇」為象徵，比如說：當母親發現Fraser觸摸著自己兩腿之間時，她打了Fraser一耳光，並且咆哮：「別再讓我逮到妳有類似的行為」（第7頁）；無視於母親的警告，Fraser躺在黑暗之中，兩手放在雙腿之間，嘴裡唱著：「別再讓我逮到妳」，並且「把自己的嘴唇扭成母親那樣」（第7頁）。同樣的，當Fraser躺在父親的床上被性侵害時，她瞪著床頭板上的紙卷，並且把它想像成是母親在責罵人的雙唇。

　　要全面檢視「他我」的私人生活中所有有關的主題與象徵是非常困難的，一方面是因為數量實在是太過龐大了；另一方面則是由於它們彼此之間是互相交纏的。在這裡所要了解的是，這些象徵與主題以什麼方法將孩童性侵害經驗加以定位為家庭遺傳的產物，以及是「私人」童年的傳記。

「公眾的」傳記時程

　　如同我先前所述，在文本裡的第一個部份中，有一個同時並存的「時程」。相對於「他我」的「私人」家庭世界，敘事也將Fraser的「公眾的」社會與歷史脈絡－特別是父權制度－按時間排列加以刻劃。這種描述的型式讓發生於Fraser家中的事件呈現出典型的「政治性」女性主義觀點，將「個

人」與「政治」做了一個聯結。

　　舉例來說，敘事中第一個發展的「面具人格」是當Fraser還是小孩子的時候，將對於孩童經驗世界的描繪緊密地定位在父權核心家庭的「公眾」脈絡之中，包括Fraser與她母親在內都被視為是父親權威的附屬品．例如：「我父親他坐在那張使喚我的椅子上……，含糊不清地說著：『去拿削刀來給我』！……等父親削好了他的筆，『拿回去』」（第13頁）。而母親則被描寫成依賴丈夫提供經濟來源、委曲求全的家庭主婦，關於這點我們可以從孩子要反抗父親的性侵害時看得很明顯：

不顧一切的想法讓我變得大膽，最後我這麼說道：「我要去跟媽媽告狀！」我的父親則是以威脅代替了賄賂：「如果妳這麼做，那就把所有的玩具都還給我！」我算了算我的損失：我的Blondie以及Dagwood圖板、彩色童畫書、蠟筆。「媽媽把那些東西給了我，那些是我的了！」「是我付的錢，這個房子裡的所有東西都是屬於我的，妳的媽媽也會完全聽命於我」（第11頁）。

　　當讀者閱讀到一個年幼的孩童遭到父親所帶來的痛苦經驗，我想，你們一定能理解到孩童受制於父親權力所產生的驚惶、害怕以及無助等意識。舉例而言，在本章的開端，讀者可以聽到一個孩童以無邪的聲音告訴我們：「我爹地以膝蓋夾住我的雙腿，我數著自己擁有的零錢，幻想著它們已經變成了糖果屋中的糖球及甘草糖。……我爹地和我分享著彼此的秘密」（第6頁）。隨著章節的進行，孩童的恐懼與沮喪

也日漸增加：「**他的汗水滴在我身上，我並不喜歡他潮溼的臂膀。他潮溼的雙臂弄溼了我，......我卻不能對此有任何的抱怨，因為我害怕我爹地將從此不喜歡我...不喜歡我...不喜歡我**」（第11頁）。「**現在當父親與我玩耍的時候，我會緊皺著雙眉，以致於我什麼也看不見。我並不想要他的零錢、糖果或餅乾，我通常將它們放在我的枕頭底下。而當父親在欺負我的時候，我會摒住呼吸、儘量不讓眼淚流下來，因為我的父親會因此而不愛我愛我愛我**」（第11頁）。在上述發生的情景中，對於這個孩童的描述著重在她居於家中領導者－父親－之下的附屬地位。

　　更甚者，當Fraser逐漸長大並且開始上學，日益清楚的是，那些父親加諸在她身上性侵害的經驗並不單純是個特例，也不僅是她偏差的父親或家庭所特有的習性而已。在學校裡，她開始接觸到其他也遭受到性侵害的孩童，Magda Lunt，一個被其他小孩所排斥的孩子：「**Magda的父親痛打了她一頓！天哪！她的身上發出死魚一樣的臭味，我知道那種氣味的，我也曾經在我身上聞過。那是一種......害怕的味道，那是......父親不再愛我的味道**」（第20頁）。這兩個小女孩因為父親們對她們性侵害而結為朋友。這種孩童的性侵害經驗並不只是一個「私人的」經驗；更甚者，敘事中暗含的是一種對於事實日漸增加的意識，亦即這些私人的經驗或許反映的是一種集體的現象。此種對於事件的詮釋之所以得到支持，是因為Fraser並不僅僅受到她父親的性侵害而已－Brown先生，一位在1944年夏天向她父親租屋的房客也傷害了她。

　　這類女孩與婦女經驗的集體性持續延伸到青春期的描述之中，以一種批判1950年代道德價值觀中「處女情節」（cult of the virgin）的虛偽的型式來呈現。這是一個由男性權力主宰的世界，而諸如此類的權力是以男性的暴力和男性的所有權與持有物的面貌示人。舉個例子來說好了，Fraser的青春期經驗可以說都是由男孩與男人施加在她身上無禮的性行為所主宰：她曾在電影院中被兩個男孩性攻擊，他們以手「抓」她的毛衣，並且「深入」了她的裙子（第50頁）。此外，Fraser也遭受到口語上的挑釁：一個男孩子對她說：「下一次妳最好穿上錫製的褲子，因為我們一定會好好地痛打妳一頓，而妳將……」（第57頁）。性侵害意味的話語在她們為學校足球隊加油時，也曾經直接地出現在Fraser及啦啦隊員的面前。當她們在場邊歡呼的時候，淫穢的詞語「就像是使用過的衛生紙般翻滾了出來」：「『好個金髮女郎！繼續晃動妳們的乳房吧！』當這些話惹得觀眾哄堂大笑之際，另一個聲音又響起：『胯下！胯下！給我們胯下吧』」（第88頁）。身為啦啦隊員，Fraser形容那些女孩所擁有的「自我，是對於自己成為他人笑柄的虛偽有著嘲弄的覺察」（第70頁）。

　　還有一些發生在學校裡的性騷擾案例。Fraser看到一張「破損的學校選舉海報」，那上面「我的嘴唇變得火紅，我的頭髮被畫成了金黃色。原本寫著『經歷』（EXPERIENCE COUNTS）的標題，也被改成了『有經驗的陰道』（EXPERIENCED CUNT）」（第91頁）。另外，Fraser也曾經接到騷擾電話以及誹謗信件。為數眾多的具體化事例，實際顯示了父親的侵害行為與那些存在於廣大社會的事件的敘事二者之間有著相當

類似之處。好比說，當Fraser的父親第一次嘗試完全的性交時，Fraser感覺到：「......**被使用過了，並不像是某個人被另一個人所剝削，倒像是一枚使用過的保險套被丟棄在路邊的排水溝裡一樣......她現在長大了，能夠完全地了解她是如何地被背叛了**」（第43頁）。

　　存在於經濟、性、所有物以及自由之間的關聯，也被明白地描繪出來。在等待進入電影院的時候，Fraser想起：「約會的第一個規矩：放棄經濟的自主就等同於放棄個人的自由」（第48頁）。在一個睡衣派對上，男孩子們全部擠在牆邊看著女孩子們「羞恥地像個沒有人要買的商品一般，在他們面前晃來晃去」（第61頁）。此外，在學校的舞會裡，Fraser的男伴就這樣緊緊地將她箝制在懷中，讓她覺得自己是被「擁有」的。也因為在她身上「經濟的投資」是如此地高，所以我們並不常在文本中看到Fraser與其他男孩子跳舞的情節；也總是在被「歸還」給男伴時，她的心中會浮起一股的罪惡感：「**就像是爹地的那個調皮的小女孩，是讓人感到不快樂的**」（第86頁）。再且，當她的男伴從舞會中帶她回他家時，Fraser會認為「提供服務」是天經地義的事情：「這不是第一次的約會性行為，但是我已經從他身上得到許多的東西了，......我會覺得自己是欠他的，身為一個誠實的店家，我是應該要提供一些什麼的」（第86頁）。

　　意識形態權力，一個決定語言、思想與實際的權力，同樣無可避免地與經濟權力有著密切的關係。從這個角度出發，男性對於現實是擁有決定的權力的。這個現實是Fraser青春期的現實，名之為「外貌」（Appearance）。「外貌」必須要達到男性定義的標準才算令人滿意；因此，Fraser與

其他的女孩子們是從「男性的眼光」來看自己（第64頁）。因為「好萊塢影片都這麼演」一個紳士所喜愛的是金色的頭髮，所以就「外貌」而言，金色的頭髮是「標準配備」（第75頁）。也由於約會是Fraser就讀的Hamilton高中用以衡量一個女孩是否受歡迎的標準，所以「外貌」在她的約會手札中「無止盡地蔓延著」（第65頁）。

此書的這個部份之外，還有一個令人矚目的主題，那就是每一個女孩或婦女在男性為主的世界中所經歷的真實，被描繪成漸增的虛假與非真實型式。Fraser被形容成在「外貌」的要求之下，對於表現的經常性壓力感到十分的疲倦；就彷彿自己必須不停地為了成為表演的一部份而做準備。她的朋友Lulu則被描述成為「總是身為其中的一份子，就像是我一樣」（第81頁）。就像那些瞧不起她們的人所想的那樣，類似的經驗導致了一種狂怒、氣憤、罪惡及害怕的混合感受。我們可以由發生在青春期的自傷事件，看到許多的憤怒與沮喪，比如說Fraser曾以香煙燒燙自己的手臂卻沒有任何的感覺；她讓自己的手臂完全被疼痛所覆蓋，「直到被自己的喊叫聲所湮沒才停止」；除此而外，Fraser的經期停止了，體重也掉到了98磅左右。然而以類似的經驗來看，Fraser並不孤單，似乎她的許多朋友也同時罹患了同樣的「歇斯底里症」（hysteria）：Babs得了厭食症與神經衰弱；Lulu懷孕了，卻想要把它拿掉，穿著同樣引人注目的裙子與外衣，並且拿著書本企圖掩蓋她那日漸隆起的肚子。

從男性社會、經濟與意識形態權力而來的恐懼與沮喪，使Fraser陷入歇斯底里，並幾乎致使Fraser精神崩潰。正當這些要發生的時候，Fraser遇到了Danny，她後來的丈夫，並

且墜入愛河。Danny是她的「王子」,「拯救」並且「療癒」她,帶領她脫離了混亂。文本在這個點上,以近乎開玩笑的口吻宣稱「愛情」是有療癒力量的,為她帶來了「真理」(real truth),以及這個世界真正的「真實」(the real reality)。「於是,英俊的王子親吻了沈睡中的公主,然後......,然後......。不,它並不是這樣運作的,這終究是真實的生活」(第113頁)。相對於如此夢幻的浪漫想像,故事持續描寫婦女對於愛情的「真實生活」經驗。當Fraser高中畢業,在進入大學之前的暑假打工時,她學到了「新的詞彙」─「失敗的救贖」(failed rescue)以及「未竟的希望」(unmet hopes)(第112頁)。單身的女子渴望著「真命天子」(right man)來解救她們,卻忽略掉那些已婚婦女並沒有得到救贖啊!所以那些結了婚的婦女就夢想著以購買「對的房子」(right house)來挽回自己的婚姻與孩子!

在Fraser進入大學之後,「處女情節」仍是多數女大學生根深蒂固的想法。「也一如往常,男人總是想和『她們』發生性行為,『他們的需求與我們的反應』」(第129頁)。再一次,男性權力與經濟地位有了掛勾。醫學與商業行政系被視為是「選擇男性的狩獵場」,因為一次「成功的狩獵」包括了「中上階級收入的保證」(第122頁)。另一方面,多數的女孩則是選修藝術領域或是秘書方面的課程,反映了「一個女孩最快樂的角色就是成為妻子及母親」的信念(第121頁)。這樣的信念也在Fraser與哲學系教授Wynne討論她的職業選擇時得到了支持。他告訴她,她所居住的世界是一個「愚人的天堂」,沒有人會將女性學者放在眼裡,特別在哲學系裡更是如此。值得慶幸的,當他做這樣的評論時,Fraser

已經訂婚了。Wynne教授經常告訴他的妻子，於用餐時間在他們小孩面前的「簡單示範」，從古典教育的角度來看，以古拉丁語來閱讀學術文章遠比他在學校講課要好的許多（第136頁）。

透過以上的回顧，很明顯的在《我父親的房子》裡的第一個部份並存著兩個不同的議題。第一個是潛意識「他我」的「私人」世界，在其中遺傳與亂倫的主題被視爲是失能家庭歷史主宰下的產物。第二個則是較爲「公衆」的論點，也就是女孩與婦女「個人」的經驗被置於廣大父權社會的歷史與社會脈絡之中。接下來的第二個部份「退化」，所呈現的是「修通」的心理分析過程。一如我先前所述，在這一個階段中如何挑選與處理這些初步的敘事素材，也就同時決定了本書將從那些議題來看這些事件，故依循著這個選擇過程是如何發生的論證來進行分析。

「修通初步的敘事」：
優先處理的「私人」傳記世界

文本的第二個部份開始於描繪Fraser三十餘歲後期、被消沈的情緒所掌控的生活：「宛如一隻被毒殺的青蛙般」，沮喪從她生活中的「裂縫」滲透出來。一個「劊子手的索套」影像讓Fraser感到十分困擾：「那是我在晚上臨睡前所看到的最後一件東西……，它填滿了我的每一個夢，……它就這樣垂吊在我的眼前」（第146頁）。與家庭歷史的聯結也

出現在此：「**迄今我還不是十分明白，我的外祖父在他四十四歲那年上吊自殺，而另一個阿姨在不久後也步上後塵**」（第146頁）。

這些Fraser所經歷的沮喪促使她出現退化的現象，回到心靈發展的早期階段；意即回復到文本前三章中早期童年生活所出現的一些象徵與主題。舉例來說，Fraser形容自己：「是被記憶所迷惑的」，並發現她自己被一股使命感酖使而回到童年時期常去的地方（第148頁）。當她回到了她父母的家，並前往父親的閣樓巡了一回，她看到一張她在小時候所繪、著實令人感到困惑的圖畫，是有關一隻懷孕的、像似魔鬼的泰迪熊。於是乎，在懷孕、自殺、死亡與邪惡之間的關聯就這樣發展著，一如她發現她在一個會議中心神不寧地亂寫。她繼續地回顧並發現到：「Umcline（她童年的那隻泰迪熊）有著一個懷孕的肚子，而他那令人賞心悅目的領帶最終竟出乎意料地變成了劊子手的索套，一個完全的圈套」（第148頁）。

出現在這一章裡的敘事性聲音主要聚焦於Fraser先前的一份小說《潘朵拉》（Pandora），而在潛意識的「他我」力量之下，這也變成了一部關於她七歲以前生活的小說：「**我的『他我』學著打字，她打著我的鍵盤，揚起了許多反抗的記憶－意識素材流**」（第149頁）。而當「他我」控制了《潘朵拉》的撰寫，Fraser也失去了所有連續時間的足跡：「日漸漸地變成了週。週又逐漸化為月。秋去多來，然後再進入了春天的時節」（第149頁）。Danny提醒Fraser說她似乎沒有注意到時間的流逝，而Fraser則解釋說她的手稿已經超過了2000頁之多，「以歇斯底里的第一人稱撰寫，......就像是

從她身上不斷湧出的痛苦一般，只是她未嘗知覺到這個她的存在（第151頁）。「在1971年的某一天」，敘事性聲音這樣告訴我們說，《潘朵拉》已經完成了，「有255頁之多，以一種與我完全分離的樣貌存在，而它創作的環境或多或少對我來說仍舊是個謎」（第151頁）。然而，有一點很重要的是，雖然「他我」藉由《潘朵拉》一書而「得以發聲」，但他也避免了因為揭露某些不利的秘密會導致的問題，這會被一直壓抑著。

緊接著名為「三角關係」（Triangles）的章節指的是有關戀父情結、家庭關係與「私人的」傳記之間主題發展的可能性。潛意識的力量與權力從開頭的陳述中可以得到明確而詳細的了解：「就如同眾人接受牛頓定理一般，有一種人類本質的法則也是如此，那就是所有隱藏在心靈之下的事物都會為了顯現自我而掙扎」（第153頁）。而私人「他我」的議題在此時也以全副的力量佔領了Fraser所有的生活。究竟那是什麼議題呢？讀者們所了解到的是它包含了「他我」「對於初戀的懷念」，也就是那個現在希望「再次與父親重聚」的「他我」（第153頁）。Fraser在典型的心理分析形式中，做了如此的闡述：「我的他我渴求一個父親的替身，他我和我一樣都會受到已婚男人的吸引。已婚男人就像是個國王，三角關係讓他我得以討厭他的皇后，投射出她對無能力保護她的『母親－對手』的嫉妒憤怒」（第153頁）。

這裡，對於諸如「初戀」、「父親的替身」、「三角關係」、「投射」、「嫉妒」及「母親－對手」等詞彙的使用，很明顯的是心理分析敘事的回響。也點出了在這一部份中Fraser對於通姦（adultery）的看法。

有一個與Fraser先前的「私人」傳記有關的重要象徵與主題，貫穿這一個章節且為了呈現通姦情節而做準備，那就是她的「他我」的「關聯」（relational）世界。發生在Fraser童年玩伴Lulu Lawson家中的通姦行為就是一例。Lawson的屋子在先前的敘述中是和「那個祖母」的房子有所連結的，並且與遺傳、衰敗及死亡產生了關聯；它「讓我聯想到那棟Estelle姑媽居住的『那個祖母』的房子」（第30頁）。隨即，先於那些通姦情節的出現，與過去家庭歷史之間關聯的聯結被建立了起來。Fraser與她的母親及姊妹一起拜訪她的父親，一個在醫院之中、體弱多病的老年人，而這樣的情景讓人不禁回想起在《我父親的房子》前面部份、他們每週拜訪「那個祖母」的橋段。的確，這個敘事之中的聯結是Fraser記憶起小時候在每個週末對「那個祖母」的例行性拜訪。而在醫院的景象裡，相關性則是出現在Sylvia與Estelle姑媽之間（Sylvia的父親與姑媽之間曾經發生過亂倫的事情）。當父親睜開雙眼，並且凝望著Sylvia的臉頰，他說道：「謝謝妳來看我，Estelle」（第170頁）。此時，Sylvia的「他我」在她的內心中尖叫：**「不是Estelle姑媽啊，是我」**（第170頁）！就如同我們之前的敘述，Estelle姑媽的角色其實是以家庭歷史的形式來點出這個家庭反覆地出現亂倫的事件以此作為Sylvia被性侵害的理由。

在通姦的事件中，出現於Sylvia童年傳記裡的重要角色被放在最重要的位置。舉例而言，我們在此遇見了Lulu Lawson的父親 Paul Lawson，一個與成年的Sylvia有關的人。他在此成了父親形象的替身。在此要請各位讀者再回想一下Sylvia曾在小時候，因為Lulu的英俊父親而嫉妒Lulu的

片段。在這一章中，Paul告訴Sylvia說他從未能夠「將她的影象從腦海中抹去」：「『妳是如何看待...』」他問我，「『妳高中好友的父親......，一個糟老頭』？」（第161頁）。在亂倫事件的課題之外以及性交實際發生時，「他我」又主宰了局面。這裡以粗體字（潛意識聲音）來敘寫會顯得較為清楚。比如說，「Paul打開了門，穿著一件浴衣站在那裡，他那灰白的頭髮似乎因為淋浴而顯得又溼又亂。**我的爹地身著他的內衣坐在床上**」（第176頁）。然後，「凝視著我的雙眼，Paul讚嘆說：『太神奇了！難道不是嗎？從我十七歲以後我就沒有如此衝動過了』！我的爹地和我分享著彼此的秘密」（第171頁）。這裡必須特別指出的一點是，「他我」的行為模式被描繪成十分的幼稚。例如，潛意識的聲音所使用的語言通常都與孩童的詞彙有關，包括了「爹地」、「泰迪熊」、「奶奶」、「小女孩」、「落難的公主」；而她的行為則被形容成「輕浮的」、「胡言亂語的」以及「幼稚的虛張聲勢」。

從以上簡短的瀏覽，我們可以發現在《我父親的房子》中「修通」的階段很顯然的是從先前「私人」傳記自我的時程中仔細地揀選素材，而它的重點則是在於遺傳、私人的家庭歷史與主宰。意義敘事架構的選擇，對於以下文本的發展將會有很大的影響。「公眾的」時程的選擇過程主要受到女性主義敘事的影響，它在文本後面的部份中是次要、不常被提及的。此外，不僅是心理分析敘事在目前被置於優先的地位，它同時也以與女性主義敘事有關（例如童年的性侵害、愛情、婚姻及心理疾病），以一種事件的「再詮譯」（reint-erpretation）方式在運作著。其影響則是呈現了這些事件

的心理分析觀點，使這些事件具有其個人化的意義，且去政治化。接下來的分析則是要闡示如何透過童年性侵害、愛情及婚姻等相關的主題來達成心理分析敘事？

選用女性主義敘事

幼年的性行為

　　首先，心理分析敘事以「幼年期的性」(infantile sexuality)這個議題，帶出對文本第一部份中所呈現之女性主義論述的再詮釋。在通姦事件的場景中，Fraser將「他我」描述成支配著她的行動，並質疑她的「動機」，以及當初與她父親發生性行為的年幼孩童的純真。好比說，Paul在與她發生性行為之後，在他開門之際為了自己幾乎是從Fraser身上「躍起」的行為感到抱歉；然後，他問道：「就只是問問而已，妳究竟為什麼要來」？Sylvia一開始說了一些「冠冕堂皇的理由」，但過了不久後，她沈默了。「只是為了這個」，她回答道。就如我們先前所見，通姦的事件發生在她退化的過程之中，也就是意謂著它可能是童年事件的直接重覆罷了。的確，文本嘗試透過大量使用粗體字來營造出這樣的印象。因此，對於重覆事件所下的註解，Fraser給予Paul的答案（也就是，為了性），同樣暗指了當她還是個小女孩的時候，「造訪他父親」的寢室，也是渴求性愛的。

　　然而，有一點必須特別提出來的，是將焦點置於童年的動機或渴望時（從心理分析敘事而來），並無法把「公眾的」

社會與歷史脈絡納入考量的範圍。讓我們回憶一下在她父親
侵害之下，這個小女孩的奮不顧身：「**現在當父親與我玩耍
的時候，我會緊皺著雙眉以致於我什麼也看不見。我並不想
要他的零錢、糖果或餅乾，我通常將它們放在我的枕頭底
下。而當父親在欺負我的時候，我會摒住呼吸、儘量不讓眼
淚流下來，因為我的父親會因此而不愛我愛我愛我**」（第11
頁）。在我們釐清了發生於Fraser成年（Fraser與Paul）及童
年（Fraser及她父親）裡性行為之間的相似處前，我們並沒
有意識到任何不同的權利與責任，當然還包括了兩個情境中
不同程度的剝削。附帶說明的是，很明顯地，發生在一個孩
童與她父親之間的「性侵害」事件至此被「漂白」了，指向
了一個迥然不同的方向－「性關係」（第15頁）、「亂倫關係」
（第120頁）、及「我們的事」（第39頁）。

愛情與婚姻

將事件進行女性主義詮釋的第二個方法，是關於愛情
(love)及婚姻(marriage)的議題。我們先前看到的是那些強
制的、潛意識的力量，是促使Fraser同意通姦的因果因素。
為了將它描繪成令人信服的圖像，有一點很重要的是讀者不
應該再為Fraser的通姦行為尋找其他的藉口。也就是說，
如果我們不能再發現任何「外在」的理由（例如觸礁的婚
姻），那我們就能夠將她通姦的行為毫不考慮地歸因於「內
在」精神力量的產物了。這也是早先Fraser在文本中所做的
事情。她所建構出來的婚姻影像是充滿了滿足與愉悅的；至
於通姦，據她所說，則是由一封「淫蕩的信件」所開啓的，
在她十五年婚姻生活之外，她「也從未想到過它」（第153

頁）。之所以不需要這麼做，是因為她的婚姻洋溢著「浪漫」、「快樂」及「吸引力」；而這種對於「完美婚姻」的知覺同時存在於Fraser以及其他人對於婚姻的想法之中。比方說，在通姦事件之前，Paul就曾經這樣問過Fraser：「是否覺得這是很荒謬的，亦或者妳認為我們之間應該發生什麼嗎」？Fraser則以更為「拘謹」的方式回答他說自己從未對丈夫不忠過。同樣的，Fraser的朋友也告訴她，直到目前為止，她還是認為Danny與Fraser是擁有「完美婚姻」的（第167頁）。最後，當Fraser終究還是離開了她的丈夫時，她企圖，雖然是不需要的，去為自己的離異做詮釋。在某些方面，她默想著，美好的婚姻有時反而是更為傷人的，因為期望是如此的高啊！她終於做了一個結尾：「我之所以離開是因為我離開」。一切的一切都使得事實變得更為可信，也就是心靈的潛意識運作導致了Fraser做出了通姦的行為：「宛如一個夢遊者一般，我斜眼看著那些像我一樣的人拋棄了每一件我珍惜的東西」（第154頁）。

　　值得一提的是有關愛情與婚姻的概念，與我們在文本第一個部份所見的概念是迥然不同的。我們之前所看到的「愛情」經驗與父權制度下的經驗、社會及意識形態的脈絡緊緊相連，而男性所有權及主宰的主題也可以被視為是普遍的狀況。Fraser婚姻關係的決裂是發生在1971年，一個見證了女性主義運動及婦女自主興起的歷史年代，「那些發生在家裡的衝突事件，就彷彿是這世界上其他正在發生的恐怖事情的一部份」（French, 1987：573），以致於人們或許會希望能對女性主義分析形式的重要部份能有所了解。然而，事實卻不是如此。很顯然的，在另一方面，心理分析敘事佔了上風。

從一次Fraser偶遇她昔日同窗的事件中就可以看出來。一群女人們談論著「日常的瑣事」－愛情與婚姻。其中一個女人做了這樣的一個結論：愛情「對男人而言是很好的制度，然而卻耗盡了女人所有的心力」（第178頁）。不想再在這樣的主題上做任何的詮釋，Fraser從談話中「抽離」了自己，並且跑到碼頭邊去戲水。在這樣的事件中，Fraser描述自己是逐漸失去了對於現實掌握的能力；她是失去控制的，一些非理性的事物也掌控了她的生活。

在敘述發生於Danny與Fraser離異後的一件事情時，又觸及了先前關於男性所有權的主題。當他們討論到兩人分開後的生活時，Danny說他自己的獨居生活簡直是糟透了；所有植物也都死了！對此，Fraser認為他可能是澆太多水了，但Danny卻給了她一個「詭異的微笑」作為回應：「聽起來好像在說我」。在這裡，暗示了Danny的強烈佔有慾，而Danny「緊握著指關節」提出下一個問題：「你有別的男人嗎？」則更是如此。Fraser給了一個否定的回答，並且將這樣的問題當成思考之所以離婚的理由。再一次的，這個議題被從男性所有的脈絡下轉移，並且被置於主流心理分析敘事之下。「到此」，Fraser告訴我們，她是很確定自己必須離開Danny的，然而卻始終無法瞭解為什麼：「為什麼？它沒有理由，我只知道我情非得已。但是為什麼？」（第189頁）。

意涵－採用「心理分析／治療」敘事

　　採用心理分析敘事來做為詮釋《我父親的房子》的主要方式，其實質意涵在此書的結尾漸顯清晰－當Fraser回顧她所經歷的一切，走過精神疾病與治療，目的是為了要讓她母親、父親與她自己的行為顯得更有意義。為了縮短自己的故事，Fraser持續地選擇佛洛伊德學派的理論與概念來陳述這些經驗。結果，在她壓抑有關性侵害的一切時，其母親被視為扮演著主動的角色，也應該要為了沒有能夠保護自己的小孩而負起責任。另一方面，她的父親則被描繪成童年經驗的被動犧牲者，對女兒所犯下的性侵害事件則不應受到責備。最後，Fraser身為亂倫事件的受害者，則似乎應為她的「他我」（自我的「潛意識」幼年性行為部份）與父親所玩的「遊戲」負起責任。對於責任的接受，被詮釋成有助於Fraser發展出「原諒」自己與父親的能力，並且進入到「療癒」過程的手段。

　　「療癒」的故事，幾乎都是達成了統整(integration)、調適(adaptation)與終結(closure)。為了這個原因，當Fraser已被「療癒」時，她也結束她有關「倖存」的文本，關注那些能夠讓她對於自我與世界感到平靜的解釋。基於這個理由，那些發生在她生活中較為普遍的事件經驗及其相關的陳述，成了她在乎的焦點。因此，她也下了一個「普遍化」

（universalizing）的評論：「我們每一個人都生於進行中的
悲劇的第二幕之中」、「我們所有人都受困於祖先們未竟之希
望與無法理解的行動」（第253頁）。逐漸的，對於人類生活
的這般理解，擴展到了對於宇宙本質及時空壓力的更深一層
的領悟。Fraser告訴我們，在她因果狹小世界的空間中－在
她對於世界的「理性」了解之中，她會突然產生「對無窮世
界的驚嘆」。宇宙中所有的神秘也在此時得到了她的崇敬
（第253頁）。終於，她能夠體悟到「人生是一趟的旅程」，而
身在其中的她也正是「由黑暗走向光明」。「事物是不斷積
累與開展的」，Fraser如此的推理：「生命的確有它的樣
貌，而或許還存在著目的」（第253頁）。正是這種對於宇宙
的關聯性促使她能夠去「化解」（resolve）自己的問題，並
且進一步地對於父親表示她的同理、愛、及原諒；也透過了
這樣的舉動，Fraser有能力對未來感到希望。於是，她這
樣說道：「我之所以原諒我的父親是因為我愛他！這應該是
最大的衝擊了。這不僅是我曾經愛過他，而是我到現在還愛
著他。為了希望，我領會了愛」（第241頁）。

在我對於Fraser文本的分析之中，我強調了那些關於個
體人性及人與人之間、人與自然之間關係的本質之模糊與普
遍陳述其目的是希望能夠達到終止尋求之所以會發生孩童時
代那些悲慘經驗的原因（Davies, 1995a: 138）。此外，我論
證了「那些企圖終結對於詮釋的尋求，意指那些『療癒』的
結果其實是導致了一種消極的接納，以及對於社會價值與規
範的調整」（Davies, 1995a: 139）。這種宣稱無疑迥異於我
們先前所說的，女性主義奮力尋求概念及政治的統一性，將
會產生完全不同於從「療癒」敘事觀點所見的事件之形像。

站在批判女性主義的觀點，我認為這是「原先致力於將個人性事務加以政治化的女性主義，現在則倒退到僅將個人性事務視為個人的」（Cocks, 1984: 48）。

　　我並且擔憂，與其他女性主義的研究類似地，將亂倫當成了公眾論述主題導致了亂倫的「病理化」（medicalization），並創造出了一種「亂倫產業」（incest industry）（請參閱 Armstrong, 1987: 19；Kitzinger, 1992；Tal, 1996）。病理化亂倫的結果，使得亂倫由一種「犯罪」（crime）衍變成為一種「疾病」（disease）；一種與全家人相關的心理疾病。舉例來說，Armstrong便主張近代的心理學將虐待孩童的責任不適當地歸咎於母親：「從一開始，所有猛烈的攻擊炮火都集中在母親身上，「家庭疾病」模式的整個建構歷程都奠基於母親的存在之上......」（Armstrong, 1987: 266；請同時參閱Walters, 1996及Woodward, 1997有關母親的文化建構等內容）。也因為將亂倫事件視為是「家庭」的問題，所以「一切的現況都可能維持不變」，而對於問題也「傾向以特殊家庭的失能本質來詮釋，而不是一個男性的侵害行為」（Tal, 1996: 196）。Kitzinger則表示，「心理學創造出一套處理個人經驗的架構，消解了女性主義對於男女關係間性暴力意涵的質疑」（Kitzinger, 1992: 400）。為此，我認為「療癒性」敘事的重點是從社會、道德、政治脈絡之中轉移，將焦點置於對權力的心理層面的詮釋。也就是說，對於權力的分析已經被化約成對於內在心理生活複雜性的分析（Davies, 1995a: 141）。

敘事「可信性」之議題

在我對於Fraser童年性侵害事件及其康復之自傳式敘述的分析中，引發了一些與「敘事可信性」（narrative plausibility)有關的微妙問題，這是我在《Sylvia的療癒》中未曾關注到的。在第五章討論到我們生活歷史的分析與詮釋時，我們曾經對於敘事可信性有所描述；在此，就讓我們先來問一個問題：「那些發生在Fraser過去的事件是『可信的』嗎？」也曾經分析過Fraser自傳的Freeman（1993：162）表示，無論敘事是否「契合」（fitting)其企圖呈現的事件，所謂的可信性應該要包括「連貫性」（coherence)這個基本要素。由於認為Fraser的敘事是「為那些出現在她生活中奇怪的扭曲與轉折，提供了一個具有明確理論性（心理分析的）陳述的解釋」（Freeman, 1993：161），Freeman問道：她所使用的敘事，會比其他可能的敘事，讓我們對她有更多的了解嗎？

顯然，我在《Sylvia的療癒》一書所做的分析與論述之意涵，是Fraser使用的心理分析敘事，使得她對於過去經驗的陳述，顯得相當令人難以置信；相對的，選擇另一種「女性主義」敘事可能會讓我們對於那些事件有「較好」的了解。此類陳述應能提供較為前後連貫的「情節」，使那些發生於Fraser童年時的侵害事件，可以更全面地統整到她所成長的社會與歷史脈絡之中。但從另一個角度來看，這樣的論點

當然也可能被質疑，這種傳統「政治化」形式的女性主義分析是不可信的，因為它沒有能夠充分地展現個人經驗的特殊性。一個明顯的事實是，Fraser先前曾經使用女性主義敘事來瞭解她自己與他人的經驗（在她早期的小說《潘朵拉》以及《我父親的房子》一書中有關「回憶」的章節），然而這卻被證明對她而言是「不可信的」。這或許是因為，她感覺到「舊式」的女性主義敘事並無法提供一個對於她自身生活的連貫性瞭解，且無法進一步發展出對於自我的瞭解？

事實上，回到我自己對於Fraser文本的分析上，究竟我所使用的方法是否讓我們更為充分地瞭解此類個人創傷經驗的本質？我自己也未感到滿意且仍是有所懷疑的。因此，可以說《Sylvia的療癒》在面對諸如第二章中所提到來自後現代主義及論述分析的批判時，是會感到心虛的。也就是說，它所提供的方法係使個人經驗透過語言與文化敘事來加以形構；但如此一來，也將「喪失」了此一生活經驗本質中的某些概念。由於無法掌握到Fraser經驗的「個人」面向，此類分析很可能會使她「客體化」（objectify）。雖然我從未企圖要去貶抑童年性侵害的創傷後果，或是貶抑對於療癒與復原的需求，但我卻不能確定呈現在《Sylvia的療癒》一書中的分析沒有這麼做。也許，Fraser也認為女性主義敘事的確是以同樣的方式使她的個人經驗「客體化」；女性主義敘事似乎太過於井然有序了，以致於沒有留下空間讓她去欣賞個人心靈中的迷惑混亂？也或許，這就是為什麼Fraser會需要一個心理分析敘事來幫助她完成自我瞭解的目標？註1

這個關於敘事可信性議題的簡短思考，促使我們去問一個問題：什麼能夠構成一個「較好的故事」？而且，我們也

認爲這無可避免的是一個道德的問題。如果我們同意，純粹「客觀的」歷史性事實或歷史性眞理絕不可能獨立存在於我們的建構之外，那麼這一個問題便離不開我們所具有的「道德觀點」了（MacIntyre, 1981；Freeman, 1993: 174）。倘若我主張那種「舊式」女性主義敍事有助於讓我們了解Fraser周遭所發生的事情，那麼我便違反了我的道德觀點，也就是致力於對社會中所發生的事件採取更爲「集體的」（collective）、「社會學的」觀點。相對的，如果我認爲心理分析敍事才是較好的選擇，則我應該是傾向重視較爲「個人主義的」（individualistic）或是「心理學的」見解了。換言之，不同的敍事具有不同的目的考量。舉例來說，適合心理治療目的的一個較「好」的故事，可能會是心理分析敍事；同樣的，要想提供一個社會與文化的批評，那麼「舊式」的女性主義敍事就顯得較「好」了。

我們已經討論到是什麼構成了一個較好的故事之類的問題。而在第二章裡，我們也曾討論到這些議題是如何與HIV陽性反應者之性行爲發生連結。接下來我們將進一步地在第八章中析論的，是這類與心理或社會相關的問題，聯結到我們用以理解自己和世界的敍事之道德與政治結構議題。

摘要

在結束本章之前，你應該要了解以下的概念與議題：

★為什麼對倖存者創傷經驗的敘述（實質性，理論性，以及道德／實務性）加以「解構」是重要的。

★在《我父親的房子》一書中，「聲音」及「自我」建構的方式，如何與「心理分析／治療」模式相聯結。

★在《我父親的房子》一書中，同時並存的「女性主義」與「心理治療」敘事－分別提供了關於童年性侵害相對照的「道德」觀點。

★治療性敘事提供了對事件的權威觀點，例如幼年性行為、愛情與婚姻、精神疾病。

★治療性敘事的去政治化意涵。

★在《Sylvia的療癒》一書中採用分析取向的潛在危險，例如「客體化」的傾向，以及喪失「個人主體性」意識。

討論與省思

★為什麼對倖存者創傷經驗的敘述加以「解構」是重要的？

★你是否同意在Fraser自傳中使用的治療性敘事，導致了童年性侵害議題的去政治化？

★在Fraser的《我父親的房子》中，對於母親的描述是以什麼方法聯結到歷史上與當代「母女關係」的敘事建構？

★這種表意式／語言學分析是否有助於達成分析的敘事形式所應達成的目的？

▷ 延 ● 伸 ● 閱 ● 讀 ◁

Davies,M.L.(1993).Healing sylvia: accounting for the textual'of unconscious knowledge, Sociology,27(1): 110-20.

Davies,M.L.(1995)Healing sylvia: Childhood Sexual Abuse & the Construction of Identity, London: Taylor & Francis.

showalter, e.(1997)hystories: hysterical epidemics and modern culture(chapters 10 and 11). basingstoke: picador.

Warner, S.(1997)Review article of Davies ' Healing Sylvia, Orr ' s No Right Way and Reder et al. ' s Beyond Blame, Feminism and Psychology, 3: 377-83.

※ Woodward, K.(1997)Motherhood: meanings and myths in K. Woodward(ed.) Identity and Difference,pp. 7-63. London: Sage.

延伸閱讀註記

　　在Davies與Warner的書中涵蓋了理解本章內容的重要背
景；同樣的，Showalter的書因為包含許多當代文化的「流
行病」之敘事，例如童年性侵害，所以也是相當吸引人的而
顯得十分有趣。
　　※Woodward的文章包括了本章的一個延伸概念，是有關
於當代社會中母親身份的特殊社會表現。

尾註

　　註1:有一點值得一提的,是心理分析敘事並非沒有它們的「客體化」傾向,也同樣地表現在針對Fraser文本的分析之中;此外,我們也將在第八章裡作更詳盡的討論(請參閱Crossley, 1998c)。

Chapter 7

絕症：與愛滋病長期抗戰

蔡欣志 譯

我曾經用來導航的地圖及目標已經完全無效了

(Judith Zaruches，引自 Frank 1995:1)

前言

　　本章聚焦於嚴重慢性病痛對個人生活可能造成的創傷。研究顯示生理的病痛會動搖個體對其自我,以及周遭世界本體性的基本假設(和時間及例常敘事形構相關的假設)。過去我曾針對長期生活在愛滋病陰影下的病人進行相關研究,並將結果彙整成本章。雖然活在愛滋病的陰影下會帶來許多重大的影響,但是這類病人所面臨的主要挑戰便是重新在生活中找到意義。要達到這個目的,就得讓這個人運用不一樣的敘事,以便幫助他理解自己的經驗。個體的生活經驗可以透過不同形式的敘事而變得有意義。本章將介紹不同種類的敘事方法,這些研究將會以社會心理學或社會學文獻中普遍使用的「疾病敘事」(Illness narratives) 方式來呈現。

相關背景

　　近年來許多研究已證實感染愛滋病會讓病患面臨生理、心理及社會等多重危機 (Adler Cohen 1990)。被診斷為愛滋病患者,不只要面對即將到來的嚴重生理疾病、精神異常

及死亡的威脅，他們亦將面臨缺乏自信、失去控制感、沒有生活意義及憂鬱等心理層面的問題，並進而衍生出人際及社會關係的重重困擾。例如居住、經濟以及工作機會（Beckham, 1998; Weitz, 1989; Sandstrom, 1990; Viney, 1991; Hildebrand, 1992; Cherry and Smith, 1993; Schwartzberg, 1993）。本章將專注於愛滋病患者之個人經驗，進一步探討個人同時遭受心理及社會心理層面困境時面對的基本主題。換言之，我們要探討罹患愛滋病的經驗與時間之間的關係。

　　本章的研究資料主要來自於歐盟委託的「歐洲反愛滋」方案中，對長期愛滋病患者在心理及情緒管理支援的計劃（見 Davies, 1995）。我在 1994-1996年間，針對存活超過5年的英國愛滋病患者作過半結構式深度訪談，蒐集得來的資料將於本章呈現。這些患者都屬於全國長期倖存者團體的成員（National Long-Term Surviviors Group; NLTSG）。

例行時間定向的瓦解

　　由前面的章節可知，我們對時間的假設及感覺對我們的社會及心理生活有很大的影響，它會影響我們的自我認定、自我概念及道德責任（Carr, 1986; C. Taylor, 1989; Elias, 1992; Davies, 1995a）。對未來生活充滿希望，能給個體帶來某種程度的安全感，進而增強個體對事情和行動

具有控制力的信念。換言之，我們的想法、行動及行爲不再是無意義及無結果。這也鼓勵我們具有更負責任的生活態度，因爲我們或是他人都會覺得我們該爲自己的行動負責。不過有一點必須澄清，我們並不需要時時刻刻都知覺到我們是以這種方式在投射未來的生活。事實上我們對時間抱持著理所當然的態度，只有在震驚或混亂的情境中才會驚覺時間的重要性（見 Schultz 1962; Garfinkel, 1984）。被醫生診斷出得了愛滋病就是一個令人震驚的典型例子，因而也提供我們機會仔細的探索我們平常對時間的概念，以及時間定向瓦解所帶來的心理結果（不管是正向還是負向）。

　　很多現象學及存在主義取向的學者都強調：時間是了解個體存在的最基本元素。更進一步地說，個人對未來的投射即奠基於個人例行時間定向(routine temporal orientation)。例如Frankl(1984)宣稱人類奇特的地方就是他們只能透過看見未來而生活—生生不息。Ortegay Gasset（1953）也同樣認爲「生命一直向前邁進，我們活著以迎接未來，因爲活著就是不斷的在每個人的生命中創造自己（頁53）」。哲學家沙特在他的名著裡寫到：「人們總是以旁觀者的角度來看自己；在自身之外投射出自己的樣子，但同時也失去自己的樣子。而這就造就了人的存在。人經由追求崇高的目標才能存在；人，只是一超越的狀態」(Sartre, 1947:31)。此未來取向說明了人們通常不重視現在：

人們不太珍惜現在，反而對未來有很大的期許，老是覺得時間過得很慢，希望未來能快點來到。或是希望能回到過去，試圖阻止它的飛逝。我們很無聊的夢想著還未發生的事情，而己發生的事情倒是一點反省也沒有就飛逝而過了。「現在」

只會帶來痛苦；人們對惱人的事視而不見，如果是令人愉快的事，又會因它的消失而惋惜。「現在」永遠不是我們要追求的，過去與現在只是我們的手段，未來才是我們的目標，因此我們從來都不是「活著」，而是「希望」活著。

(Pascal, 1889:24)

　　大部份與重症末期病人(例如:愛滋病) 有關的創傷性心理影響，係源自其根本的「活著的時間(lived time)」的感覺已消失及混亂。當一個人被診斷為愛滋病患者時，他對自己未來生活的期許以及自我概念都會受到相當大的震撼，他的生活及世界面臨鉅大的改變。根據Van den Berg (1972:4)的看法，「任何一種重症的開始都是停頓。正常生活宣告結束，另一種生活取而代之。原本理所當然的事現在看來也不再那麼絕對了，特別是對自己身體的完整性、對自己在別人心目中的角色及別人在自己生活中角色所秉持的信念，當然還包括對未來的信心。」

　　面對即將來臨的死亡，以前對未來毫不懷疑，對當下毫不在意的態度，在重新洗牌的生命劇本中顯得可笑不堪。如果一個人沒機會活著去看未來發生的事，那麼高談闊論要邁向未來及計劃未來豈不是很沒意義？那幹嘛不就生活在當下，而不是一直希望生活在未來呢？因此：

時間的地平線變窄了。昨日的計劃不再重要，也沒意義了。他們看起來比以前更複雜、更疲憊、更愚蠢、更有野心，過去淨是些雞毛蒜皮的小事，看起來以前的我似乎並沒有認真

地去做我該做的事。

(Van den Berg, 1972:28)

　　如果有這樣的想法,活著時間的例常性感覺就已經被顛倒了,當下的經驗可能才是它的目的,而非達到目的(個體的未來)的手段,現實變得愈來愈不確定。因此愛滋病的診斷,可以徹底摧毀個體當下完整存在;摧毀其活在未來、為未來而活的事實。

　　對愛滋病患者的情形也不用太過悲觀,因為現今的科學研究已經有好消息。統合治療法的研發能有效地控制愛滋病的病情惡化(請參閱Davis, 1997)。不過,這些科學發展並無法減低愛滋病患者心理上的痛苦。因為研究成果的不確定也會折磨患者的心靈。這一刻科學研究給患者可能有效的好消息,讓患者充滿希望;下一刻卻又無情地向患者宣告某相關臨床實驗失敗。本章的主要目的就是要釐清此經驗所包含的向度,並探索個體用來管理及合理化其情境的敘事。

長期愛滋病患者的主觀經驗-
失去未來？

　　從愛滋病患者個人經驗的陳述中，我們可以發現至少在頭幾年，愛滋病診斷就如同向患者宣告其患了絕症，不再允許他們任意地憧憬未來。愛滋病對他們生活上最大的影響就是他們無法去規劃超過六個月以上的未來。這些事可能是生涯上、經濟上、家庭上、或一般的瑣事。有個患者這樣說：

愛滋病患者最主要的象徵就是被宣告為患者的那一刻，整個未來就已經完蛋了，你已經沒有資格想什麼未來了，甚至根本連想都沒辦法想，只有一個反應：我的前途完蛋了。

當你還年輕時，你會認為 70 歲才是老死的年紀，突然間就到了老死的時候，甚至根本就活不過三十歲。一下子地平線變得好近，你也不再作任何長期的規劃了，每件事都是立即的，為的都是以防萬一。

　　存活超過5年的愛滋病患者，其遭遇還會更加複雜。最令他們苦惱的就是診斷的不確定性。我研究的受訪者平均患病 9 年，這表示大部份人在1985年的時候就已經被診斷為愛滋病患者了。那時候對愛滋病還是一知半解，雖然有些醫生

會跟病人說他們也不知道病人能活幾年,不過大部份的人都相信被診斷爲愛滋病就代表無藥可治,頂多活命一二年。愛滋病患者最大問題就是不知如何去面對診斷結果。到底要不要面對他們快要死的事實呢?有位患者說:「醫生已經誤診一次,他們告訴我我最多只能活一年,可是10年過去了,我還是活著。」而且這幾年對愛滋病致命機轉的研究成果非常豐碩,患得愛滋病就認爲會馬上死掉,似乎有點過度悲觀、言之過早。

從病人的角度來看,大部份的患者都會跟你說他知道的某個人或某個朋友,只不過是放棄與愛滋病魔搏鬥,就在幾個月內不治。他們認爲這就是他們的朋友或認識的人爲何死亡的原因。但同時,我也看到他們心中充滿疑惑:「我對這病的想法與態度是不是會影響它的肇因?我是不是可以操控自己的生死?」其實這只是「緩刑妄想」而已,就像被宣判死刑的犯人在即將執刑前,都會有一種在最後一刻被宣告緩刑的妄想(Frankl, 1984)。從下面的例子就可以看出令愛滋病患者苦惱的不確定兩難:

......這真的很奇怪,因爲根本就無路可走,是的,你是愛滋病患者,你也知道的...你患了絕症...,「但我們不知道你能活多久、你是不是會死,我們真的不知道。」你被判死刑了。...你真的沒時間可以浪費了,...這並不一定是真的,但你感覺就是這樣...。

我想每一年都可能是我的最後一年,無法預期才是最可怕的,因爲不知你能否活得過6個月、6年、或...。

...嗯...你不知道你能活多久，別人也不知道，你不知道還
有多久時間，沒人知道我還有多久時間可活，這是最惱人的
地方。

　　顯然，這些人雖然罹患所謂的絕症，但他們也同時認為
有可能不是這樣。換言之，他們沒被告知「是的，你活不久
了」、或是被宣判「死刑」。所以雖然感覺上是這樣，但不一
定是真的。就是那種不確定性，那種不知道自己是否會在6個
月或6年內死亡的感覺。這比任何東西都可怕，就像另一個人
說的：「最惱人的地方」。時間定向瓦解的創傷經驗，就像
被關在集中營一樣。例如Frankl (1984)曾在死亡營中寫下
他的經驗，並提到最令人沮喪的是一個受刑人無法知道他的
刑期有多長。他不知道何時會被釋放。亦即他暫時是活著
的，只是這個暫時永無止盡。前面的引言指出有關時間與死
亡的不確定性，愛滋病患者其實跟其他人並沒有太大的差
異，畢竟到目前為止，還是沒人敢斷定他可以活多久。
　　這樣看來，活在愛滋病陰影下的人和其他人到底有何不
同？特別是對於時間和死亡定位？只有少數人知道自己何時
將死，大部份的人都只知道自己將死於某個不可知的時間
點。如此一來，我們和愛滋病人有何不同呢？我們也是活在
無止盡的暫時裡嗎？隨著人類基因體計劃的發展及基因鑑定
技術的推廣，也許將來愛滋病患者的情形與先天遺傳性疾病
患者(如癌症及心臟病)會很類似。(請參閱Nelkin and
Tancredi, 1990; Shapiro, 1991; Wertz, 1992; McLean,
1994)。因為這些人在生活上都面對嚴重疾病的威脅、痛苦

及早夭。事實上有些學者認為對弱點的高警覺度是目前後現代主義的一個重要特徵。醫療技術的成果使得患有嚴重慢性疾病的病人可以活得更久(例如癌症,心臟病等等),在此狀況下,人們要學習面對的是不安全感、愈來愈怕死,以及疾病在生活上所帶來的不確定性。

這些經驗足以讓病人在生活中戴上存在主義學者稱之為「憂懼」(Angst)(一種高度的焦慮或恐懼)的永久面具。就如我們在第三章討論到的,憂懼經常被認為是一種心情混亂及不確定感覺的經驗。海德格(Heidegger, 1962)在他的經典名著「存在與時間」(Being and Time)中探討到死亡會造成個體對日常生活憂懼的可能性,並促使個體採取另一種新的生活方式,叫作「朝向死亡」(Being-toward-death)。憂懼的經驗「讓世界上的所有個體 皆沉淪不復(Heidegger, 1962:182)。」原本熟悉的世界變得怪異,令人無法忍受。之前詮釋這個世界的方式已經不管用了,日常生活中的價值及承諾也變得沒有意義。這種憂懼或危機感在以下愛滋病患的引言中即可窺見:

如果對自己誠實,我想活在愛滋病的陰影下,最難妥協的事情就是有很多的不確定。你突然發現原本認為理所當然的,現在已經不再值得信賴。你的健康、你的前途、你的經濟地位,突然間這一切都變得無法掌握。原本這些理所當然的事物就像堅硬的石頭或是其他不可撼動的事物,我開始感覺到這些對我已經不再適用了,它還是對世界上的其他人有效,只是已經不是針對我了。

　　並且：

　　……幾乎所有日常生活中所擁有的一切都已經崩解，化爲
塵、變成灰。你知道的，你赤裸裸地徹底被打敗，而不知該
做些甚麼、你從哪裡來、你將會去哪裡、你當下站在哪裡。
無法言喻也沒有人可以幫你。你必須訓練自己，這是極鉅艱
難及無助的情境，充滿了殺傷力。

　　一開始病患都會不斷否認得病，但到了第二至四年，這
些愛滋病患就進入「危機」階段前期，接下來才會漸漸適應
這個診斷。上面的陳述就是這階段的病患所言。由以上陳述
可以清楚知道，這些個體有很明顯的憂懼經驗，他們必須嘗
試克服大量的將死訊息。這種大量的憂懼經驗是所有人類共
有的經驗，大部份的個體在面對即將消逝時都會感受到類似
的存在焦慮。如此看來，愛滋病患者焦慮的經驗，我們也會
有，也許這就是大家對即將發生的災害一種典型反應罷了。

　　愛滋病患的另一個特有的經驗就是即將來臨的死亡，雖
然會死，但又不會這麼快死，而且它也不像最初想像那樣非
死不可。這份兩難是因爲無法承受這兩種相互對立的生活或
生存取向，而導致困惑和精神上創傷。前者產生邁向死亡的
心態，未來的大門即將關上，個人也從忙碌的生活中退縮，
接受此生將盡的想法。後者則是前進未來生命的心態，未來
的水平線將被開啓和擴張，個人也全身投入生活，排除萬難
克服障礙。我們遭遇到的每一個情境，或多或少都會涉及對
未來的態度–無論是客觀事物–我們日記中未來的一天；抑或
主觀事物–對未來想法、感覺、以及夢想–愛滋病的曖昧角色
帶來更大的傷害，這就是爲何之前我主張愛滋病的診斷會給

個人的生活加上半層永遠的憂懼。這份憂懼並不是明白站在面前，前面已有說過，它的存在反而是不易被察覺的，是一種不可避免的傷痛。愛滋病的診斷令患者對未來充滿不安，這意味著每件事或情境都是一種顛簸，原本自然地去面對未來的態度，對患者而言也變得不合理和無效了。這跟長久性有關，愛滋病患者對憂懼經驗的強烈知覺與正常的受試者有很多的差異。雖然正常人可能會有痛心的焦慮，但其憂懼可透過不同的消遣被麻痺及壓抑。相對地，被診斷為愛滋病（及其他的慢性絕症像癌症及心臟病）可能對個人的生活產生強大的震撼，消遣一點用處都沒有，只是不斷地提醒著即將到來的死亡。

五年以上愛滋病患者的時間定向

感染愛滋病對個人所引發的特定問題應該要被重視，尤其是心靈方面會變得更脆弱。同時人們會發展出不同的思考模式，作不同程度的調適以便應付他們遇到的情境。他們最主要的工作就是學習如何在死亡陰影之下，讓目前的生命充滿存在的意義及快樂，而不要讓焦慮及不確定主宰一切。

從我的訪談資料中可發現，被診斷為愛滋病患後，個體常會使用三種不同的時間定向來面對，某些方式比其他方式較能有效地促進健康的調適。這些時間定向可分為：活在當下的哲學、活在未來、以及活在空虛的當下(Davies, 1997)。

這些時間態度是愛滋病患者在述說他們得病經驗時，所使用的三種最普遍故事或說法的一部份，包括：(1) 轉變/成長的故事(有時也稱之為「內在」故事)、(2) 正常化的故事(有時稱為「外在」故事)、以及(3)失落的故事(Crossley, 1999a)。我們將會在本章中更仔細地討論之。

在這之前必須要重申，當他們在被訪談時並不只是單純的描述而已(Frank, 1995)。 根據本書第二及第五章提到的社會建構論取向，我們認為訪談文稿中衍生出來的概念不是單純蘊含意義的倉庫，受訪者只簡單地對本身的感覺及調適提供精準的描述；相反地，在述說的過程中，事實上受訪者會呈現並塑造一個特定的身份，而且進一步涵蓋到責任及道德的相關議題(見 williams, 1984; Potter and Wetherell, 1987; Silverman, 1993; Davies, 1995a; Crossley, 1997b, 1998b, 1999a; Lucas, 1997; Radley, 1997; Yardley, 1997; Crossley and Crossley, 1998)。就如同 Frank (1995)所言，當一個病人在述說他的病情時，對他自己或對他人而言，自我也在述說時逐漸形成，述說的動作是雙邊的再確認：與別人關係的再確認、自我也再次確認。嚴重的疾病需要這兩種再確認(Frank, 1995:56)。像我們可在本章看到的，每一個愛滋病患者的故事都結合了特定的主題、影像、及譬喻，以不同的方式來建構他們被感染愛滋病的經驗。這對患者調適得到愛滋病之後的生活有重大的意義。

「活在當下的哲學」與「轉變和成長的故事」

存在主義學者認為人們意識到他的有限生命存在的方式

(事實上他們即將死亡),這形成了他們感謝生命所具獨特性
及意義的前兆。根據沙特(Sartre)的想法,一個人的有限是
他自由化及個人化的必要條件:

死亡是它的限制,不過那也是自由的成份。....如果一個人
被賦與無限的時間,他將會知道自己所有的可能性。他將會
因個人化(意識到某些可能的情形下必須排除他人)及自由
(某些可能性所含的危險及無法挽回的選擇)而消失。

(Sartre, 1957; 135)

如果我們可以永遠地活著,事情將會變得怎樣呢?「死
亡是生命的一種特性,也是生命的品質管制方式,它是人類
存在價值的指標。就像行軍將會到達最後的里程而停下腳步,
同樣的,生命亦因死亡而劃下句點。」(Van den Berg 1972:54)
「因為一無所有(例如死亡),所以我才會確切明白我是存在
的。」(Jaspers,引自Coopoer 1990:133)。從這個角度來
看,由於我意識到並且害怕我的存在即將結束,因而導致令
人苦惱的不確定感覺。對個人的成長而言,這是必須的:
「生活就是我們對不安全感的反應,因此對一個人來說,被
真實的安全感環繞是極度重要的。」(Ortega y Gasset,
1953; 303-307)

因此這意味著愛滋病患者所感受到的短暫存在,以及失
去習以為常的安全感,都會促使個體提昇其自我的精神生
活。在學習與愛滋病共存時更能去感受新的價值和新的意
義。回顧罹患愛滋病之前的生活,有些人也許會覺得自己有

點過度重視未來。某種程度而言，他從不滿足於現狀，因此未曾在生命中體驗到任何眞正有意義或價值的事。他也許覺得之前的生活完全被事業、學習、尊嚴、賺錢給填滿了。因而他有意的忽略生活中其實很重要的「小事」。這也代表說身體上的疾病可能正是爲心靈發聲的一種情況，一般健康的人都會忽略之(Van den Berg, 1973:72-3)。

38名接受我訪談的對象中，其中21人提及這類重新了解他們對時間、意義與價值的概念。以下是一些例子：

......*在這診斷之前，我想我應該還是會繼續活在未來，朝未來看去。但我想自從我被診斷爲愛滋病患後，我比較是活在當下、這裡及現在、今天及今晚...。我想「這是好事」，因爲這意味著我可以從每一時刻獲得最多、呈現最多，而非...嗯...下星期或下個月我將會感覺更好...，你知道...我得要存很多錢，我想我不會喜歡那樣了，我只活在這裡及當下，或是我嚐試活在現在及當下，我想每天都得拼命...。*

有件事我知道，但我之前都沒作的就是每天早上起床時，看著窗外說：「感謝主或大家，眞是個美麗的早晨。」這不是我之前會作的事。但我想每個早上，我將會感受到每個早上的來臨，因此，你知道任何沙特的文章嗎？你知道 Jean Paul Sartre？存在主義的學者？因此每一個片段，每一天，每一個時刻都以我認爲的方式來測量。我會說：「很好！我今天得到了。」

...我們生長的文化告訴我們另外一個明天你將會經驗到某些更大、或更好的東西，或是更遠的未來，或是賺得更多。因此，在我看來...許許多多的今日都被浪費掉了，而我更

是處在一個大概的哲學，我不能保證我會有明天，我的確有注意到「現在」通常會有很好的品質、很大的潛力。從前，我總是匆忙地為明天的到來而準備，卻忽略了今天...。我曾經跟某人交談過，他們說：「這不就是佛教徒所主張的哲學嗎？」不可思議地，這並不影響我對明確需要短暫或長遠未來事情的工作的能力。因此我目前同時在短期或長遠的未來間取得最大的好處，而之前我只注意到一種世界-未來。

我想每一個個體可以決定他自己的意義，我想那種意義是很簡單的，是我們把它想得太神奇了。我們在想我們為何在這時，想得有點複雜。我認為它應該是很簡單的。這也是該跟別人接觸的時候了，該是跟別人分享你的愛的時刻了，或是與別人分享美麗的時刻，例如嬰孩的第一步或是其他的種種。我現在就真實地感受到這些時刻...。就像我也很享受我現在傷心的時刻，因為我知道它就像快樂的時光一樣，並不會持續很久...。這是它們特別的原因，因為它們不長久。如果它一直都會存在，那就不特別了。...我想你可以活到老死，也許你只有兩次難忘的時刻，但這也就夠了。而我覺得自己很幸運，因為到目前為止我有很多這類的時刻 。

　　從這些引言中可以很清楚的看到，對這些患者而言，愛滋病給了他們一種自由解放的感覺。把他們從為未來奮鬥的日常生存枷鎖中釋放出來。這種被解放的感覺是因為這愛滋病患在之前有責任為他自己的未來作長期的規劃，但患病後他們可以好好的享受現在，而非完全任由遙遠的未來所佔據。
　　愛滋病患者所採用的時間定向-「活在當下的哲學」(living with a philosophy of the present)與其用來理

解生病經驗所使用的一般性文化故事有關，都是屬於「轉變/成長的故事」(the story of conversion/ growth)。為了進一步說明此類故事的特點，讓我們概略地看一下Stephen的個案研究。他是一個48歲的同性戀者，他可說是轉變/成長故事典範。被訪談當時，Stephen已經罹患愛滋病超過十年。他展現出「我最近已經開竅了」的形象，因為他逐漸把自己轉變成另外一種人。這類轉變的主題就構成了這個故事的一部份。

第一個主題就是對愛滋病的心理及生理之間關係的高度關切。例如Stephen在訪談中就不斷地強調自己身體的情況，以及本身的心理及生理健康活動是密不可分，不能把它們分開來看。跟這個主題相關的還有情緒需求與物質滿足之間的關係(在Stephen的認知中此二者是分離的)。Stephen覺得他之前過度重視物質滿足的目標及成果，結果他就無法好好地去對他的「情緒需求」作反應。他會說：「我是一個會計師。或者我是這個、我是那個。」他都是用社會定義來將自己客體化。因此「我感受到的壓力突然大增。」

從轉變/成長故事中衍生而來的情緒及心理需求，和治療的影響息息相關。例如透過心理治療的意象共鳴，Stephen將他的童年與得到愛滋病的早期作比較。他認為童年缺乏愛、安全感、及感性，因而他得要和一個像敵人而非朋友的母親一起生活。Stephen舉例說他媽媽曾把他的哮喘呼叫器取走，他對這件事印象深刻，也因此受到過度的驚嚇導致哮喘病發作。對Stephen來說，這些事情很重要，因為它在腦中留下了負面的烙印。當被診斷得到愛滋病時，他立刻就認為他體內有個敵人。遇上和之前的困擾類似的經驗，讓Stephen決

心把他的經驗轉變成新的東西,而非不斷地重複以前那種困擾。當他告訴自己的時候,他表現了很強的決心:「不!我決不能忍受這樣的生活了。從我開始這樣想的那一刻起,我就開始表現的不一樣了。」

第三個相關的主題也很重要,是與消費主義(consumerism)或增權益能(empowerment)有關。Stephen曾以進行中的戰爭為題作畫,在其中他把自我照顧及軍事形象二者有趣地混合在一張圖片中。他說:「我嘗試找出一個不同的方法。嘗試找到最好的方法　好提供足夠的資訊,賦予我權力,讓我作出適合我人格的選擇。」這增權益能的主題也可以追溯到Stephen對他的情緒及物質需求的區分。他的故事再度強調「轉變」,很明顯地,他看事情的方式跟從前變得不一樣了。他從前依賴自己工作職位的高低來定義自己的生活,但這造成了心靈的空虛,他「逃避部份的自己,把它們鎖在心靈的深處」。他的「夢想及興趣被放進一個袋子,堆放在心靈小暗室的一個架子上,也就是無意識的範圍。」透過增權益能,Stephen認為必須重新找回這些東西。

這三個相互關聯的主題:心靈與身體的聯繫(心物一言論)、心理/情緒需求及物質/社會需求的脫節、以及消費主義/增權益能皆支配了Stephen的敘事,這就是轉變/成長的典型。Stephen的生活有很多方面都展現出這個故事,例如管理或了解這個疾病的方式、他的工作及情緒生活。其活在當下的取向正表露出「轉變/成長」的故事普遍特徵。

「活在未來」及「正常化」的故事

　　受訪的愛滋病患中有七位其時間定向的表現跟前述的「活在當下哲學」完全不同。他們是採用眼不見為淨或積極否認的策略。他們決心不讓愛滋病毀掉他們對未來的計劃，從以下的引言就可見一斑：

到現在我還是認為*我會活得跟其他人一樣久*......，有人說有些人可以活25年...有一些研究則是說..大概只可以活14年...，天知道...？有些人也許在20歲時染病卻可以活到80歲，你也不知道行不行...誰知道呢？

它並不會影響到未來的計劃...我規劃未來，也為退休後的事，還有類似的事情作規劃。我想好要如何利用我的退休金，可是還沒有成行的打算。如果我在意的話我早就出發了。我會早點退休，好好的享福...。我不會改變的，除非有人跟我說一些不一樣的...不然我就會一直待在這，直到 90歲或其他的，直到老死...。

...我已經下定決心要盡量活下去...我要看到我的小孩上學，嘗試所有的事，然後長大成人，看他考到駕照及其他的事。就像Lisa說的，試想我們有小孩，接著過幾年又有了孫子。試著想像說接下來這幾年我變得更強壯了，能作更多的事，我注意到更多的事...你明白的...如果我們有小孩，我們就需要更大的屋子了...。我將在明年或明年底開始我的生意，...我很期待這件事，如果全都實現我會很高興，我的小孩可以坐在我的膝上，把房子打理好，反正總是會有事可做的...。

　　從這些例子可以清楚地看到，這種方式的生活跟採取「活在當下哲學」的生活方式截然不同。與其接受活不久的可能性而發展出一種享受現在的哲學或生活方式，這些人拒絕放棄他們的日常生活方式，也因此拒絕面對即將來臨的死亡。

　　這種「活在未來」(living in the future)的時間定向，跟愛滋病患最常用來合理化他們生病經驗的文化故事有關，那就是「正常化」的故事(the story of normalization)。25歲異性戀未婚的John是這種文化故事的典型代表，他是因為罹患血友病，結果在輸血時感染了愛滋病。

　　在整個訪談中，John為自己塑造了一個愛滋病對他影響甚微的形象。他不斷地使用各種修辭讓他可以否認、減少及淡化愛滋病對他生活中各層面所造成的影響。例如他強調被診斷為愛滋病不是問題，他沒甚麼不對勁的，他也拒絕採取特定行動來照顧自己及健康情形。他說他並沒有服藥，而且飲食也跟以往一樣。John澄清說，他決心把罹患愛滋病所帶來的影響降到最低。這也是他面對是否接受過治療這類問題的反應，他會說：「沒有，我不認為我曾經接受過治療。」他明顯地厭惡醫療介入他的正常生活。

　　John為他自己的性生活也建構了一個相同的形象。由於愛滋病是一種透過性行為傳染的疾病，我們理所當然的認為愛滋病患會對性關係感到某種程度的情緒焦慮。但是John的答案並不支持這種想法。現在他必須要戴保險套才能和他的妻子發生關係，這讓他很不滿。「這件事真的惹毛了我。」在他的性關係方面，這種表現再一次淡化John的心態。他的說法試圖表現出他很在意無法在性生活上得到滿足，進而把患病的嚴重性忽略掉。

　　前幾次的訪談讓我們覺得John對工作的取向有點矛盾，因為他嘗試淡化他的病情，並強調他要把工作完成的決心。這似乎跟他盡可能繼續過平常生活的想法並不一致。當我在訪談中指出這點時，他進一步強調他是「那一種人」的反應讓我洞悉了他的道德觀。他說：「我不會停止工作，也不打算待在家裡浪費時間，我不是那種人。」反之，他要經常做事，讓自己忙碌。他會做有給職的工作是很現實的，因為他扮演了養家活口典型的男性角色，他對妻子很負責任，「沒有我的薪水，我們沒法活下去。」John的顧慮是大部份工人的顧慮，他討厭他的工作，其實如果經濟許可的話，他早就放棄這份工作了。

　　當John被問到愛滋病如何影響未來的計劃時，一般而言無論是正面或負面的回答都會假設愛滋病患者或多或少受此診斷影響，可是John卻堅持說他沒有受到影響。他回答說：「並沒有」。John接著有意無意地列出他已經完成，以及未來將要執行的事件清單來說明他的情況。「我為未來作計劃，我為退休作計劃，我規劃如何使用我的退休金，我沒有離職的打算。我將不會離開–直到我90歲或老死。」當John被問到對自己可以健康地生活這麼久有何感想時，他所秉持之「不做無意義事」的哲學就又現身了，他說：「我也不知道。」很明顯的，他不覺得這個問題值得考慮。他說這一定是他做了一些事，不管是甚麼，他都會繼續做下去，而且希望它還能繼續地起作用。當John被問及他對死亡的感覺時，他還是一樣否認他曾經害怕過：「我如果要死，我就會死。我只希望大家可以享受之後的聚會。」

　　John所使用的突出形象及隱喻，像是「就去做」、「像正

常情形繼續下去」、「保持忙碌」、「工作」、「別讓它干擾
你」。透過John對藥物及治療、身體狀況、性生活、與妻子
間的關係、工作生活、他對未來計劃的態度,使得正常化的
故事更為具體和完整。

「活在空虛的現在」及「失落」的故事

　　有10個受訪者對於習以為常的自己不再存在這件事,無
法調適得很好或演變出活在當下的哲學,也沒辦法把診斷出
愛滋病對時間定向及未來計劃的影響降到最低。這些人我們
可以說他們是「活在空虛的現在」(living in the empty
present)。以下是他們的說法:

它會讓我想要每天玩耍...。我現在都不會把心思放到12個
月以後,雖然這樣有點奇怪,但是這診斷就是蒙蔽了我對時
間的認知。它讓我覺得不要想超過一年以上的事,這是為了
以防萬一。你可能會病倒,反正有些東西出現就會把事情搞
砸了,所以就慢慢來嘛...。這可不容易,尤其是你從小就
被教育要去計劃你未來的生活。

那時候我滿心憂慮,不過我唯一的計劃還是被保留下來了,
只是這個計劃並不完整...。

...我想我心理一直在為不可避免的事作準備...[我覺得]...
傷悲多於任何事...。傷害到我所愛的人...,不能像從前那
樣活著,計劃未來,有目標。我將沒機會看我的姪兒女長大
成人。可笑的是,我還會想說在夏初時在花園種植花草,那
在夏末時能看到開花結果嗎?我是說我家從來沒有花園,雖

然我不介意，而且我未曾在這之前作過任何園藝。我知道某種程度而言，這是合理的，但到某種程度，它又不合理了。很重要的一點是我真的去買了一些黃水仙的種子，一些鬱金香的種子，一些藏紅花，並把花園整理了一下。同時還要確定狗狗不會去把它們挖出來。把它們種好的時候，我在想我有機會看到它們長出來嗎？

我不會去想未來這一年內將會發生甚麼事。當馬克去世時，我的未來似乎就已經停止了。因為我都得靠自己一天渡過一天。...這對我影響很大，因為我知道我不可能活到老。我想看我的小孩。譬如說我已經看過小嬰兒踏出第一步，現在對我來說最棒的事是可以看到他們長大，但是你也知道，我不知道這有沒有可能發生。所以我試著不要想太遠，因為如果我把希望築得太高...，你了解的，我只是活過一周算一周。

從這些例子中，你可以看到無力邁向未來，對生活不再抱有希望、前途、抱負，這些經驗所造成的破壞力。當這些能力被創傷(例如愛滋病)給動搖了，個人就會緊緊地抓住現在的時間，因為這就好像是他們唯一剩下來的東西。在無法預見未來時，這麼做看起來似乎很有活力，個體會絕望地把握現在所有的一切，並把安全感立基於此。這樣做有個比較大的問題，那就是個體為自己所建立的安全感其實有點像在坐牢一樣。強迫性地對自己的行為加以限制，這也意味著為了把握現在，個人所有的潛力將被大大降低。前面的引言很清楚地說明他們不會去想、去計劃，或設想未來的前途，因為他們怕會失望。焦慮跟害怕緊緊相連，使他們無法投入不

同的計劃及前途,所以他們的生命失去了意義及凝聚力,他們的生活變成為了保持形象而作徒勞無功的嘗試,就算現狀是那麼地無望。

　　沒有未來所造成的另一項損害,是他們會把心思放在過往,抱著一種無用的希望,希望「能擁有像以前一樣的東西」,進而沈浸於「可能會」的想法。這種想法可以從研究參與者以過去式的措詞來描述願望而看出端倪。例如「沒辦法像以前那樣生活了」。他們也會說些不可能實現的願望,像是「我要活到70歲」。其他的創傷經驗例如被拘留在集中營(Frank, 1984:48)和長崎原子彈爆炸的倖存者就指出(Lifton, 1968)過去的經驗會如何地變成未來的創傷,並進而使他們變得頹廢,失去生活的意義,結果導致後來身心的衰微。這個結果並不令人意外,有少數的愛滋病患者曾表示要自殺,並採納「活在空虛的現在」的時間定向,誠如以下的引言:

有時我甚至希望能死掉,因為活得愈久,似乎日子過得愈困難,每天只不過在苟延殘喘。有時我會覺得這並不值得,其實我曾經自殺過兩次,我真的對得到愛滋病這件事感到非常沮喪,而我認為結束生命也許比較簡單一點。

我只是很傷心,心裡只想著讓我死吧,你知道的,我並不在乎...。

我想我真的,真的,我真的想去死。我想你知道的,我的生命已經給了我很多東西,有些東西很好,有些東西很討厭,其實我覺得我有很好的一生,只是靈魂死了...。我想你知道的,我只想盡快到另外一個世界去,因為我覺得我現在的生

命已經沒有甚麼可以眷戀的了，我覺得已經沒有了，我不知道，反正我就是覺得。我真的感到很難過，是的...，我覺得我活夠了，我準備好要死了，我覺得我活夠了，你知道的，當我有這種感覺時這並不是一件好事。

　　這種活在空虛自我的時間定向，跟愛滋病患普遍用來合理化其患病經驗的文化故事有關聯，這是屬於「失落」的故事(the story of loss)。Craig是一個34歲的同性戀患者，在受訪時他已經罹患愛滋病超過九年了。他就是這種文化故事的典型例子。在整個訪談中，Craig顯露出他是一個迷失方向的人，他把自己從前的生活、自己從前是怎樣的人、以及他現在的生活作一個強烈的對照。這個可以從訪談最初期，他對愛滋病如何影響他身體健康時的敘事窺見一二。他說：「我現在感覺比以前的狀況還差。我經常感到疲累，懶洋洋又憂鬱。而且，基本上我覺得不像以前的狀況那樣好。」Craig在他的訪談中不斷地重複「健康的過去」及「重病的現在」。

　　Craig所塑造的主要形象是「被隔離、退縮、阻礙、以及與世隔絕。」他為自己製造了或多或少被疾病所擊倒的形象，並屈服於此形象的摧殘。當他被問及做了怎樣的努力來照顧自己的身體，他回道：「盡量吃好睡好，不要喝太多酒。」基本上他的生活步調也變慢了，(記得Craig和John的區別)。John的生活維持正常，他並沒有戒掉任何一種不良習慣。而Craig「每個月」都去看醫生，作血液及健康檢查。這些都顯示Craig對感染愛滋病非常在意。他不去普通病房檢查其他可能的疾病，因為這只能檢查他是否患病而已。從

他的描述中他其實假定這些病症都存在了(已經有一些症狀了)。

　　至於他的社交生活，Craig說他「只想躲起來」，完全透露出與世隔絕的想法。他也不想告訴別人診斷結果。「當你說的那一刹那，就像沿著繩子滑下去...一切已經開始結束了。」Craig顯得沈默寡言，他無法跟別人提起診斷結果，診斷結果是讓他從外界退縮的部份原因。他害怕「從繩子滑下去」會碰到別人的地盤，這表示他一直需要有「柵欄」保護著他。Craig進一步說他現在比從前更加的封閉。他說：「我**不再交遊廣闊**，我想卡波西氏肉瘤的灼燒治療也許才是當前最緊要的事。**如果我沒患愛滋病**也許我會比較有信心。」有關他的工作生活，Craig再次拿以前跟現在的情形作比較，「**如果我沒患愛滋病，我也許會**更加外向，比現在更有主張。」

　　由這個簡單的分析，很明顯的，失落的故事隱身在Craig生活中的各個角落，例如在面對及處理患病的態度上，他的工作及情緒生活，「當下處處空虛」的生活取向，這些都是失落故事的最佳寫照。

這些經驗對於日常生活經驗之結構的啓示

在本章我們已經介紹一群愛滋病長期患者的時間定向，

以及他們如何與三種文化敘事作連結。先來回顧一下，他們採用(1)活在未來及正常化的故事、(2)活在當下哲學和轉變/成長的故事、(3)活在空虛的現在及失落的故事。這些故事與其他類似的愛滋病長期患者研究結果很相近(Schwartzberg, 1993)。另外也有不少有關其他疾病的有趣敘事研究(請參閱 Early 1982; Brody, 1987; Kleinman, 1988; Robinson, 1990; Viney and Bousfield, 1991; Frank, 1993, 1995; del Vecchio Good等, 1994; Farmer, 1994; Garro, 1994; Good and del Vecchio Good, 1994; Radley, 1994)。

　　讓我們回到本書最關心的部份，這些愛滋病患者的經驗對一般人例行敘事形構(routine narrative configuration)有何啓示呢？誠如第三章所提到的，身爲一個人，我們會不斷努力以便保持連貫性與秩序，從而面對持續不斷的威脅以及眼前各式各樣的混亂情形。這牽涉到日常生活的瑣事到整體生活的連貫性(Carr, 1986:91)。例如個體在應用轉變/成長或正常化故事時，儘管還是得面對死亡將至的事實，但是他們都會試著保留某種創造意義、設想和目標的感覺。當然，他們是以不同的方式在做這件事，這在本章前面Stephen及John的案例中可見一斑。例如John似乎努力過得跟以往一樣，做平時會做的事，計劃著他與家人的未來生活，以便保持凝聚力的感覺。反之，Stephen覺得必須去面對愛滋病診斷對心靈造成的影響，並由此改變他對未來的生活取向。

　　雖然使用的策略不同，但這些方法都同樣帶來正面的意義，它們讓個體保留了「象徵性的不朽」，基本上這意味著個體在面對不可避免的死亡時，必須將過去的經驗與死後才會發生的事情連結在一起，以維持一種內在經驗的連貫性。

這類需求可透過本章所描述的不同故事來達成。儘管受到即
將來臨的死亡威脅,以及死後生命將變得無意義的陰影籠
罩,他們也要找出一條有創造性意義的路,這也許就是海德
格(1962:264)所說的,「對死亡的預期造就了一種真實的
存在,同時促使個人成爲整體。」

　　就像失落的故事所呈現的,這些經驗也清楚地告訴我們,
當我們發現自己面臨到連貫性可能不保的考驗時,又將會發
生甚麼事。從這些訪談中,我覺得活在空虛現在的人已經失
去求生的意志了。死亡的威脅使他們缺乏創造的潛力,無法
維持任何的連貫性,而且失去正向意義及生命價值的意志。
如果死亡將至,那麼掙扎、關心、傷害、及希望的意義又何
在呢?正因爲這種感覺,活在空虛現在的那群人無法將過去、
現在及未來之間串聯起來,然後變成一種很有活力的感覺,
因此他們的生活就像被鎖在牢房裡,完全沒有未來,同時也
打造了現在自己的煉獄。

個人經驗與敘事

　　本研究結果所提出的敘事概念以及三種具體故事,和其
他研究個體如何調適及合理化疾病的研究結果相當一致。例
如這些敘事與Radley及Green(1987)在他們對慢性病患研究
指出的調適型態很類似。「正常化」故事與他們的「主動否
認」(active denial)調適型態很類似;「失落」的故事則

與「聽天由命」（resignation）的調適法雷同；而「轉變/成長」的故事則與「次級受益」（secondary gain）有異曲同工之妙。Radley所指的型態概念涵蓋了調適過程的概念，也與本分析有關（Radley，1994，1997）。調適的型態並不光只是個別特質或個人特徵，像 Williams(1996:33)主張「敘事存在於嘴巴、身體，或是透過嘴巴、身體的技巧表現出來。」個體如何處置他們的疾病會受到重要他人的出現與否、他對疾病的反應方式、以及特定生活情境的資源所影響。因此本章所使用的敘事概念與Radley的型態概念同樣想試著去說明愛滋病的長期調適結合了個人和經驗法則，這些個人或經驗法則除了個人生理上的調適外，也包含了從文化故事來理解此經驗的社會調適。

　　例如John的正常化反應是基於傳統男人養家活口的模式，其部份生活是跟妻子一起度過的。他的調適包括了盡可能去維持原來的生活結構，相對地，他渴望達成情緒與精神方面更大的滿足，想要追求最好的。就如他說的，他真的是劫後餘生。Stephen的一個長期伙伴兩年前因為愛滋病逝世，這件事讓Stephen覺得自己有需要加強自己的心靈成長。在愛滋病的陰影下，Craig開始變得退縮一直持續到現在。他隱瞞父母及鄰居他是同性戀的事實，這情境使他從一個健康的世界退縮到他被感染的病患世界，這個世界充滿拒絕及罪惡感。

　　敘事與個人愛滋病經驗之間的關聯，讓我們想到第二章中跟實在主義（realism）有關的問題。雖然在本章我們提到了一種社會建構主義的關懷，檢驗人們應用某種特定的敘事方式來建構自我與認定。我們同時也用到實在主義者的假設：這些敘事同時也可以反映出個人創傷經驗的真實面。因此我

們假設談論被診斷為愛滋病患後的生活,以及真正過這種生活之間應該有一種和諧性存在。就如我們之前主張的,雖然這種實在論的假設從社會建構論的角度來看是有點問題,不過對於致力於健康研究的研究者而言,這個假設在社會、文化及心理領域建構了一個重要的前題。對於研究健康領域的社會科學家而言,想要「學以致用」,想要走出心理學的研究領域,進而對政策與實際面有所影響的話,那麼這個前提就缺它不可了。

敘事與當代文化

　　本章的最後將探討一般社會及文化因素對愛滋病患者敘事的影響。西方社會自1950年代開始,很多的疾病已經變成政治問題,造成生物醫學典範的概念及對各種疾病的醫療普遍受到某種程度的挑戰。病人人權團體及民間組織開始宣傳對抗傳統醫學對待病人的消極方式,並大力爭取不只把病人當病人,而且要把病人當人的權力。這類的抗爭對愛滋病患來說更加的強烈,部份原因是因為會得到愛滋病的人常是被邊緣化及弱勢的團體,例如同性戀、黑人、吸毒者、血友病患及妓女。

　　從本章研究參與者們的敘述可看到病人對個人及文化的抗爭,他們不只被當成生理上得病的病人而已,他們也建構了表現這場抗爭的不同方式、另一種想法及應對當代文化中

泛政治化的方式(Davis, 1995a；第六章)。例如正常化故事
中拒絕接受任何罹患愛滋病後加諸於身上的限制，這個特質
就是一種拒絕的策略，拒絕接受愛滋病是一種傷殘有時會被
傳統政治家拿來作宣傳，他們的目的是透過宣傳來達成平等，
像是反對歧視、改變憲法及政策、和改善人民的權利及解放
愛滋病患者。

　　正常化的故事與 Frank 所提出的「復原」敘事(resti-
tution)很類似。根據Frank的論點，復原敘事具有現代的特
質，以及建構出當代文化所喜愛的敘事。基本上這敘事結合
了現代論者的期望：每一種痛苦皆是治療(Frank, 1995)。
這治療也許是某些醫學上把病治好的療法；也許是政治上的
活動，透過某政策的制定來解決問題。復原敘事的一個重要
特徵是結合「以某種方式應對世界、船到橋頭自然直」的假
設。因此，以John為例，他相信如果繼續做他所做的事，在
一天將結束時，事情就可以順利解決了。另一個復原敘事的
例子Fraser在其「我父親的房子」一書中所揭露的「舊式」
女性主義論調(這將在最後一章討論到)。在這敘事中融入了
被男性剝削的解決方式。Frank 對這種敘事很敏感，我們將
在第八章中探討為何如此。到目前為止，本章所提的敘事及
Frank 的研究之間的關聯應是不言可喻的。

　　轉變/成長的故事和「個人即政治」(personal is pol-
itical)這個想法很接近。相似於Fraser的「我父親的房子」
的強勢治療敘事證據(見第六章)。這牽涉到較多的內在或心
理取向的經驗，以及希望獲得更多自我了解、意識、前進的
期許。敘事治療普及的最好證明就是心理方面的治療已經大
幅增加，例如近幾年心理治療及各種治療的方式廣泛地出現

在西方的文化中。轉變/成長的故事也跟 Frank 所說的「探詢敘事」(quest narrative)很類似,它把疾病描述為一個旅程,個體經驗到危機及改變,而這段旅程最後也會引領他們對於生命中的神秘與不可預知能有更豁達的態度。在第六章我們已經對此敘事提出了某種程度的懷疑,下一章我們會再詳細的討論這些議題。

最後必須注意的是,失落的故事中時常充斥著負面的看法及想自殺的想法與感受,反映了患者的無能為力或缺乏渴望,是當代文化中常見的形式。這與 Frank 的「混沌」敘事(chaos narrative)很相近。現代主義者捍衛治療、進展、以及專業性,實際上洩漏出它的脆弱、無用及無能(Frank, 1995:97)。Frank認為「如果復原敘事可以讓個體遠離痛苦,那麼混沌敘事會讓我們知道我們有多容易會陷入痛苦。」混沌敘事的混亂脫序和缺乏敘事形構,使Frank認為這不再是敘事,而是「反敘事」(anti-narrative)。就如同失落的故事一般,反敘事是一套沒有順序的時間、言不及義、無法充份自我省察的敘事」(第98頁)。

✎ 摘要
• • • • • • • • • •

讀完這章，你應該了解以下的概念及議題：

★關於愛滋病的一些事實
★絕症打亂了我們習以爲常的時間定向－設想未來。我
　們是在時間定向中獲得我們的生命意義及安全感。
★長期活在愛滋病陰影下的主觀經驗，例如憂懼和不確
　定性。
★當代社會中被診斷爲愛滋病患與其他疾病患者之間的
　可能異同。
★當個人與主流文化所推崇的故事或敘事有所悖離，在
　時間定向上也面臨到挑戰時，有三種主要的調適方式
　來面對此毀滅性的假設：
　1.以活在當下哲學生活，及轉變/成長故事
　2.活在未來及正常化故事
　3.活在空虛的現在及失落的故事

★個人敘事與生活情況之間的連繫
★個人敘事與廣義文化敘事間的連繫

Introducing Narrative Psychology

討論與省思

★愛滋病的經驗對於例行時間定向有何啟示?此例行定
  向有何隱義?

★某一種對愛滋病的調適方式是否有比另一種更有效?
  在哪方面較好?其原因何在?

★一個人要如何把一個特定的敘事或故事與生活情境連
  結在一起呢 ?

▷ 延 ● 伸 ● 閱 ● 讀 ◁

Crossley, M.L. (1997a) The divided self: the destructive potential of a HIV positive diagnosis, Journal of Existential Analysis, 8(2):72-94.

Crossley, M.L. (1997b) "Survivors" and "Victims" : long-term HIV positive individuals and the ethos of self-empowerment. Social Science & Medicine, 45(12):1863-1873

Crossley, M.L. (1998a) Women living with a long-term HIV positive diagnosis: problems, concerns and ways of ascribing meaning. Women＇s Studies International Quarterly, 21(5): 521-33.

Crossley, M.L. (1998b) A man dying with AIDS: psychoanalysis or existentialism, Journal of Existential Analysis, 9(2):35-57.

Crossley, M.L. (1999) Making sense of HIV infection: discourse and adaptation to the life with a HIV positive diagnosis, Health, 3(1):95-119.

Davies, M.L. (1997) Shattered assumptions: time and the experience of long-term HIV positivity, Social Science and Medicine, 44(5):561-71.

Frank, A. (1993) The rhetoric of self-change: illness experience as narrative, The Sociological Quarterly, 34(1);39-52.

延伸閱讀註記

　　上述的文獻都詳盡地找出個人如何利用不同的敘事來理解診斷結果，以便與重症共存，這些敘事具有不同程度的調適能力。在課堂上，這些文獻都可以拿來更深入的討論本章所涉及的議題。

Chapter 8

當代架構意義的方式

吳芝儀　譯

從社會及文化觀點評論治療敘事

　　在本書前面的章節，我們已經看到各種當代敘事或故事如何為個人的創傷經驗賦予意義，我們亦提出某些描述較清楚的故事，這些故事比其他故事來的更加「充分」或接近真實。例如在第六章中， Fraser敘述孩提時代遭受性侵害，透過對該故事的分析，我們強調在當代文化中甚為風行普及的「治療」敘事（therapeutic narrative）的限制與不足。誠如第七章所提到，「治療」敘事亦被使用在一些愛滋病患者身上（以轉換/成長的敘事形式）以協助他們接受自己的病痛。

　　在第六章中，我們主張「療癒」或「治療」敘事是為了達成整合、適應、安心和終結之目的；為此，在建構「陷於悲劇當中」的家族史時，Fraser將她父親塑造成和她一樣不幸的受害者形象，如此Fraser終於能夠瞭解、原諒和付出愛，進而繼續其「療癒歷程」（healing process）；也因此，她才學會欣賞這世界的「奧秘」和「神奇」。從個人的角度而言，雖然「自我拯救」（personal redemption）的訊息是有益的，然而我們認為這種敘事的效果在於將亂倫從「犯罪」（crime）變成一種「疾病」（disease）—攸關整個家族的心理疾病；因此治療敘事將亂倫罪去污名，並消除女性主義者對男女兩性之間牽涉到性暴力問題的疑義，也藉此將個人被動的適應和調整，轉換為積極善加利用社會規範及

價值（Davies 1995a: 139）。

Ehrenhaus（1996）在美國從事有關越戰相關敘事的探索時，也對治療故事的觀點表示不以為然。他認為目前對於越戰的討論多被「治療性主題」（therapeutic motif)所主導，「使得越戰退役軍人像是政治上反對黨的代言人」（Ehrenhaus 1996: 78）。依照Ehrenhaus的觀點，為了進行療癒和復原，治療性主題已將所有關於越戰的議題和全部兜籠在一起，無論這些議題是個人的、文化的或政治的」（Ehrenhaus 1996: 81）。在摻雜著道歉的敘事中，「國家隱約地請求退役軍人的原諒，而他們隱約地接受，則構成相對的療癒性，彌補社會結構的缺損」（p.87）。Ehrenhaus認為治療性主題具有「壓倒性力量」（tyrannizing power），藉著讚揚統一性（個人的、關係的、國家的），它無法「忍受會引起分裂的論述」（p.83），因此它以關係性的議題為核心，從「越戰的歷史、文化和政治背景脈絡中」移除了戰爭的行動（p.90）。治療性主題將退役軍人放置在一個心理障礙、脆弱情緒、療癒和自我拯救等隱喻之中，讓退役軍人不受到傷害。事實上，治療性主題係「...使退役軍人噤聲，以替當代戰爭的合法性站台，並運用『合法性』來推翻所有潛在的挑戰勢力，以支持暴力作為國家政策的一種工具」（Ehrenhaus 1996: 78）。

有關治療敘事作為描述兒童期遭受性侵害及越戰退役軍人的經驗等的不適當性，係從社會和文化方面對心理治療所提出的典型批判，在1970年代逐漸顯現出。基本上，這些批判是認為人們對心理治療和自我發展所漸增的興趣，遠離了先前世代對公眾世界與激進政治的投入和關心。馬克斯主義

者尤其認為這種新的心理治療過度自我耽溺，是資本主義意識型態中頌揚個人的「神話」（參閱Rose 1989：215）。

Christopher Lasch是本領域最富影響力的學者之一（1980；1984），他認為處於晚期現代文明的人們，會認為自己的特徵是「道德剝除」（morally deprived）。Lasch將此種狀態稱為「自戀文化」（culture of narcissism），或是在他近期著作中所稱的「生存主義文化」（culture of survivalism）。基本上，「生存主義」所指涉的是人們被迫樣去面對只能擁有「渺小」自我(minimal selves)的非常困境時所使用的生存策略，使得現代生活逐漸被定型了。這些「渺小自我」是生活於當代社會中的大多數人，所擁有自我的典型。之所以「渺小」是因為他們與現代社會的特質有關，例如傳統機制的沒落（像是教堂和家庭生活），而這類機制的沒落容易導致個人喪失歷史感、連續性、歸屬感、道德感和責任感；使個人認為他們只需對自己以及當前的自我利益負責任，這種自我即類似第一章中Cushman（1990）所稱之「空虛的」（empty）自我。

「渺小的」或「空虛的」自我，和心理治療之蔚為風行與「治療文化」的提昇有關。因為寂寞的現代社會變化無常，人們愈來愈依賴各式各樣的治療法以求生存。Lasch因而主張心理治療充其量只是協助不滿的個人適應這個充滿缺陷的社會環境，勉強替代現代文明之前所使用的、具有較深層內涵之機制。因此治療變成一種耽溺的形式，助長自戀式的退縮、依賴和順從，不願意去面對無所遁逃的生活難題的道德和生存面向。Giddens（1991）認為治療包含「私密化」（privatizing）的面向，因為治療鼓勵個人從自我決定

(self-determination)的角度來檢視自我，將生命事件從道德考量中分離出來。

除此之外，治療或「心理」文化（包括所有「心理學」型態的專業）不僅止於為個人帶來啟發，更創造了力量的延伸，「對生活本身進行規訓和專業控制」（參閱Rose 1989：240）。在強迫且煽動個案「揭露」自我時，個人和人際生活中較細微和較親密的領域即受到全盤窺視。「在美其名為體認當事人或病人的主體性中，遂行其更深化的征服」（Rose 1989：241），而這種更加「深化的征服」（profound subjection），與個人在治療文化中開始「內化」「自我窺視」歷程(self-surveillance)的方式有關，他須不斷地思考反省並且監控隱涵在思考和行動底下的意義、理由和動機。事實上，對個人「故事」和「聲音」所漸增的興趣，以及本書所探究的敘事心理學—探索我們和他人建構自我的敘事歷程，是為了讓我們得以自由地自我轉化—都可被質疑為一種「深化的征服」的具體展現，在其間，心理學及其相關的專業愈來愈「殖民化」（colonize）我們的經驗及對自我的瞭解。

Lasch（1985）和Melucci（1966a,b）擔心「自戀性退縮」(narcissistic withdrawal)結合「渺小的自我」將導致社會充滿非理性、暴力和敵意，這從我與愛滋患者的訪談資料中即可窺見一二。例如，在自我決定的「難題」上，「自戀性退縮」傾向就很顯著，尤其是在有關性和性行為議題的討論上。在這些議題中，有極大比例的愛滋病患者幾乎總是在談「我」及「我的」需求，常常將自己對他人造成的傷害置之度外。從前面第七章的討論中發現，似乎這些愛滋

患者有種普遍的假設：我們有性自由的「權利」，尤其這種自由有助於他們在心理上重新獲得控制生活的能力。四十八歲的同性戀男子David在以下的言論中說得很清楚：

有一天在Open Door，我說：「我必須取回我的性行為能力」，然後跟別人借了皮夾克，我就往Heath去。我站在一棵樹旁，心想除非找到人上床，否則我絕不離開那棵樹。我一定要取回來、奪回屬於我的權利，不讓醫生或其他人干涉我。有太多人總是說：你絕不可以、你要將全部都捨棄（...許多的罪惡和恐懼，「你不能做這、不能做那」）...嗯！如果你在Jo Bloggins三十歲時告訴他再也不能有性生活，不能再有性伴侶，他什麼都沒有了，看看他是否能夠處理這種狀況。他們不能這麼做，我必須為自己拿回這個權利...而且這麼做，我才能變得更加強壯。這不是壞事，它有非常正面的，這就是我，我之所以為我。

　　另一位同性戀男子也同樣主張他從未喪失性慾。事實上，當他因擔心傷害他人而想「否定」自己時，他的性慾反而會變得更強。不過在最近接受治療中，他「...開始覺得我有權利與有意願的性伴侶發生性關係，因為在此時，我才是最重要的...」。

　　他們以許多方式來表達擁有性自由的「權利」，當他們被問及對他人的責任問題和傳染病毒的可能性時，他們的回應通常是要對自己負責，而不是對他人負責。例如，典型的說法是：「自我保護是我的義務，我沒有義務要保護他人」、「如果我將自己照顧好，就相當於在照顧別人，況且我也無法為他人負責。」因為他們「已經假定」每個同性戀者

都是愛滋患者，再加上自我保護的想法，不願對發生性關係的對象負責，於是同性戀男子常決定不對性伴侶說明自己罹患愛滋病的事實。另一位同性戀者亦未告知與他發生性關係的對象事實真相，由下列引述來看看他會如何自我安慰：

...原先他並不知道我是愛滋患者，但當他瞭解時，他變得非常恐慌...。對此我很生氣...他竟是如此地無知...我猛烈地進入他體內，他卻從未接受過B型肝炎疫苗...這麼做很容易得到B型肝炎...他變得很平靜，然後說：「我們所做的事，我是說，我不會受到任何感染，對吧？」

在這些實例中，值得注意的是它們都強調出此一文化的危險性，此一文化鼓勵個人要從自我決定的角度來省視自己的生活，卻不願去面對在這個與人共處的社會世界中，其實有著無可遁逃的道德和生存面向。

治療敘事的正向觀點

然而，事情真的這麼糟糕嗎？那倒未必。其他學者則提出了較不那麼悲觀的觀點，來說明瞭解自己（如治療敘事）以及同時達成自我實現和道德社會的可能性這兩者之間的關連（參閱Baumeister 1991; Gergen 1991; Giddens 1991;

Sugarman and Martin 1995; Melucci 1996a,b; McLeod 1997)。例如，Giddens對於「渺小的自我」這種說法就抱持著懷疑的態度，他認為Lasch之所以對自我有如此負面的描述，是因為他用消極被動的觀點來看待人類的行動主動，而這麼做並不適當。因為此觀點並沒有考慮到具有行動力的個人會站在「適當的位置上」來考慮他們與社會世界的關係，也就是說他們會以反思的且具創造性的方式來回應週遭環境的變化。所以，現代社會雖然可能削弱了個人的行動力，但它也創造了更多的機會及新的可能性，這些機會與可能性在前一世紀可能是無法想像的（與第二章中Gergen所討論的「飽和的」自我相似）。Lasch對日漸興盛的「治療文化」也有過於負面的詮釋，Giddens亦針對這一點提出進一步的批評。Lasch認為治療是一種「無關政治」（apolitical）的手段，目的是為了使不滿的個人去適應這個有缺陷的社會環境，可是這個說法並無法點出治療可增權益能的潛在本質，理想上，治療應該是能夠促進個人以創造性的、反思性的方式，來回應其社會環境中持續不斷的變化！（亦可參閱Gergen 1991）

　　Giddens的主要論點是針對Lasch所謂「渺小的」自我提出批評。Lasch認為個人的自我常常在治療過程中，或透過治療形式的敘事（例如流行心理學的自助書籍和錄音帶）而被渺小化，而此一渺小的自我已成為當代文化的特徵之一。Lasch認為在渺小自我的狀態下，我們的思緒或多或少都侷限於找尋對我們有效的「生存」策略，於是個人又退縮至自戀式、「個人」（personal）或「私密」（private）的範疇中，只關心自己的想法和感受，不去關心我們的行動對「公

眾」（public）或「政治」（political）領域所帶來的影響。
從之前某些愛滋病患者對性的態度就可以明白這一點。另一
個典型的例子就是選舉行為，近幾年來，有很大比例的年輕
人沒有參與地方性或全國性的選舉；當進行民調時，許多年
輕人認為這是因為他們「看不出這對他們有什麼好處」或
「對我來說又沒差，幹嘛那麼麻煩？」這可稱得上是Lasch
「渺小」求生存自我的極佳例子，他們只關心自己的需
求，即使對自己所處的群體造成損害，也認為沒什麼大不
了。

　　然而，Giddens卻認為Lasch係將「渺小」自我作為一種
「私密」自我，以防衛性的方式，將自我與「公眾」或「政
治」領域區隔開來，因此無法察覺當代文化中「自我革新」
（refashioning of self）的政治意涵。這些改變對於重新
建構政治上的努力，處理後現代社會中愈顯重要的難題（例
如生態問題、適應慢性疾病、及從各類創傷中存活等）均是
非常重要的。Giddens還區辨「解放政治」（emancipatory
politics）以及「生活政治」（life politics）兩者之間的
差異性，這也是Giddens的論點核心。

　　隨著當代文化、制度發展，其發展前期衍生出解放政治
，此政治氛圍促進了解放的原則。Giddens認為解放政治是
一種普遍的觀點，關心的是如何促使個人和團體免於承受壓
迫，以免這些壓迫影響到個人、團體生存的機會。此政治觀
源自於權力的階級概念：權力（power）是指個人或團體能夠
對其他個人、團體暢行所欲。而解放政治所關心的就是要減
少或消除這類的剝削、不公平以及宰制壓迫，目的在於協助
人們從受到宰制壓迫的處境中解放出來，崇尚公平正義、平

等和參與的道德價值。

　　相對地，「生活政治」的概念是以打破傳統和階級控制狀態爲前提，只有當我們達到某種程度的解放，才能進入「生活政治」的範疇。這類政治型態並不只是思考哪些條件能讓我們獲得解放，或是獲得更多的選擇（這是解放政治所要達成的任務）。生活政治是一種「選擇的政治」（politics of choice）－一種生活風格的政治(a politics of lifestyle)，是後現代的政治，並且建構出Giddens所謂的「反思流動的秩序」（reflexively mobilized order），其認爲雖然對於全球秩序而言是有點主觀，不過從個人的角度而言，社會秩序還是可以非常具有「反思性」的（也就是能深思熟慮及富創造性）。因此，生活政治是一種做出生活決定的政治。此類生活決定是當代社會所獨有的，因爲我們必須先擁有廣泛的選擇機會才有可能決定（以前我們可沒有多少選擇可言）。我們常常問自己「我想要做一個怎樣的人？」、「我想成爲一個什麼樣的人？」這類有關「自我認定」（self-identity)的問題，就是「生活政治」的問題–我們可以從許多機會與選擇中決定一項。在第一章中曾提過C. Taylor（1989）有關當代自我之討論，他相信今日困擾我們的問題，包括對於我們自己和生活方向，和過去人們所煩惱的問題可是天差地別。因爲過去人們處於「不容挑戰的意義架構」下，對人們做出「至高無上的要求」（imperious demands）。相對地，在今日的社會中，我們對自己所持有的意義架構已不再正確無誤了，沒有一套意義架構能使所有人信服且共有，「單一」的意義架構已經不復存在了。

　　我們可以從女權運動中看到解放政治如何轉變成生活政治。Melucci（1996a: 137）曾描述西方社會女性的從政途徑，來說明女性動員的力量的弱化和衰退。這情況起因於1970年代政治及社會利益的重新分配，隨著女性漸漸有能力在社會和政治上進行協商，女性在日常生活中所呈現出來的政治之「文化」形式亦隨之發展，進而促使女性的政治行動更趨體制化。這些政治的「文化」形式意圖在尋求另一種方式的自由：不再是因為匱乏而想要的自由(freedom from want)，而是一種勇敢去要的自由(freedom to want)；不再是為了平等而奮鬥(struggle for equality)，而是為了差異（struggle for difference）而奮鬥；不再行動的自由(freedom to act)，而是成其所是的自由（the freedom to be）（Melucci 1996a: 135）。

　　套用Lasch的話，Giddens認為這類的「生活政治」或「認定」問題可被視為轉向「私密的」、「自戀式」的結局。只是Giddens認為當達成一定程度的解放時，這些問題有會跟著發展起來，而不至於導致「自戀式」和道德的結局，事實上會使我們更加心胸開闊地置身於道德和存在的兩難議題之中。依據Giddens的說法，人們對生活、自我、和人類身體（如對墮胎、安樂死、另類醫藥、生態議題等等）進行反思性的關注，即是當代文化的特徵，這些都使人們對於道德、政治和倫理議題，重新產生高度和廣泛的興趣。生活政治的議題，使得社會生活必須再次建立新的道德觀，並且對於那些在現代化歷程中逐漸敗壞的問題，具有更新的敏銳度。

Rose（1989：241）也從較具批判性的角度提出類似的論述，認為治療敘事及治療文化以不同的方式促使人類「成為倫理人」（become ethical beings），「依據道德守則來界定自己且使自己符合規範，建立一套誡律來建構與評斷其生活，以拒絕或接受特定的道德目標」。以此方式，治療敘事在相當大程度上與「現代自我的社會政治責任」（socio-political obligations of the modern self）有著強力的連結關係（Rose 1989：253）。這樣的自我應該能夠「藉著個人決定與個人責任之假定，來操控個人的生活路徑」；「這是從所有道德約制中解脫出來的自我，以建構一個自己所選擇的生活，一個自我實現之生活」（p.254）。因此，根據Rose的觀點，生活應該以「個人實現的標準，而非社群利益或道德忠誠度之標準」來衡量」（第254頁）。是以，治療敘事提供了方法，藉由促進「追求自由之責任」（the obligation to be free），使我們和其他人的行為規範可以「與當代政治原則和道德觀點相互協調一致」（p.257）。因此，「當我們致力於實現自己的期望時，我們也有責任去達成我們作為主動積極的公民之政治角色...」（p. 257）。

此時再來談談C. Taylor（1989）對當代自我所做的歷史研究，相信你會更能領會。Taylor曾以人們對於「道德」（morality）和「良善生活」（the good life）的定義，來描述在浪漫主義時期，自我概念的「內化」（internalization）有多麼重要。在此時期之前，某一事件或行為能否被視為「良善」或符合道德的特質，取決於其所產生之「客觀」與「外在」的結果。相對地，在浪漫主義時期，一個人的行為舉止是否符合道德規範，要看他們自己「內心」如何看待該

事件而決定。因此，根據Taylor的看法，「內觀趨向」在此時達到最高峰。由於主張「個人主義的」立場對治療敘事非常的重要，Rose認爲浪漫主義時期所出現的道德概念，以及當代治療文化中反思性自我探索的立場，兩者之間具有密切的關連。

創傷和「道德至上」的故事

這些與我們曾經提出的關於自我、疾病和創傷故事之問題，有何關連呢？迄今，我們曾討論過愈來愈多由各種創傷「倖存者」所口述或寫下來的「療癒」或「治療」敘事，其效果仍是有待商榷。例如，Fraser的「療癒」敘事即意味著，其強調的重點已不再是父權主義權力和剝削的社會、道德以及政治背景，轉而關注個人家族史中的心理動力，這可被視爲Lasch「生存主義文化」的典型例子，因爲Fraser在療癒中倒退回到「個人」或「私密」的領域，忽略了「公眾」或「政治」的範疇。

但是上述所言是否屬實？之前我們討論了Giddens的研究，了解到此種結論係來自於「解放政治」和「生活政治」兩者間舊有的區分。在提出這個論點的同時，是否展現出我們對政治的瞭解是非常有限的，以及我們只將對於政治的認知等同於「解放政治」的範疇？Fraser認爲她所經歷過的創傷經驗使她能「以新的視野看待這世界」，在其「狹隘的因

果世界中」，她現在已能夠體認到愛、希望原諒和同理等的重要性及必要性。然而，這樣的言論可以看作是Lasch「生存主義式」自我之典型代表嗎？亦或是Giddens所謂的「生活政治」？也就是說，她是否開展了我們的視野，使我們更去注意到與生活之意義或價值、關係、及如何活得更有意義等有關的道德和存在的難題？就像是前一章中所提到的Stephen這類愛滋患者，他們藉由使用「轉變/成長」的敘事方式，來理解其疾病的意義。就像之前所提到的，Stephen使用一種相對上比較複雜的敘事版本，而其結果也可能如Giddens樂觀的預測一般，由於他對重要的「生活」問題有全新的敏銳感受，使他能夠重新啟動其心理和社會生活的道德感。在Fraser和Stephen的兩個案例中，我們不免有所疑惑，他們是否較不可能成為具道德感和負責任的公民？而只是受憤怒所驅使而已（如同解放政治的觀點促使其如此）？

如我們在第七章中所討論過的，像Frank（1995）等探索人們如何耐受疾病經驗的研究者，將這類敘事稱為「探詢」（quest）敘事。而這類敘事的本質就是視疾病為一長途跋涉的旅程，個人在其中經歷了危機和轉變，而最終則有助於他/她看到了生命中的不確定性和奧秘。由於飽受死亡和人類有限性的威脅，這些敘事傾於向強調道德和存在議題的重要性，進而強調意義和關注等問題，像是我們與他人彼此之間關係的問題，我們如何過生活的問題，價值觀和優先順序的問題，以及有關生命意義的問題（亦可參閱Davies 1997）。

　　Frank（出版中）認爲像本書中這些創傷實例是普遍存在於後現代文化中，因爲他們處於「道德意義的地平線」（horizon of moral significance），一種強而有力的「道德理想」（moral ideal），將生活的「眞實價值」（real value）放回它適當的地方。而這種價值迥異於理性主義的世界觀（強調工作、未來計畫、金錢、補助金、物質至上等價值觀），反而展現其對「完形」（holistic）世界觀之尊重態度，強調人類關係，以及達成自我、他人和世界彼此間的互動。此一不同的道德概念與女性主義評論家如Gilligan（1982）所提出的概念非常相似，他挑戰了受工具理性(instrumental rationality)所主導的「男子氣槪」（masculine）模式，並提出一相互主體性(intersubjectivity)和相互連結(connexity)的嶄新模式（亦可參閱Melucci 1996a, 1996b; Mulgan 1997）。

　　「探詢」敍事的重點在於提供強而有力的證據，提醒我們每天的生活常只是表面而已，應該還有一更深層、更有意義的生活方式。像這樣的故事「使我們不會一成不變」（prevent us from always being the same）（Frank，出版中），使我們能重新思考我們的生活、事件的優先順序和價值觀。Frank（1995）的論點鼓勵我們正視疾病之「探詢」敍事，即是Giddens所謂「生活政治」的概念。「探詢」敍事中所蘊含的「反思」（reflexivity)概念，與後現代文化有關。因爲在過去，當人們生病時，他們唯一的責任就是試著再次康復；然而，在現代文化中，許多是慢性且長期的疾病，因而病人也必須對「該疾病在其生命中所代表的意義」負起責任（Frank 1995: 13）。於是，疾病故事的敍述因此

構成了Frank所謂的「道德至上」(moral imperative)以及
「牽涉到個人責任的深層假定」(p. 13)。更正確地說，這種
「道德至上」所訴求的是，「對於由個人故事所形速塑的自
我進行持續不斷的自我省察，則即使過去所形成的是錯誤的
自我，也將能促成自我故事的重新形塑」(p. 158)。它需要
不斷的「反思監控」(reflexive monitoring)，「在過去和
現在之間來來回回地重新調整，以創造和維持一個連貫一致
的自我故事，那麼就可以重新創造回憶，以及承擔責任」
(p. 65)。在此，我們可以清楚地知道，這種「敘事倫理」
(narrative ethic)整合了道德的概念，「致力於將自己本
身塑造成一個人」(p. 158)。

　　Frank對於疾病故事背後隱含「道德至上」概念的想法
，與Rose (1989) 認為治療文化以不同的方式促使人類「成
為倫理人」，二者之間有相當的相似性。像Rose所言的這種
生物，應該要能夠「藉由個人決定之行動及個人責任之承
擔，來掌控自己的人生方針。...這樣的自我是不受現有道
德規範所拘束，其唯一的規範僅在於建構個人所選擇的生
活，一種能自我實現的生活」(Rose 1989: 254)。而這觀點
亦與我們在第三章所提到自我認定的敘事形構有關。就像是
Kierkegaard和Ricoeur等哲學家所論述的，只有透過述說生
活故事、選取和編輯過去經驗的歷程，以導向我們的未來，
我們才能成為為自己生命負責任的倫理生物。而Ricoeur將
這樣的責任作為其「敘事式認定」(narrative identity)概
念的核心，並且主張只有透過述說生活故事的歷程，自我才
能呈為一個真正的人。

　　然而，根據Frank的觀點，述說疾病故事的道德意識，
並不只是與致力於改變自己有關。例如，Stephen講到自己
被診斷出爲愛滋帶原時，他不只是改變自身的認定，並且也
「指引了其他的追隨者」（Frank 1995：17）。這是因爲罹患
疾病或遭遇創傷者所述說的故事「被賦予了爲其他人呈現出
一種生活方式的責任」（Frank 1995：17）。就Frank而言，將
述說故事視爲責任的觀點，反映出「後現代的核心道德觀」
（core morality of the postmodern），即故事的述說是爲
了他人也是爲了自己。「在述說故事的互惠原則中，述說者
提供自己的經驗，以指引其他人的自我形塑」（p. 18）。Frank
採用Bauman（1992）的說法，其依據道德哲學家Emmanuel
Levinas的觀點，描繪理想的「後現代自我」（postmodern
self)的特徵。此一理想即是「我」存在係「爲其他人」擔負
責任（Bauman 1992：42）。與道德概念有關的基本論點，即
是「人們是爲他人而活」，因爲生而爲人就是要以如此的方
式來生活，只有在與他人的關係之中，自我才能成其爲人；
而且也只有爲他人而活，自我才能繼續成爲一個眞正的人
（Frank 1995：15）。

　　Frank視「探詢」敘事爲述說疾病故事的方式，非常接近
Levinas哲學中所謂達成「理想的道德自我」（ideal moral
self)，這是那些以這種方式來述說或書寫其疾病或創傷故
事的人，係投入於「自我的倫理實務」（ethical practice
of self)，使自己向他人開誠布公。他們期望能藉此「感動
他人，並且使他們在坦露其故事時能有所不同」（Frank
1995：127）。以此方式，探詢敘事中的「自我故事」（self-
story)「絕對不只是自我的故事，而是自我/他人的故事

(self/other story)」（p. 131）。於是，即使表明疾病或創傷的決定可能包含了個人的道德抉擇，但是它同時也暗示了一種「社會倫理」（social ethic）（Frank 1995: 145）。若我們接受了Frank和Giddens的論點，那麼，我們先前對如Fraser個人說法中所顯現的治療敘事「去政治化」（depoliticizing）和「去道德化」（demoralizing）傾向的瞭解，可能有相當大的限制和嚴重的缺失。

復原敘事

另一個需要考量的論點，是Frank所謂創傷和疾病的「復原」（restitution）敘事。如同我們在前一章扼要討論到的，「復原」敘事具有「現代」的特性，構成在當代文化中的一種「文化偏好的敘事」（culturally preferred narrative）。這些敘事納入了現代主義者的期望，即每一種苦難都有其治療的方法。而這種「治療法」（remedy）有可能藉由一些醫藥的介入，以「治癒」該疾病；或者是透過一些積極的政治行動，實施某一特殊政策來「解決」該問題。此類復原敘事的重要特徵是，它們假定了只要以某種方式來行動，問題即刻會迎刃而解。例如，前一章中所提到的John，代表了「正常化」的故事特色，拒絕接受疾病所帶來的限制，相信只要他持續地「努力」，「做他正在做的事」，總有一天，事情就會解決了，這就是復原敘事的一個例子。從下

面所引述Danny的一段話，可明顯看出所採用的「正常化」故事可有些微差異。Danny是位四十歲的同性戀男子，雖然他亦拒絕接受罹患愛滋為他所帶來的限制，但他仍較傾向「積極主動」的傳統政治形式，這也是復原敘事的例子之一。

我們今天已經談過很多了...但我想說的是...我總認為自己是堅強的人，但似乎是，*因為我必須要生存所以我必須要堅強*。我們必須成立支持團體...我們必須與文獻和醫學資訊相對抗...然而現在，這一切似乎都是唾手可得，因為所有的服務和資訊提供都已就定位...這比十年前簡單的多了。我想如果我現在才被診斷出來，我反而沒有辦法像現在一樣的堅強...你知道我在說啥嗎？...人們曾對我說：「嗯！嗯！我認為這並不是宣判死刑，因為我認識像你這樣患有此種疾病的人」...沒錯，我看似活得較久，但我是很努力地用我自己的方式來照顧自己...我也結交了一些同樣罹患愛滋病的朋友，且協助他們對抗疾病，而他們也幫助了我，*而這就是讓我繼續活下去的動力*...團結使我們更為堅強...使我們更為緊密地相互依靠...。

另外一個復原敘事的例子，就是如同Fraser《我父親的房子》（曾在第六章中討論過）部分篇章中所呈現的「舊式」女性主義敘事。在此一敘事中所納入的是一種信念，就像Danny所持有的信念一般，假若女性（在Danny的案例中是愛滋病患者）結合成一個團體，並致力於削弱父權體制的勢力，遭受男性剝削的情況終將找到具體可行的「解決方式」。用Danny的話說即是「團結使我們更堅強」。

　　從這些例子中可明顯的看出，「復原」敘事鼓勵人們努力爲未來奮鬥的信念，相信凡事都會有所進展。在第六章中，我曾討論過Fraser故事中「治療」或「療癒」敘事的充分性，我提到「舊式」女性主義敘事，或以Frank的說法是「復原」敘事，能對Fraser兒童時期的受虐事件提供具有道德性和政治性的述說版本。但眞是如此嗎？涉入政治性活動的人，眞的有必要讓生活難題中的道德和生存面向「浮上檯面」嗎？相反地，Frank（1995：63）要我們相信，我們以「正常化」的方式生活在這個世界上—天眞地相信解決問題和進步發展的可能性—「這幾乎是一條死胡同」。然而，一旦生存在這種「否認」狀態中，我們就接近了Lasch所描述的「道德剝奪」（moral deprivation）的情況。這麼一來，我們就無法更深度地置身於生命爲我們帶來的「眞實」問題之中（亦可參閱Steinem 1992；bell books 1993）。

　　此類否認的例子，可見諸於當代社會中對於死亡（death）和必死性（mortality）議題的處理。例如，Bauman（1992）視現代生活爲「解構必死性」（deconstruct mortality）。基本上，這意味著我們將死亡的威脅（如疾病）分解成越來越小的單位，以驅除對死亡的恐懼。當代的醫療實務即可被視爲「復原敘事」的實例，各類醫療專業的區分即是設計來促成這種解構的發生。只要解開較小的迷團、可以修復或施以醫療處遇，那麼，死亡的威脅即可解構成較小且可以處理的部份。這意味著死亡的威脅最終將被否認，規避開「凡人必死」的重大議題，那麼，生命的「奧秘」將得以昇華。依此方式，被視爲「復原敘事」代表的當代醫學，尋求將「奧秘轉變成謎團」。因爲奧秘只能正面遭逢，迷團始能被一一

化解。若缺乏解決之道，將使奧秘成為當代醫學中的醜聞
（Frank 1995: 81）。

　　關於以醫學來解構人們對死亡的恐懼，且規避凡人必死
的議題之趨勢，可參見del Vecchio Good等人（1994）針對
美國腫瘤醫師（治療癌症病人的醫師）所做的研究。此一研
究描述腫瘤醫師如何處理隨時可能「結束生命」（死亡）的
恐懼感，以及醫師和病人兩者如何在醫學療程中對抗日益到
來的死亡。醫師們嘗試為其病人灌注希望和繼續活下去的期
待，以及置身於艱困療程中的意願。這牽涉臨床時間的特定
結構。例如，「登山」（mountain climbing)是常被用來組
織病人經驗的重要比喻之一，此一比喻是醫療療程漸入佳境
的類比（Vecchio Good等人，1994: 857）。這是一種「保護
的隱喻，說明腫瘤醫師將會把病人帶到較安全且較高的地
帶」（p. 857）；此一隱喻也「貼近美國人的觀念，即透過
激發個人的意願，病人就擁有資源與疾病奮戰，進而可有較
高的機會可以治癒或減輕痛苦」（p. 857）。像這樣組織經驗
之方式，所造成的影響是：「當癌症病人置身於診療機構的
社會情境中，面臨接受處遇和治療的立即性決定時，他們即
進入了一種敘事形式，很少會公開地提到生命之結束，而是
以極小的單位來測量其進展情形」（p. 858）。

　　當然，因為科技和經濟的長足發展，醫療實務也展現了
「復原」敘事的強大力量（例如，先進的醫藥科技）。然而，
在當代醫療文化中所展現的「一心一意之治癒企圖」亦是它
的「終極界限」。因為這就像Frank所主張的，「面對凡人必
死的事實並非這個故事的一部份」（Frank 1995: 95），況
且，這在del Vecchio Good等人的研究中清楚地顯示出，腫

瘤醫師們經常要面臨「生死關頭的困境」，尤其在病人已明顯地瀕臨死亡，醫師們不可能再對他們「做什麼」（指積極的醫療行為）時。

這時，腫瘤醫師為病人所組織的經驗結構，可能是片段式的（del Vecchio Good等人1994：859）。接下來會發生的事，就是腫瘤醫師的「專業」工作時程幾乎無法對時間做出明確的預測，很可能在突然之間就必須做出關鍵性的醫療決定，且對病人說明。尤其是當處遇已到了最後階段，病人的生命已走到了盡頭時，所有相關的人都會感到非常不舒服。

del Vecchio Good等人指出像這樣的復原敘事，不只會對病人接受處遇的經驗造成影響，也會對整個社會在癌症研究和抗癌處遇產品上的投資有所影響。正如他們所提到的，「在預定的診療時間內，對於特殊抗癌治療法的希望和期待，可能使『希望』成為有用的商品，期盼透過生化科技而拯救身體健康」（1994：859）。

彰顯於當代醫療文化中與復原敘事有關的哲學，其實並不侷限於醫學。事實上它也已滲透進「病人」或「倖存者」團體之中，而在後現代文化中，這些團體常常是因「疾病」的某一固有特質所組成的。「疾病」在此處使用引號，是呼應「倖存者」一詞的使用（就像是罹患愛滋病者「求生存」、罹患心理疾病者「求生存」或兒童期遭受性侵害者「求生存」一般），意指對伴隨著疾病和病人身份而來的被動無助感提出挑戰。這在我與來自「全國長期倖存者團體」的愛滋患者進行訪談中展露無疑。例如，當中的許多人堅定地相信，他們之所以能在感染愛滋病後仍存活這麼久，乃源自於他

們所做的努力。Alicia是一位三十九歲女性，曾說過：「我之所以仍然活得很好，是因為這就是我選擇要做的事」。相同的信念也可見於Danny的說法中：

過去，不管我想要什麼，我都必須自己去奮戰...現在，我看到參加「身體正面」（Body Positive）【一個自助組織】團體的人，他們就是去那兒，因為他們認為那是社會事件。他們對醫學沒有興趣，他們也沒有興趣發行新聞通訊或經營這類團體，他們就只是去參加且接受服務...我常在想：「上帝呀，十年前您是什麼樣子啊！」【當時並沒有任何服務機構存在】。

　　對照自己與其他較不積極參與政治行動的愛滋患者，Danny相信他的生存乃源自於自己的行動。這些人所述說的許多故事中也可以明顯地看出奮戰和「積極」求生存的必要性，而當提到「其他」「意志薄弱」或「消極」的愛滋患者時，他們像是一旦被診斷出罹患愛滋病，即會被接近死亡的念頭纏住，日復一日地坐在那裡、想著或談論該事件，像是自我應驗的預言般坐以待斃。我所訪談過的每個「倖存者」，都或多或少會提到所認識的朋友，或朋友的朋友的故事，以上述消極的方式屈服於該疾病的威脅。Alicia就提到了一個這樣的故事：

「...我所認識的一些人已經死了，尤其是一位女士...在她受到感染的六年之後，她選擇了死亡。在遭遇這麼嚴重的疾病威脅時，她就放棄對抗，然後死去...」（參閱Crossley 1997b）。

強調奮戰、樂觀及不放棄，是「生存主義者」典型的人生觀，也是「復原」敘事的特質。這種人生觀在同性戀團體對AIDS危機的反應中，尤其強烈。最近，我在國家衛生信託局（NHS）所做的一些研究也清楚地反映出這種情況。這些研究係探討提供同性戀者在當地安養院接受安寧照護（疾病末期的照護，此時「積極性」介入和處遇已不再適用者）的可能性。此類安養制度的問題是少數患有AIDS的同性戀者事實上是選擇進入其中，就像有一位護士所談到的，因為「他們活著是為了有一天會有一種治癒的方法，或有一些可以阻止疾病的方法」。許多相對較年輕的愛滋病患，指出他們尚未有心理準備接受他們罹患了不癒之症。除此之外，就像我之前提過的，在同性戀團體中，主要的焦點在於奮戰、樂觀以及不放棄，然而這種人生觀與平靜地在安養院內接受死亡的人生觀，並不一致；所以，同性戀團體視安寧照護為不恰當的處置，基本上並不令人訝異，因為他們認為進入安養院就是承認失敗（Tehran 1991；Crossley和Small 1998）。

這將我們帶回到相信治癒之「一心一意」焦點的「終極界限」，使得生存成為「復原」敘事的主要特徵。就像Frank（1995）提醒我們：「面對凡人必死的事實，並非這個故事的一部份」。Tim是一位41歲的愛滋患者，下面引自他的話來表達所謂的「求生存實錄」即是個明顯的例子：

這並非對倖存者團體的批評，但這就像是和病魔戰鬥。嗯！你必須要去奮戰，奮戰到最後一刻，而就是這樣的奮戰讓你存活下來。有時我想有一點必須承認的是，除了奮戰這一方法，確實並無他法可行；因為，事實上，我寧願就只是休息，但當時我心中有個很大困擾，就是我現在究竟在哪裡？

諸如此類的事。嗯！因為我的愛人、父母、還有其他每個人都說，來嘛，多吃一點藥、多吃點食物、多休息、多做這些，那麼你就會健康起來，體重就會增加。但實際上，我的身體卻告訴我相反的訊息，嗯！現在我的身體變得更虛弱，好像在說「這樣就已經足夠了」。

　　Tim繼續地說，身為南非白種人，他意識到政治上積極行動的必要性。例如，他曾看到非洲國會（African National Congress）的政治積極主義所從事的「積極行動」（positive action)促成了一些成果；再者，身為猶太人，他總是詢問父母，為什麼「猶太人只能像綿羊一般溫馴地走向死亡」，也無法理解為何他們一點都不想抵抗。但是，Tim現在已經較能理解他們的行為，因為他感受到有時候你就是必須「放棄奮戰」，就像他在接受訪談時所說的，「我已經準備好了」、「這樣就已經足夠了」。

　　Tim談論到當時他生命中的「最大的問題」是，他需要一種能無拘無束說話的自由；在此，他很清楚地體認到我們終將面對事實，「凡人必死的真相與必然性，及其奧秘」（Frank 1995: 84）。但是，他也指出一些問題，即文化中本已蘊藏對死亡的否認，使他的「倖存者談話」（survivor-speak）無法明確探討這個「最大的問題」。而這也是Frank（1995）對復原敘事的主要批評；Frank認為不同種類的敘事，各有其不同的作用和職責，而復原敘事的職責侷限於特定的行為舉止，像是服用藥物、參加座談會、鍛鍊身心健康、或從事與疾病或被動消極相反的活動。套句Tim的話，他的愛人和父母親一直強迫他「多吃一點藥、多吃點食物、多休

息、多做這些，那麼你就健康起來，體重就會增加」等等之類的事；但是，Tim所瞭解到的是，上述那些並非他自己想要的方向或職責。我們可以說他更需要的是「探詢」敘事，這可使他對重要的「生活」問題體驗全新的感受，敞開心胸面對生命的不確定性與奧秘，並且「使得回復到跟以前一樣的生活變得不可能作為合於道德的選擇」（Frank 1995：91）。Tim敞開心胸說出自己的故事，「拒絕去否認，因而必須去對抗社會壓力」（Frank 1995：63），但是，就像我們其中任何人一樣，如果你坐在一個瀕臨死亡或嚴重生病者的醫院病床邊，你就會明白社會壓力是極其沉重的。就像Bauman寫道：

也許不只是因為態度上有所顧慮，讓我們【當瀕臨死亡時】無話可說；事實上，對一個老是說不想活的人，我們實在也沒什麼話好說的，因為他已即將離開這個由語言所虛構和維繫起來的大千世界。（Bayman 1992：129）

辯護復原敘事：敘事責任和生活情境

　　Frank（1995）在他的著作中評論復原敘事為「近乎否認」，並且無法使個人從其「敘事責任」（narrative responsibility）中解放出來。此一責任，如同疾病的「探詢」敘

事中可見到的一斑（像是Fraser和Stephen的案例），鼓勵一個人發展成為一個具有道德倫理且反省思考的人，能與他人分享其創傷經驗，並對生命與死亡的不確定性和奧秘保持開放的態度。從此觀點，受創傷的個體所要面對的問題應該不是「對此情境，我該怎麼辦？」，而是「我該如何對抗這種情境？」Frank認為可以藉由述說一個「好故事」以達成此目的，而此故事即是「判斷他/她成功的基準」（Frank 1995 :62）。就像之前所提到的，這樣的故事「拒絕去否認，因而必須去對抗社會壓力」（p. 63）。

然而，我們應在此稍事停頓，以探討好故事的含意。如果好故事就像Frank在「探詢」敘事中所建議，可以敞開心胸去面對不確定性與奧秘，我特別關心的是這與「歷史真理」(historical truth)有何關係。我們曾在第三章探討到「敘事的真理」(narrative truth)、「歷史的真理」和心理治療之間的關係時，提出了這個問題，並嘗試從當事人「破碎的」世界中，創造出一個「好的」故事。這是Spence所認為的「敘事的真相即是我們腦海中所想的」（Spence 1982: 32）。像這樣的故事應該同時具備擬真性及連貫性。但是，好故事的敘事真理必須要保留生命本身的真實性，換句話說，即是「歷史的真理」。與敘事有所不符或扭曲了敘事之連貫性和說服力的實際真相，仍然應該被含括在內，以使得吾人可以對過去和未來做出真實性的評量。若為了使故事更吸引人或更具連貫性，以致於忽略和否認個人生命中的一些事件，此舉乃「違背故事對於真理的治療作用」（Polkinghorne 1988: 181）。對於個人做出真實的歷史性敘事，是極具「價值」的誓約，可促進個人的心理成長，並體認到許多人際關

係中所隱含的不平衡權力關係。

　　但是如何使這種對於「歷史眞理」的誓約，與可對抗社會壓力且面對奧秘和不確定性的「好」故事，兩者之間取得彭橫協調呢？下述的例子應有助說明清楚。John是一位罹患愛滋病的二十五歲血友病病友，是前一章「正式化」故事的代表人物。John漠不關心他所處的道德、政治和生存的困境，卻「僅僅」在意過一天算一天，這可視爲Lasch「渺小自我」、「近乎否認」和「生存主義文化」等的典型例子。但問題是：這就一定是「壞」故事嗎？當我們考慮John的特殊狀況，可很清楚的顯示，他的「渺小」自我是他爲自己找到安身立命之處的必要手段。Shelly Taylor對癌症病人的研究顯示，像這樣的「否認」或「錯覺」有時具有心理性和社會性的功能，它們使人們能夠適應完全不可預測的世界，使他們能有最微弱的控制力（S. Taylor 1989）。

　　所以，現在的問題是：這眞是一件壞事嗎？John有貸款要付，有老婆要養；以致於他對這個世界甚少有開放的道德視野，甚少有如「探詢」敘事中對於個人和世界的思維；然而這未必是壞事呀！相反地，Stephen（第七章中「探詢」敘事的代表人物）經濟狀況優渥，並且努力地從喪失長期伴侶中再站起來，他「開放」心胸面對個人和心理成長的問題，也追求Giddens所謂的「生活政治」，也許這對他而言確實是件好事。我的看法是，敘事眞理和敘事責任的問題很容易受到歷史和物質狀況所左右，並非所有的狀況都能像「探詢」敘事般啓發吾人對於奧秘的「思維」。有時候述說著「近乎否認」的故事，並以此態度生活，也會有其心理上和社會上的功能和益處。

　　此一論點的最後一項啟示是，究竟是什麼構成「好」故事的問題，並無法僅僅考量個人之人際、社會、經濟和政治背景即可加以回答。雖然這樣的結論傾向於主張個別化(individualize)，使敘事責任的問題具有相對性，但於此同時，它也創造了一個道德願景，在個人、故事、及其所處的文化之間更為充分的統整。促成此一論點將我們帶回到第一章中我們所討論到Charles Taylor（1989）和MacIntyre（1988）認為自我、道德和敘事彼此間具有錯綜複雜的相互關連性。於是，所謂「道德良善」，只有在個人所隸屬的「限定的社群」中　，依據其與「說話者之相互交流」（interchange of speakers）的關係，始能被明確地定義出來。

摘要
....

在閱讀本章之後，你應該要理解下述的概念和議題：

★「治療」和「探詢」敘事彼此間的連結。

★討論「治療」或「探詢」敘事的適當性：他們究竟是
否敗壞或重新教化個人和社會生活？這些議題與「後
現代」文化有何相關？

★「復原」敘事、醫療和「生存者」文化、以及現代化
主義之間的連結。

★討論復原敘事的不足之處，例如，對死亡和「重大」
議題的否認。

★「好的」敘事和生活/歷史情境之間錯綜複雜的關連
性。

討論與省思

★Lee是一位三十二歲罹患愛滋病的異性戀血友病病友
，他與太太及三位小孩同住，目前處於失業狀態，全
家人仰賴殘疾補助金為生。若他使用「探詢」敘事，
或「復原」敘事，請討論其中之優缺點。

★你是否認為治療式敘事將會導致個人和社會生活的墮
落？

★你的敘事心理學專案，在哪方面使你投身於「生活政
治」的議題？你是否認為如此做，將在道德上和政治
上擴展你自身的個人和社會世界？

★你怎麼看待那些出現在脫口秀節目中的人？那些「全
是在耍嘴皮子」/「全是在作秀」？或者他們已投身
於「生活政治」之中？當代社會中的這種現象如何地
強調「生活政治」中之一些問題和可能性？（參閱
Priest 1996）。

★以「復原」敘事的風格，評論當代醫學的一些運作方
式。

▷ 延 ● 伸 ● 閱 ● 讀 ◁

Crossleym, M.L. (1999b) Stories of illness and trauma survival: liberration or repression?, Social Science and Medicine, 48: 1685-95.

※ del Vecchio Good, M., Munakata, T., Kobayashi, Y., Mattingly, C. and Good, B. (1994) Oncology and narrative time, Social Science and Medicine, 38: 855-62.

Frank, A. (1995) The Wounded Storyteller: Body, Illness and Ethics (Chapters 1, 3 and 7). Chicago: University of Chicago Press.

Frank, A. (in press) Stories of illness as care of the self: a Foucauldian dialogue, Health.
Giddens, A. (1991) Modernity and Self Identity: Self and Society in the Late Modern Age(Chapters 5-7). Cambridge: Polity Press.

※ Priest, P. (1996) 'Gilt by association' : talk show participants televisually enhanced status and self-esteem', in D. Grodin and T. Lindlof. (eds) Constructing the Self in a Mediated World, pp. 69-83. Lodon: Sage.

延伸閱讀註記

當代社會裡，「治療」和「自白」（confessional）式
敘事，以及自我/認定之間的關連，在Giddens和Priest的著
作中將提供更多的探討空間；而這種關連以及在疾病方面的
特殊作用，在Frank著作，以及Crossley嘗試詳細說明Frank
（1999）論文的參考文獻中，有更為詳盡的說明。

del Vecchio Good等人對於腫瘤醫師們如何努力地為其
病人結構其時間，並且降低對死亡的焦慮感，提供了相當引
人入勝的探索。這篇文章對於道德和倫理方面的重要考量，
能將本章節中所涵蓋的觀念加以發陽光大。

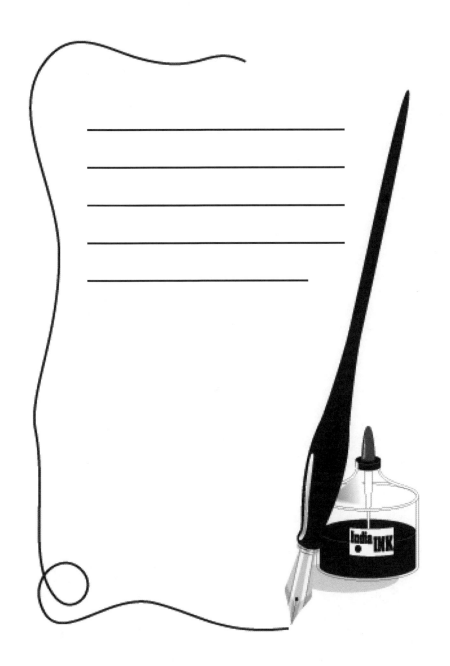

_____

_____

_____

_____

_____

參考書目

A

Abraham, C. and Hampson, S. (1996) A social cognition approach to health psychology: philosophical and methodological issues, *Psychology and health*, 11: 233-41.

Adler Cohen M. (1990) Biopsychosocial approach to the human immunodeficiency virus epidemic: a clinician's primer, *General Hospital Psychiatry*, 12: 98-123.

Allen, H. (1986) Psychiatry and the feminine, in P. Miller and N. Rose (eds) *The Power of Psychiatry*. Oxford: Polity Press.

Allen, V. (1980) *Daddy's girl*. New York: Harper and Row.

Anderson, R. and Bury, M. (eds) (1988) *Living with chronic Illness*. London: Unwin Hyman.

Angelou, M. (1969) *I Know why the Caged Bird Sings*. New York: Virago.

Armstrong, L. (1987) *Kiss Daddy Goodnight: Ten Years Later*. New York: Pocket Books.

Armstrong, L. (1996) *Rocking the Cradle of Sexual Politics: What Happened WhenWomen Said Incest*. London: Women's Press.

Aronson, E., Wilson, T. and Akert, R. (1994) *Social Psychology: The Heart and The Mind*. New York: Harper Collins.

Augustinous, M. and Walker, I. (1995) *Social Cognition: An Integrated Introduction*. London: Sage.

B

Bakhtin, M. (1984) *Problems of Dostoevsky's Poetics.* Minneapolis: University of Minnesota Press.

Bass, E. (1983) Introduction: in the truth itself, there is healing, in E. Bass and L. Thornton (eds) *I Never told Anyone: Writings by Women Survivors of Childhood Sexual Abuse*, pp. 1-22. New York: Harper and Row.

Bass, E. and Thornton, L. (eds) (1983) *I Never told Anyone: Writings by Women Survivors of Childhood Sexual Abuse.* New York: Harper and Row.

Bauman, Z. (1992) *Mortality, Immortality and other Life Strategies.* Cambridge: Polity Press.

Baumeister, R. (1991) *Meanings of Life.* New York: Guilford Press.

Beckham, D. (1988) Group work with people who have AIDS, *Journal of Psychosocial Oncology*, 6: 213-18.

bell hooks(1993) *Sisters of the Yam: Black Women and Self-Recovery.* Boston: South-end.

Bell, M. (1990) How primordial is narrative?, in C. Nash (ed.) *Narrative in Culture: the Uses of Storytelling in the Sciences, Philosophy and Literature*, pp. 172-99. London: Routledge.

Bellah, R., Madsen, R., Sullivan, W., Swindler, A. and Tipton, S. (1985) *Habits of the Heart: Individualism and Commitment in American Life.* New York: Perennial Library.

Bem, D. (1972) Self perception theory, .in L. Berkowitz (ed.) *Advances in Experimental Social Psychology*, Volume 6, pp. 1-62. New York: Academic Press.

Benson, S. (1997) The body, health and eating disorders, in K. Woodward (ed.) *Identity and Difference*, pp. 121-83. London:

Sage.

Berger, P. and Luckman, T. (1967) *The Social Construction of Reality: A Treatise on the Sociology of Knowledge*. New York: Anchor Books.

Bertenthal, B. and Fisher, I. (1978) Development of self-recognition in the infant, *Developmental Psychology,* 14: 44-50.

Best, S. and Kellnet, D. (1991) *Postmodern Theory: Critical Interrogations*. Basingstoke: Macmillan.

Bettelheim, B. (1976) *The Uses of Enchantment: The Meaning and Importance of Fairy tales*. New York: Knopf.

Billig, M. (1987) *Arguing and Thinking: A Rhetorical Approach to Social Psychology*. Cambridge: Cambridge University Press.

Billig, M. (1991) *Ideology and Opinions*. London: Sage.

Birren, J. and Birren, B. (1996) Autobiography: exploring the self and encouraging self development, in. J. Birren, G. Kenyon, J. Ruth, J. Schroots and T. Svensson (eds) *Aging and Biography: Explorations in Adult Development*, pp. 52-77. New York: Springer.

Bourdieu, P. (1990) Time perspectives of the Kabyle, in J. Hassard (ed.) *The Sociology of Time*, pp. 17-45. London: Macmillan.

Brady, K. (1979) *Father ' s Days: A True Story of Incest*. New York: Dell.

Brody, H. (1987) *Stories of Sickness*. Yale UP: New York.

Brown, M. (1996) Desperately seeking strategies: reading in the postmodern, in D. Grodin and T. Lindlof(eds) *Constructing the Self in a Mediated World*. London: Sage.

Broyard, A. (1992) *Intoxicated By My Illness, and Other Writings* \

on Life and Death. New York: Clarkson, Patter.

Bruner, J. (1990) *Acts of Meaning*. Harvard, MA: Harvard University Press.

Bruner, J. (1991) The narrative construction of reality, *Critical Inquiry*, 18: 1-21.

C

Carr, D: (1986) *Time, Narrative and History*. Bloomington: Indiana University Press.

Case, R. (1991) Stages in the young child's first sense of self, *Developmental Review*, 11: 210-30.

Cherry, K. and Smith, D.H. (1993) Sometimes I cry: the experience of loneliness for men with AIDS, *Health Communication*, 5(3): 181-208.

Cocks, J. (1984) Wordless emotions: some critical reflections on radical feminism, *Politics and Society*, 13(1): 27-57.

Conrad, P. (1987) The experience of illness: recent and new directions, *Research in the Sociology of Health Care*, 6: 1-31.

Cooley, C. (1902) *Human Nature and the Social Order*. New York: Scribner.

Cooper, D. (1990) *Existentialism*. Cambridge: Blackwell.

Coulter, J. (1979) *The Social Construction of Mind*. London: Macmillan.

Coulter, J. (1983) *Rethinking Cognitive Theory*. London: Macmillan.

Cousins, S. (1989) Culture and self-perception in Japan and the United States, *Journal of Personality and Social Psychology*,

56: 124-31.

Cox, M. and Theilgaard, A. (1987) *Mutative Metaphors in Psychotherapy: The Aeolian Mode*. London: Tavistock.

Crites, S. (1986) Storytime: recollecting the past and projecting the future, in T. Sarbin(ed.) *Narrative Psychology: The Storied Nature of Human Conduct,* pp. 153-73. New York: Praeger.

Crossley, M.L. (1997a) The divided self: the destructive potential of an HIV positive diagnosis, *Journal of Existential Analysis*, 8(2): 72-94.

Crossley, M.L. (1997b) 'Survivors' and 'victims': long-term HIV positive individuals and the ethos of self-empowerment, *Social Science and Medicine*, 45(12): 1863-73.

Crossley, M.L. (1998a) Women living with a long-term HIV positive diagnosis: problems, concerns and ways of ascribing meaning, *Women's Studies International Forum*, 21(5): 521-33.

Crossley, M.L. (1998b) Sick role or empowerment: the ambiguities of life with an HIV positive diagnosis, *Sociology of Health and Illness*, 20(4): 507-31.

Crossley, M.L. (1998c) A man dying with AIDS: psychoanalysis or existentialism?, *Journal of Existential Analysis*, 9(2): 35-57.

Crossley, M.L. (1999a) Making sense of HIV infection: discourse and adaptation to life with an HIV positive diagnosis, *Health*, 3(1): 95-119.

Crossley, M.L. (1999b) Stories of illness and trauma survival: liberation or repression?, *Social Science and Medicine*, 48: 1685-95.

Crossley, M.L. (in press) Sense of place and its import for life

transitions, in R. Josellson, A. Lieblich and D. McAdams (eds) *The Narrative Study of Lives*. London: Sage.

Crossley, M.L. (forthcoming) *Rethinking Health Psychology*. Buckingham: Open University Press.

Crossley, M.L. and Small, N. (1998) *Evaluation of HIV/AIDS Education Training Services provided by London Lighthouse at St Ann's Hospice*, Stockport: Stockport Health Authority.

Crossley, N. (1995a) Body techniques, agency and intercorporeality: on Goffman's *Relations in Public, Sociology*, 29(1): 133-49.

Crossley, N. (1995b) Merleau-Ponty, the elusive body and carnal sociology, *Body ç Society*, 1(1): 43-63.

Crossley, N. (1996a) *Intersubjectivity: The Fabric of Social Becoming*. London: Sage.

Crossley, N. (1996b) Body-subject/body power, *Body ç Society*, 2(1): 99-116.

Crossley, N. (forthcoming) *Embodied Sociology: Habit, Identity and Desire*. Sage: London.

Crossley, N. and Crossley, M.L. (1998) HIV, empowerment and the sick role: an Investigation of a contemporary moral maze, *Health*, 2(2): 157-74.

Csikszentmihalyi, M. and Figurski, T. (1982) Self awareness and aversive experiences in everyday life, *Journal Of Personality*, 50: 15-28.

Cushman, P. (1990) Why the self is empty: toward a historically situated psychology, *American Psychologist*, 45: 599-611.

Cushman, P. (1995) *Constructing the Self, Constructing America: A Cultural History of Psychotherapy*. Massachusetts: Addison-Wesley.

D

Daly, M. (1979) *Gyn/Ecology: The Metaethics of Radical Feminism*. Boston: Beacon Press.

Davies, M.L. (1993) Healing Sylvia: accounting for the textual discovery of unconscious knowledge, *Sociology*, 27(1): 110-20.

Davies, M.L. (1995a) *Healing Sylvia: Childhood Sexual Abuse and the Construction of Identity*. London: Taylor and Francis.

Davies, M.L. (1995b) Final report to the Health Directorate DGIV of the European Community: *An Exploration of the Emotional, Psychological and Service Delivery needs of people who have been living with an HIV positive diagnosis for five years or more*. Brussels: European Community.

Davies, M.L. (1997) Shattered assumptions: time and the experience of long-term HIV positivity, *Social Science and Medicine*, 44(5): 561-71.

Davis, K. (1994) What's in a voice? Methods and metaphors, *Feminism and Psychology*, 4(3): 353-61.

de Wit, J., Tennis, N., Godfried, N., van Griensven, J. and Sandfort, T. (1994) Behavioural risk reduction and strategies to prevent HIV infection amongst homosexual men: a grounded theory approach, *Aids Education and Prevention*, 6(6): 493-505.

del Vecchio Good, M., Munakata, T., Kobayashi, Y., Mattingly, C. and Good, B. (1994) Oncology and narrative time, *Social Science and Medicine*, 38: 855-62.

duBois, P. (1991) *Torture and Truth*. New York: Routledge.

Dunne, J. (1995) Beyond sovereignty and deconstruction: the storied self, *Philosophy and Social Criticism*, 21: 137-57.

Dwivedi, K. (1997) (ed.) *The Therapeutic Use of Stories*. London: Routledge.

Dwivedi, K. and Gardner, D. (1997) Theoretical perspectives and clinical approaches, in K. Dwivedi (ed.) *The Therapeutic Use of Stories,* pp. 19-42. London: Routledge.

E

Early, E. (1982) The logic of well being: therapeutic narratives in Cairo, Egypt, *Social Science and Medicine*, 16: 1491-7.

Edwards, D. and Potter, J. (1992) *Discursive Psychology*. London: Sage.

Egendorf, A. (1986) *Healing from the War*. Boston: Shambala.

Ehrenhaus, P. (1996) Cultural narratives and the therapeutic motif: the political containment of Vietnam veterans, in D. Mumby (ed.) *Narrative and Social Control*: Critical Perspectives. London: Sage Annual Review of Communication, Volume 21.

Elias, N. (1992) *Time: An Essay*. Oxford: Blackwell.

F

Farmer, P. (1994) AIDS talk and the constitution of cultural models, *Social Science and Medicine*, 38(6): 801-9.

Featherstone, M. (1988) In pursuit of the postmodern, *Theory, Culture ç Society*, 5(3): 195-216.

Fein, G. (1991) The self building potential of pretend play or ˙I

got a fish all by myself ', in M. Woodhead, R. Carr and P. Light (eds) *Becoming a Person*, pp. 25-42. London: Routledge.

Finney, L. (1990) *Reach for the Rainbow: Advanced Healing for Survivors of Sexual Abuse*. Malibu: Changes Publishing.

Flowers, P., Smith, J., Sheeran, P. and Beail, N. (1997) Health and romance: understanding unprotected sex in relationships between gay men , *British Journal of Health Psychology*, 2: 73-86.

Forman, F. and Sowton, C. (eds) (1989) *Taking our Time: Feminist Perspectives on Temporality*. Oxford: Pergamon.

Foucault, M. (1979) *Discipline and Punish: The Birth of Prison*. New York: Vintage.

Frank, A. (1993) The rhetoric of self-change: illness experience as narrative, *The Sociological Quarterly*, 34(1): 39-52.

Frank, A. (1995) *The Wounded Storyteller: Body, Illness and Ethics*. Chicago: University of Chicago Press.

Frank, A. (in press) Stories of illness as care of the self: a Foucauldian dialogue, *Health*.

Frankl, V. (1984) *Man 's Search for Meaning*. Washington: Pocket Books.

Fraser, S. (1989) *My Father 's House: A Memoir of Incest and Healing*. London: Virago.

Freeman, M. (1993) *Rewriting the Self: Memory, History, Narrative*. London: Routledge.

French, M. (1987) *Her Mother 's Daughter*. New York: Summit.

Freud, S. (1956) Remembering, repeating and working through, in *The Standard Edition of the Complete Psychological Works of Sigmund Freud*, vol. 12. London: Hogarth Press.

Frosh, S. (1997) Screaming under the bridge: masculinity, ration-

ality and psychotherapy, in J. Usser (ed.) *Body Talk: The Material and Discursive Regulation of Sexuality, Madness and Reproduction*, pp. 70-85. London: Routledge.

Fumento, M. (1990) *The Myth of Heterosexual AIDS: How a Tragedy has been Distorted by the Media and Partisan Politics*. Washington: Regnery Gateway.

Fussell, p. (1975) *The Great War and Modern Memory*. London: Oxford University Press.

Fussell, P. (1989) *Wartime*. New York: Oxford University Press.

G

Gallup, C. (1977) Self recognition in primates: a comparative approach to bidirectional properties of consciousness, *American Psychologist*, 32: 329-38.

Garfinkel, H. (1984) *Studies in Ethnomethodology*. Cambridge: Polity Press.

Garro, L. (1994) Narrative representations of chronic illness experience: cultural models of illness, mind and body in stories concerning the temporomandibular joint (TMJ), *Social Science and Medicine*, 38(6): 775-88.

Geertz, C.(1973) *The Interpretation of Cultures*. New York: Basic Books.

Geertz, C. (1979) From the natives 's point of view: on the nature of anthropological understanding, in P. Rabinow and W. Sullivan (eds) *Interpretive Social Science: A Reader*. California: University of California Press.

Gergen, K. (1973) Social psychology as history, *Journal of Pers-*

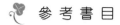

onality and Social Psychology, 26: 309-20.

Gergen, K. (1991) *The Saturated Self: Dilemmas of Identity in Contemporary Life*. New York: Basic Books.

Gergen, K. (1996a) Beyond life narratives in the therapeutic encounter, in J. Birren, Kenyon, J. Ruth, J.Schroots and T. Svensson (eds) *Aging and Biography: Explorations in Adult Development*. New York: Springer.

Gergen, K. (1996b) Technology and the self: from the essential to the sublime, in D. Grodin and T. Lindlof (eds) *Constructing The Self in a Mediated World*, pp. 127-41. London: Sage.

Gergen, K. and Gergen, M. (1983) Narratives of the self , in T.R. Sarbin and K. Scheibe (eds) *Studies in Social Identity*, pp. 54-74. New York: Praeger.

Gergen, K. and Gergen, M. (1993) Autobiographies and the shaping of gendered live, in N. Coupland and J. Hussbaum (eds) *Discourse and Lifespan Identity*, pp. 154-69. London: Sage.

Giddens, A. (1991) *Modernity and Self Identity : Self and Society in the Late Modern Age*. Cambridge: Polity Press.

Gilligan, C. (1982) *In a Different Voice: Psychological Theory and Women 's Development*. Harvard: Harvard University Press.

Glucksmann, M. (1998) ' What a difference a day makes ' : a theoretical and historical exploration of temporality and gender, *Sociology*, 32(2): 239-58.

Good, B. and del-Vecchio Good, M. (1994) In the subjunctive mode: epilepsy narratives in Turkey, *Social Science and Medicine*, 38(6): 835-42.

Gouldner, A. (1971) *The Coming Crisis of Western Sociology*.

London: Heinemann.

Griffin, S. (1980) Thoughts on writing a diary, in J. Sternberg (ed.) *The Writer on Her Work*, pp. 33-55. New York: W. Norton.

Gusdorf, G. (1980) Conditions and Limits of autobiography, in J. Olney (ed.) *Autobiography: Essays Theoretical and Critical*, pp. 22-54. Ewing, NJ: Princeton University Press.

ℋ

Habermas, J. (1971) *Toward a Rational Society*. London: Heinemann.

Habermas, J. (1987) *The Theory of Communicative Action*. *Boston*, MA: Beacon Press.

Hammond, M., Howarth, J. and Keat, R. (1991) *Understanding Phenomenology*. Cambridge: Blackwell.

Harré, R. and Gillet, G. (1994) *The Discursive Mind*. London: Sage.

Heidegger, M. (1962) *Being and Time*. Oxford: Blackwell.

Henriques, J., Hollway, W., Urwin, C., Venn, C. and Walkerdine, V. (1988) *Changing the Subject: Psychology, Social Regulation and Subjectivity*. London: Routledge.

Heritage, J. (1984) *Garfinkel and Ethnomethodology*. Cambridge: Polity Press.

Hildebrand P.H. (1992) A patient dying with AIDS, *International Review of Psychoanalysis*, 19: 457-69.

Hodgkinson, N. (1996) *AIDS: The Failure of Contemporary Science: How a Virus that Never was Deceived the World*. London: Fourth Estate.

Hoffman, L. (1993) *Exchanging Voices: A Collaborative Approach to Family Therapy*. London: Karnac.

Holifield, E. (1983) *A History of Pastoral Care in America: From Salvation to Self-Realisation*. Nashville: Abingdon Press.

Hollway, W. (1984) Gender differences and the production of subjectivity, in J. Henriques, W. Hollway, C. Urwin, C. Venn and V. Walkerdine (eds) *Changing the Subject*, pp. 227-64. London: Methuen.

Howard, G.S. (1991) Culture tales: a narrative approach to thinking, cross-cultural psychology and psychotherapy, *American Psychologist*, 46(3): 187-97.

Hutchby, I. And Wooffitt, R. (1988) *Conversation Analysis*. Cambridge: Polity Press.

1

Ingham, R. and Kirkland, D. (1997) Discourses and sexual health: providing for young people, in L. Yardley (ed.) *Material Discourses of Health and Illness*, pp.150-76. Routledge: London.

Irigiray, L. (1985) *This Sex Which is Not One*. New York: Cornell University Press.

1

Janoff-Bulman, R. (1992) *Shattered Assumptions: Towards a New*

Psychology of Trauma. New York: Free Press.

Johnson, T. (1972) *Professions and Power*. London: Macmillan.

Joffe, H. (1997) Intimacy and love in late modern conditions: implications for unsafe sexual practices, in J. Ussher (ed.) *Body Talk: The Material and Discursive Regulation of Sexuality, Madness and Reproduction*, pp. 159-76. London: Routledge.

Josselson, R. (1995) Narrative and psychological understanding, *Psychiatry*, 58: 330-43.

𝓚

Kahneman, D. and Tversky, A. (1973) Subjective probability: a judgement of representativeness, *Cognitive Psychology*, 3: 430-54.

Kaplan, E. (1987) *Rocking around the Clock*. New York: Methuen.

Katz, A. and Shotter, J. (1996) Hearing the patient ' s voice: toward a social poetics in diagnostic interviews, *Social Science and Medicine*, 43(6): 919-31.

Kelly, G. (1955) *The Theory of Personal Constructs*. New York: Norton.

Kierkegaard, S. (1987) *Either*/Or, Part 2. Ewing, NJ: Princeton University Press.

Kitzinger, J. (1992) Sexual violence and compulsory heterosexuality, *Feminism and Psychology*, 2(3): 399-418.

Kleinman, A. (1988) *The Illness Narratives: Suffering, Healing and the Human Condition*. New York: Basic Books.

Kohler Riessman, C. (1990) Strategic uses of narrative in the presentation of self and illness: a research note, *Social Science*

and Medicine, 30(11): 1195-200.

Kondo, D. (1990) *Crafting Selves: Power, Gender and Discourses of Identity in a Japanses Workplace*. Chicago: Chicago University Press.

Kristeva, J. (1981) Women's time, *Signs*, 1: 16-35.

Kunzmann, K. (1990) *The Healing Way: Adult Recovery from Childhood Sexual Abuse*. Hazledon: Centre City.

Kvale, S. (ed.) *Psychology and Postmodernism*. London: Sage.

L

Lacan, J. (1987) *The Four Fundamental Concepts of Psychoanalysis*. Harmondsworth: Peregrine.

Laclau, E. (1991) *New Reflections on the Revolution of our Time*. London: Verso.

Laclau, E. and Mouffe, C. (1985) *Hegemony and Socialist Strategy: Towards a Radical Democratic Politics*. London: Verso.

Landrine, H. (1992) Clinical implications of cultural differences: the referential versus the indexical self, *Clinical Psychology Review*, 12: 401-15.

Langellier, K. and Peterson, E. (1996) Family storytelling as a strategy of social control, in D. Mumby (ed.) *Narrative and Social Control: Critical Perspectives*, pp. 49-75. London: Sage Annual Review of Communication, Volume 21.

Lasch, C. (1980) *The Culture of Narcissism*. London: Abacus.

Lasch, C. (1985) *The Minimal Self*. London: Picador.

Lewis, C.S. (1952) *Mere Christianity*. New York: Macmillan.

Lienhardt, G. (1985) Self: public and private: some African

representations, in M. Carrithers, S. Collins and S. Lukes (eds) *The Category of the Person*, pp.74-102. Cambridge: Cambridge University Press.

Lifton, R. (1968) *Death in Life: Survivors of Hiroshima*. New York: Random House.

Lifton, R. (1969) *Boundaries*. New York: Random House.

Lifton, R. (1973) *Home from the War: Vietnam Veterans: neither Victims nor Executioners*. New York: Simon and Schuster.

Lovlie, L. (1992) Postmodernism and subjectivity ' , in S. Kvale (ed.) *Psychology and Postmodernism*, pp. 118-34. London: Sage.

Lowy, E. and Ross, M. (1994) 'It 'll never happen to me '. Gay men 's beliefs, perceptions and folk constructions of sexual risk, *AIDS Education and Prevention*, 6(6): 467-82.

Lucas, J. (1997) Making sense of interviews: the narrative dimension, *Social Sciences in Health*, 3(2): 113-26.

M

McAdams, D. (1993) *The Stories we live by: Personal Myths and the Making of the Self*. New York: Morrow.

McHale, B. (1987) *Postmodern Fiction*. New York: Methuen.

MacIntyre, A. (1981) *After Virtue*. Notre Dame, NY: Notre Dame University Press.

MacIntyre, A. (1988) *Whose Justice? Which Rationality?* Notre Dame, NY: Notre Dame University Press.

McLean, S. (1994) Mapping the human genome-friend or foe, *Social Science and Medicine*, 39(9): 1221-7.

McLeod, J. (1997) *Narrative and Psychotherapy*. London: Sage.

McNamee, S. (1996) Therapy and identity construction in the postmodern world, in D. Grodin and T. Lindlof(eds) *Constructing the Self in a Mediated World*, pp. 141-63. London: Sage.

Mair, M. (1989) *Between Psychology and Psychotherapy*. London: Routledge.

Markus, H. and Kitayama, S. (1991) Culture and the self: implications for cognition, emotion and motivation, *Psychological Review*, 98: 224-54.

Martin, B. (1988) Lesbian Identity and autobiographical difference(s), in B. Brodzki and C. Schenck (eds) *Life/Lines: Theorising Women's Autobiography*, pp. 77-107. Cornell: Cornell University Press.

Maslow, A. (1970) *Motivation and Personality*, 2nd edition. New York: Harper and Row.

Maslow, A. (1972) *The Farther Reaches of Human Nature*. New York: Viking.

Matthews, C.A. (1990) *Breaking Through: No Longer a Victim of Child Abuse*. Albatross Books.

Mead, G.H. (1967) *Mind, Self and Society*. Chicago: University of Chicago Press.

Melucci, A. (1996a) *Challenging Codes: Collective Action in the Information Age*. Cambridge: Cambridge University Press.

Melucci, A. (1996b) *The Playing Self: Person and Meaning in the Planetary Society*. Cambridge: Cambridge University Press.

Messer, S., Sass, L. and Woolfolk, R. (eds) (1988) *Hermeneutics and Psychological Theory*. New Brunswick, NJ: Rutgers University Press.

Montemayor, R. and Eisen, M. (1977) The development of self-conceptions from childhood to adolescence, *Developmental*

Psychology, 13: 314-19.

Mulgan, G. (1997) *Connexity: How to Live in a Connected World*. London: Chatto and Windus.

N

Nash, C. (ed.) (1990) *Narrative in Culture: The Uses of Storytelling in the Sciences, Philosophy and Literature*. London: Routledge.

Nelkin, D. and Tancredi, L. (1990) *Dangerous Diagnostics: The Social Power of Biological Information*. New York: Basic Books.

O

Olsen, T. (1983) *Silences*. New York: Dell Lorel.

Omer, H. (1993) Short-term therapy and the rise of the life-sketch, *Psychotherapy*, 30: 59-66.

Ortega y Gasset, J. (1953) In search of Goethe from within. Trans. Willard R. Trask, in W. Phillips and P. Rahv (eds) *The New Partisan Reader*, pp. 151-74. New York: Harcourt Brace.

P

Pancer, M. (1997) Social psychology: the crisis continues, in D. Fox and I. Prilleltensky (eds) *Critical Psychology: An Introduction*. pp. 150-66. London: Sage.

Parker, I. (1990) Discourse: definitions and contradictions, *Philosophical Psychology*, 3: 189-204.

Parker, I. (1991) *Discourse Dynamics: Critical Analysis for Social and Individual Psychology*. London: Sage.

Parry, A. (1991) A universe of stories, *Family Process*, 30:37-54.

Pascal B. (1889) *The Thoughts of Pascal*. Trans , from the text of M. Molinier. London: Kegan Paul.

Penn, P. and Frankfurt, M. (1994) Creating a participant text: writing, multiple voices, narrative multiplicity, *Family Process*, 33: 217-32.

Pilgrim, D. and Rogers, A. (1997) Mental health, critical realism and lay knowledge, in J. Ussher (ed.) *Body Talk: The Material and Discursive Regulation of Sexuality, Madness and Reproduction*, pp. 33-50. London: Routledge.

Polkinghorne, D.P. (1988) *Narrative Knowing and the Human Sciences*. Albany, NY: SUNY Press.

Pollner, M. (1987) *Mundane Reason*. Cambridge: Cambridge University Press.

Poston, C. and Lisbon, K. (1989) *Reclaiming Our Lives: Adult Survivors of Incest*. Boston, MA: Little, Brown.

Potter, J. and Wetherell, M. (1987) *Discourse and Social Psychology: Beyond Attitudes and Behaviour*. London: Sage.

Potter, J., Wetherell, M., Gill, R. and Edwards, D. (1990) Discourse: noun, verb or social practice? *Philosophical Psychology*, 3: 205-17.

Povinelli, D. (1993) Reconstructing the evolution of mind, *American Psychologist*, 48: 493-509.

Priest, P. (1996) ˙Gilt by association ˙: talk show participants televisually enhanced status and self-esteem, in D. Grodin and T. Lindlof (eds) *Constructing the Self in a Mediated World*, pp. 68-84. London: Sage.

Pucci, E. (1992) Review of Paul Ricoeur ˙s *Oneself as Author, Philosophy ç Social Criticism,* 18: 185-209.

$\mathcal{R}$

Radley, A. (1994) *Making Sense of Illness: The Social Psychology of Health and Disease.* London: Sage.

Radley, A. (1997) What role does the body have in illness? In L. Yardley (ed.) *Material Discourse of Health and Illness*, pp. 50-68. London: Routledge.

Radley, A. and Green, R. (1987) Illness as adjustment: a methodology and conceptual framework, *Sociology of Health and Illness*, 9: 179-207.

Rappoport, J. and Simkins , R. (1991) Healing and empowerment through community narrative, *Prevention in Human Services*, 10: 29-50.

Rennie, D. (1994) Storytelling in psychotherapy: the client ˙s subjective experience, *Psychotherapy*, 31: 324-43.

Ricoeur, P. (1984) *Time and Narrative*, Volume 1. Chicago: University of Chicago Press.

Ricoeur, P. (1985) *Time and Narrative*, Volume 2. Chicago: University of Chicago Press.

Ricoeur, P. (1986) Life: a story in search of a narrator, in M. Doeser and J. Kray (eds) *Facts and Values*, pp. 34-68. Dordrecht: Martinus Nijhoff.

Ricoeur, P. (1988) *Time and Narrative* , Volume 3. Chicago: University of Chicago Press.

Ricoeur, P. (1991) Life in quest of narrative , in D. Wood (ed.) *Paul Ricoeur: Narrative and Interpretation*, pp. 20-33. London: Routledge.

Roberts, J. (1994) *Tales and Transformations*. London: Norton.

Robinson, I. (1990) Personal narratives, social careers and medical courses: analysing life trajectories in autobiographies of people with multiple sclerosis, *Social Science and Medicine*, 30(11): 1173-86.

Rogers, C. (1961) *On becoming a Person: A Therapist's View of Psychotherapy*. London: Constable.

Rose, N. (1989) *Governing the Soul: The Shaping of the Private Self*. London: Routledge.

Rosenberg, S. (1977) New approaches to the analysis of personal constructs, in W. Landfield (ed.) *1976 Nebraska Symposium on Motivation*. Lincoln, NE: University of Nebraska Press.

Roth, P. (1963) *Timetables: Structuring the Passage of Time in Hospital Treatment and other Careers*. Indianapolis: Bobs Merrill.

Russell, D. (1995) *Women, Madness ç Medicine*. Cambridge: Polity Press.

Russell, R. and Luciarello, T. (1992) Narrative Yes; Narrative Ad Infinitum, No! *American Psychologist*, 47: 671-2.

Ryle, G. (1973) *The Concept of Mind*. Harmondsworth: Penguin.

S

Sandstrom, K. (1990) Confronting deadly disease: the drama of identity construction among gay men with AIDS, *Journal of Contemporary Ethnography*, 19(3): 271-94.

Sarbin, T.R. (eds) (1986) *Narrative Psychology: The Storied Nature of Human Conduct*. New York: Praeger.

Sartre, J.P. (1947) *Existentialism*. New York: Philosophical Library.

Schafer, R. (1992) *Retelling a Life: Narration and Dialogue in Psychoanalysis*. New York: Basic Books.

Scheper-Hughes, N. (1994) AIDS and the social body, *Social Science and Medicine*, 39(7): 991-1003.

Schutz A. (1962) *Collected Papers I*. The Hague: Martinus Nijhoff.

Schwartzberg, S. (1993) Struggling for meaning: how HIV positive gay men make sense of AIDS, *Professional Psychology: Research and Practice*, 24(4): 483-90.

Schwartzberg, S. and Janoff-Bulman, R. (1991) Grief and the search for meaning. Exploring the assumptive worlds of bereaved college students, *Journal of Social and Clinical Psychology*, 10(3): 270-88.

Segall, L. (1997) Sexualities, in K. Woodward (ed.) *Identity and Difference*, pp. 183-229. London: Sage.

Shapiro, R. (1991) *The Human Blueprint: The Race to Unlock the Secrets of our Genetic Script*. London: Cassell.

Shilling, C. (1997) The body and difference, in K. Woodward (ed.) *Identity and Difference*, pp. 63-121. London: Sage.

Shotter, J. (1993) *Cultural Politics of Everyday Life: Social Constructionism, Rhetoric and Knowing of the Third Kind*. Buckingham: Open University Press.

Shotter, J. (1997) The social construction of our inner selves, *Journal of Constructivist Psychology*, 10: 7-24.

Shotter, J. and Gergen, K. (eds) (1992) *Texts of Identity*. London: Sage.

Showalter, E. (1997) *Hystories: Hysterical Epidemics and Modern Culture*. Basingstoke: Picador.

Silverman, D. (1993) *Interpreting Qualitative Data*. London: Sage.

Simonds, W. (1996) All consuming selves: self-help literature and women's identities, in D. Grodin and T. Lindlof (eds) *Constructing the Self in a Mediated World*, pp. 15-29. London: Sage.

Simpson, T. (1996) Constructions of self and other in the experience of rap music, in D. Grodin and T. Lindlof (eds) *Constructing the Self in a Mediated World*, pp. 163-83. London: Sage.

Smith, J. (1995) Semi-structured interviewing and qualitative analysis, in J. Smith, R. Hare and L. Van Lagenhove (eds) *Rethinking Methods in Psychology*, pp. 9-27. London: Sage.

Smith, J. (1996) Beyond the divide between cognition and discourse: using interpretative phenomenological analysis in health psychology, *Psychology and Health*, 11: 261-71.

Smith, J., Flowers, P. and Osborn, M. (1997) Interpretative phenomenological analysis and the psychology of health and illness, in L. Yardley (ed.) *Material Discourses of Health and Illness*, pp: 68-92. London: Routledge.

Smith, M. (1994) Selfhood at risk: postmodern perils and the perils of postmodernism, *American Psychologist*, 49(5): 405-11.

Social Science and Medicine (1990) *Qualitative Research on Chronic Illness*, 30(11): *special issue*.

Sontag, S. (1978) *Illness as Metaphor*. New York: Vintage.

Soper, K. (ed.) (1990) Feminism, humanism, postmodernism, in
K. Soper (ed.) *Troubled Pleasures: Writings on Gender, Politics
and Hedonism*, pp. 50-74. London: Verso.

Spence, D. (1982) *Narrative Truth and Historical Truth*. New
York: Norton.

Spring, J. (1987) *Cry Hard and Swim: The Story of an Incest
Survivor*. London: Virago.

States, B. (1988) *The Rhetoric of Dreams. Ithaca*, NY: Cornell
University Press.

Steinem, G. (1992) *Revolution from within: a book of self-esteem.*
Boston, MA: Little, Brown.

Stevens, R. and Wetherell, M. (1996) The self in the modern world:
drawing together the threads, in R. Stevens (ed.) *Understanding
the Self*, pp. 339-70. London: Sage.

Strack, F., Martin, I. And Stepper, S. (1988) Inhibiting and facil-
itating conditions of the human smile: a nonobtrusive test of
the facial feedback hypothesis, *Journal of Personality and
Social Psychology*, 54: 768-77.

Sugarman, J. and Martin, J. (1995) The moral dimension: a conc-
eptualisation and empirical demonstration of the moral nature
of psychotherapeutic conversations, *The Counseling Psycho-
logist*, 23:324-47.

T

Tal, K. (1996) *Worlds of Hurt: Reading the Literature of Trauma*.
Cambridge: Cambridge University Press.

Taylor, C. (1989) *Sources of the Self: The Making of Modern*

Identity. Cambridge: Cambridge University Press.

Taylor, S. (1983) Adjustment to threatening events: a theory of cognitive adaptation, *American Psychologist*, 38: 1161-73.

Taylor, S. (1989) *Positive Illusions: Creative Self Deception and the Healthy Mind*. New York: Basic Books.

Tehran, C. (1991) The cost of caring for patients with HIV in hospice, in A. O`Rawe and C. Tehran (eds) *AIDS and the Hospice Community*, pp. 156-77. New York, London: Howarth Press.

Triandis, H., Betancourt, H., Iwav, S. *et al.* (1993) An eticemic analysis of individualism and collectivism, *Journal of Cross-Cultural Psychology*, 24: 366-83.

Turkle, S. (1996) Parallel lives: working on identity in virtual space, in D. Grodin and T. Lindlof (eds) *Constructing the Self in a Mediated World,* pp. 156-77. London: Sage.

$\mathcal{U}$

Ussher, J. (1991) *Women`s Madness; Misogyny or Mental Illness?*, London: Harvester Wheatsheaf.

$\mathcal{V}$

Van den Berg, J. (1972) *The Psychology of the Sickbed*. New York: Humanities Press.

Viney L. (1991) The psycho-social impact of multiple deaths

from AIDS, *Omega*, 24(2): 151-63.

Viney, L. and Bousfield, L. (1991) Narrative analysis: a method of psychosocial research for AIDS affected people, *Social Science and Medicine*, 32(7): 757-65.

Vygotsky, L. (1978) *Mind in society: The Development of Higher Psychological Processes*. Cambridge: Harvard University Press.

Vygotsky, L. (1986) *Thought and Language*. Cambridge, MA: Massachusetts Institure of Technology Press.

W

Walters, S. (1996) Terms of enmeshment: the cultural construction of the mother-daughter relationship, in D. Grodin and T. Lindlof (eds) *Constructing the Self in a Mediated World*, pp. 31-52. London: Sage.

Ward, E. (1984) *Father-Daughter-Rape*. London: Women's Press.

Warner, S. (1997) Review article of Davies' *Healing Sylvia*, Orrs' *No Right Way* and Reder *et al.*'s *Beyond Blame, Feminism and Psychology*, 3: 377-83.

Watzlawick, P., Weakland, J. and Fisch, R. (1974) *Change: Principles of Problem Formation and Problem Resolution*. New York: W. Norton.

Waugh, P. (1992) Modernism, postmodernism, gender, in P. Waugh (ed.) *Practising Postmodernism/Reading Modernism*, pp. 20-44. London: Edward Arnold.

Wax, M, (1995) How secure are Grunbaum's foundations?, *International Journal of Psychoanalysis*, 76: 547-56.

Weitz, R. (1989)Uncertainty and the lives of persons with AIDS, *Journal of Health and Social Behaviour*, 30: 270-81.

Wertsch, J. (1991) *Voices of the Mind: A Sociocultural Approach to Mediated Action*. London: Harvester Wheatsheaf.

Wertz, D. (1992) Ethical and legal implications for the new genetics: issues for discussion, *Social Science and Medicine*, 35(4): 495-505.

White, H. (1973) *Metahistory*. Baltimore: Johns Hopkins University Press.

White, M. and Epston, D. (1990) *Narrative Means to Therapeutic Ends*. New York: Norton.

Widdershoven, G. (1993) The story of life: hermeneutic perspective on the relationship between narrative and history, in R. Josselson and A. Lieblich (eds) *The Narrative Study of Lives*, Volume 1, pp. 1-20. London: Sage.

Wiener, W. and Rosenwald, G. (1993) A moment ' s monument: the psychology of keeping a diary, in R. Josselson and A. Lieblich (eds) *The Narrative Study of Lives*, pp. 30-58. London: Sage.

Wilkinson, S. (1997) Feminist psychology, in D. Fox and I. Prilleltensky (eds) *Critical Psychology: An Introduction*, pp. 247-65. London: Sage.

Williams, G. (1984) The genesis of chronic illness: narrative reconstruction, *Sociology of Health and Illness*, 11(2): 135-59.

Williams, S. (1996) The vicissitudes of embodiment across the chronic illness trajectory, *Body ç Society*, 2(2): 23-47.

Wittgenstein, L.(1953) *Philosophical Investigations*, Oxford: Blackwell.

Wittgenstein, L. (1980) *Remarks on the Philosophy of psycholo-*

gy. Oxford: Blackwell.

Wood, D. (1991) *Paul Ricoeur: Narrative and Interpretation*. London: Routledge.

Woodward, K. (1997) Motherhood, identities, meanings and myths, in K. Woodward (ed.) *Identity and Difference*, pp. 7-63. London: Sage.

Y

Yardley, L. (1997) (ed.) *Material Discourses of Health and Illness*. London: Routledge.

Z

Zerubavel, E. (1979) *Patterns in Hospital Life*. Chicago: Chicago University Press.

Zerubavel, E. (1981) *Hidden Rhythms: Schedules and Calendars in Social Life*. Chicago: Chicago University press.

名詞索引

D

Parker's approach　Parker　取向

Potter and.Wetherell's approach　Potter和Wetherell　取向

'realist' assumptions　實在論的假定

'unitary, rational subject'　統一的、理性的主體

Discourse and Social Psychology: Beyond Attitudes and Behaviour
論述與社會心理學：超越態度與行為

Discourses, 'coherent systems of meaning'　論述，連貫的意
義系統

'disengagement'　超脫

dreams　夢

E

earliest memory　最早的記憶

economic power　經濟力

emancipatory politics　解放政治

empowerment　增權益能

'empty' self　空虛的自我

Enlightenment, The　啟蒙時期

Ethics　倫理

'Europe Against AIDS' programme　歐洲反愛滋方案

European Commission　歐盟

Existentialism　存在主義

experience of self/life　自我/生活經驗

experimental social psychology　實驗社會心理學

F

fairy tales　童話故事
'false memory syndrome'　偽記憶症候群
family therapy, writing letters　家庭治療，寫信
'feminist' discourses　女性主義論述
feminist narrative　女性主義敘事
　Usurping　選用
　　infantile sexuality　幼年期的性
　　love and marriage　愛與婚姻
Finney,L,　Reach for the Rainbow:Advanced Healing for
　　　　Survivors of Sexual Abuse　迎向彩虹：性侵害倖存者
　　　　　　　　　　　　　　　　　　　的進階療癒

Foucault,Michel
　　Discipline and Punish　規訓與懲罰
Fragmentation　斷裂
Frank, A.
　　Mortality and　必死性
　　'narrative wreckage'　敘事殘骸
Fraser Sylvia
　　adultery　通姦
　　'Appearances'　外貌

M

modernity，'traditional' and　現代性，傳統

'modernization'　現代化

morality　道德

   children and　兒童

   concepts of　概念

   procedural definition　程序的定義

   questions of　問題

   sense of self and　自我意識

mortality　必死性

MTV（music television）　音樂影片

MUDs（multi-user domains）　多重使用者領域

'multiphrenia'　多元混亂

myths　迷思

N

nadir experience　低潮經驗

narcissistic withdrawal　自戀性退縮

Narrative Means to Therapeutic Ends　敘事方法達成治療目的

narrative psychology　敘事心理學

   clarifying some assumptions　釐清假定

   human existence as it is lived　人類存在

   social constructive approaches　社會建構取向

   validity of research　研究之效度

O

psychoanalytic/therapeutic narrative，implications of adopting，
心理分析/治療性敘事

psychological experience，postmodernity and　心理經驗，後
現代性

psychology，self and identity　心理學，自我與認定

psychology of sexual health，IPA and　性健康心理學

psychology of trauma，narrative psychology and　創傷心理學

psychotherapy　心理治療

Q

qualitative medical sociology，'insider view of illness　質性
醫學社會學，疾病的局內人觀點

'quest' narrative　探詢敘事

R

'realist' assumptions　實在論假定

reality　真實

'recollection'，'primary narrative and　回憶，初步的敘事

reductionism of subject　主體的化約主義

reflection　省察

'restitution' narratives   復原性敘事

rhetorical analysis   修辭分析

Rock videos，rationally coherent world and   搖滾影片，理性
連貫的世界

romance   浪漫

Romantic period   浪漫時期

romanticism   浪漫主義

S

satire   嘲諷劇

'saturated self'   飽和的自我

self   自我

    after Second World War   二次世界大戰之後

    concepts of   自我概念

    critical feminist psychology and   批判女性主義心理學

    development of a sense of   自我意識之發展

    experience of   自我經驗

    Identity and   認定

    as interactional process   互動歷程

    language and   語言

    Marxists and   馬克思主義

    meaning of   自我意義

    morality and narrative   道德和敘事

T

U

'unconscious voice'（UV） 潛意識聲音

'unitary，rational subject' 統一的，理性的主體

unsafe sex，'relationship status' 不安全的性，關係地位

V

Vietnam veterans，therapeutic narrative and 越戰老兵，治療敘事

W

Western societies 西方社會

　　dominant discourses 主宰性論述

　　illness become political 疾病成爲政治的

　　narrative configuration and 敘事形構

women 女性

women's movement，life politics and 女性運動，生活政治

world health crisis，AIDs crisis and 世界健康危機，愛滋病危機

國家圖書館出版品預行編目資料

敘事心理與研究:自我、創傷與意義的建構/
  Michele L. Crossley原著 ; 朱儀羚等譯.--
  初版. --嘉義市：濤石文化，2004[民93]
    面；　公分
  譯自:Introducing narrative psychology:self,
    trauma, and the construction of meaning
    ISBN 957-29085-1-0(平裝)
    1. 心理學 - 研究方法
170.12   92021889

敘事心理與研究

自我、創傷與意義的建構

校 閱 者：吳芝儀
譯　　　者：朱儀羚、康萃婷、柯禧慧、蔡欣志、吳芝儀
出 版 者：濤石文化事業有限公司
發 行 人：陳重光
責任編輯：郭玉滿
封面設計：白金廣告設計 梁淑媛
地　　　址：嘉義市台斗街57-11號3F-1
登 記 證：嘉市府建商登字第08900830號
電　　　話：(05)271-4478
傳　　　真：(05)271-4479
戶　　　名：濤石文化事業有限公司
郵撥帳號：31442485
印　　　刷：鼎易印刷事業股份有限公司
初版一刷：2004年8月(1-1000)
初版四刷：2018年8月(1-500)
I S B N ： 957-29085-1-0(平裝)
總 經 銷：揚智文化事業股份有限公司
定　　　價：新台幣420元
E-mail ：waterstone@giga.com.tw
http://home.kimo.com.tw/tw_waterstone

濤石文化

濤石文化